BASTEI
LÜBBE

Von Ephraim Kishon sind bei Bastei Lübbe Taschenbücher
lieferbar:

Von Sarah Kishon ist bei Bastei Lübbe Taschenbücher
lieferbar:

Ephraim
KISHON

*... und was machen
wir am Nachmittag?*
Satirisches über ein kleines Land

Ins Deutsche übertragen von
Ephraim Kishon, Ursula Abrahamy
und Friedrich Torberg

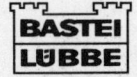

BASTEI LÜBBE TASCHENBUCH
Band 14536

1. Auflage: Mai 2001
2. Auflage: Juli 2002

Vollständige Taschenbuchausgabe

Bastei Lübbe Taschenbücher ist ein Imprint
der Verlagsgruppe Lübbe

© für die deutschsprachige Ausgabe 1998 by
Langen Müller in der F. A. Herbig Verlagsbuchhandlung GmbH,
München Berlin
Lizenzausgabe: Verlagsgruppe Lübbe GmbH & Co. KG,
Bergisch Gladbach
Umschlaggestaltung: Tanja Østlyngen
Titelillustration: Rudolf Angerer
Satz: KCS, Buchholz/Hamburg
Druck und Verarbeitung: Ebner & Spiegel, Ulm
Printed in Germany
ISBN 3-404-14536-4

Sie finden uns im Internet unter
http://www.luebbe.de

Der Preis dieses Bandes versteht sich einschließlich
der gesetzlichen Mehrwertsteuer.

Der Staat Israel liegt so günstig entlang der Mittel-
meerküste, daß man von jedem beliebigen Ort im
Landesinneren entweder an den Badestrand oder in
arabische Gefangenschaft kommt.

Unser Land ist so winzig, daß auf den handelsübli-
chen Landkarten nur die Buchstaben »Isr.« Platz haben. Erst als wir im Sechstagekrieg im Jahre 1967 den
Suezkanal erreicht hatten, konnten wir uns endlich
ausschreiben:

»Israel.«

Dann hat uns der gute ägyptische Präsident Sadat
das »el« wieder wegverhandelt. Und jetzt drängt man
uns, auch noch die restlichen Buchstaben aufzuge-
ben, und so werden wir uns noch glücklich schätzen,
das große »I« zu behalten.

Meinen Lieblingsonkel Egon aus New York kümmerte das alles wenig, als er uns kürzlich besuchte. Er
wünschte sich, den neuen jüdischen Staat gründlich
kennenzulernen.

»Aber gerne«, antwortete ich bereitwillig, »morgen
stehen wir früh auf, und ich zeige dir das ganze Land.
Aber was machen wir am Nachmittag?«

Schnellkurs für Anfänger

Kann man über ein Land lachen, das man liebt? Kann man ein Volk lieben, über das man lacht? Man kann.

Wer professionell arbeiten will, darf sich von Gefühlen nicht beeinflussen lassen. Unser Finanzminister zum Beispiel hat mich sehr gern, aber das hindert ihn nicht daran, meine Steuererklärung auf Heller und Pfennig nachzurechnen. Auch ich habe ihn recht gern und spotte dennoch einmal pro Woche in meiner Kolumne über seine katastrophalen Schnitzer. Das hat mit Liebe rein gar nichts zu tun, wir tun beide schließlich nur unsere Pflicht.

Oder nehmen wir ein ganz persönliches Beispiel. Es ist allgemein bekannt, daß ich ein Affenvater bin, der seinen dreiköpfigen Nachwuchs vergöttert. Das hat mich aber nicht davon abgehalten, unzählige humoristische Geschichten gegen meine aufgeweckten kleinen Fratzen zu schreiben, die man hierzulande »Sabres« nennt. Diese treffende Bezeichnung für die in Israel Geborenen leitet sich von der orientalischen Frucht Sabre ab, die außen stachelig, aber innen ungenießbar ist.

Das Ärgerliche ist, daß die drei Fratzen in meinem Land viel heimischer sind als ich. Sie sind mit der Sprache aufgewachsen, die ich im Schweiße meines Angesichts erlernt habe. 25 lange Jahre hatte ich in meiner ungarischen Muttersprache die erste Silbe eines Wortes betont, und nun mußte ich plötzlich die letzte betonen. Dennoch beherrsche ich das Hebräische natürlich besser als mein Nachwuchs und träume sogar auf hebräisch. Was mich daran stört, sind nur die ungarischen Untertitel.

Man kann den Staat Israel auf zweierlei Arten betrachten, aus der Nähe und aus der Ferne.

Aus der Nähe gleicht er einem Sandhaufen, auf dem sich die unmöglichsten Geschöpfe verschiedenster Herkunft tummeln, schwitzend, schimpfend und streitend wegen jeder Kleinigkeit, mit schlampigen Lebensgewohnheiten und mühsam in Schach gehalten von einem bürokratischen Durcheinander, das sich Regierung nennt.

Aus der Ferne aber sieht man eine einmalige Glanzleistung des 20. Jahrhunderts: ein zahlenmäßig kleines Volk, das trotz seiner absurden Plazierung auf der Landkarte eine musterhafte Demokratie aufgebaut hat. Ein blühendes Land, das sich trotz ständiger Kriegsbedrohung und massiver wirtschaftlicher Schwierigkeiten bewundernswert entwickelt, ein Land voll von historischen Sehenswürdigkeiten, ständig in seiner Existenz gefährdet und dennoch mit Menschen von überschäumender Lebenslust.

Ja, so wirkt der 50 Jahre junge Staat Israel aus der Ferne auf mich. In diesem Buch betrachte ich meine geliebte Heimat jedoch lächelnd aus allernächster Nähe.

Israel ist ein besonderes Land voller Überraschungen. Schon seine Geburt war ein Wunder. Ein ungarischer Feuilletonist namens Theodor Herzl, ein großer Prophet und nebenbei ein gar nicht so schlechter Humorist, hatte unter dem Eindruck des Dreyfus-Prozesses beschlossen, den jüdischen Staat wiederzubeleben.

Theodor Herzl war als Staatsgründer jedoch ein blutiger Anfänger und kannte nicht einmal das eherne biblische Gesetz, wonach ein gewiefter Prophet niemals ein genaues Datum nennt.

Und so verkündete er im Jahre 1897 im Kongreßhaus zu Basel wörtlich: »In dieser historischen Versammlung habe ich den Grundstein für den jüdischen Staat gelegt. In 50 Jahren wird es ihn wirklich geben.«

Leider hat er sich geirrt. Den Staat Israel gab es nämlich nicht 50, sondern erst 51 Jahre später. Und diesen peinlichen Patzer haben ihm Israels Historiker bis heute nicht verziehen.

Für mich jedenfalls ist Israel zur rechten Zeit geboren worden. Mit einer Million anderer Einwanderer strömte ich kurz nach der Staatsgründung in das Gelobte Land und wurde ein mehr oder weniger nützliches Mitglied dieser multinationalen Gesellschaft.

Das israelische Volk hat die Verwirklichung seines jahrtausendealten Traumes dann auch so richtig ausgekostet, genauer gesagt zwei geschlagene Stunden lang, bis es von sieben bis an die Zähne bewaffneten arabischen Staaten recht unsanft geweckt wurde.

Der neugeborene Staat hat überlebt und versucht, sich wie ein Erwachsener zu benehmen. Das war nicht gerade leicht, denn zu dieser Zeit waren ein Drittel der Bevölkerung Steuerbeamte und das zweite Drittel Verkehrspolizisten. Das dritte Drittel hatte sich noch nicht entschieden.

Wir hatten keinerlei Ahnung, welche Staatsform Israel hatte. Waren wir jetzt Kommunisten, oder hatten wir noch einige ruhige Tage vor uns? Ein Teil der Bevölkerung war jedenfalls überzeugt davon, daß in Kürze die Rote Armee einmarschieren würde, und hamsterte eifrig Zündhölzer und Toilettenpapier.

Unser Verhältnis zur Religion war ebensowenig geklärt. Stalin war zwar die Sonne der Arbeiterklasse, aber sogar seine leidenschaftlichsten Anhänger hatten zumindest einen ehrwürdigen Rabbiner in der Familie und bezeichneten sich vorsichtig als »loyale Opposition zum Allmächtigen«. Die Fortschrittlichen Israels suchten inzwischen verzweifelt nach einem Klassenfeind, den sie bekämpfen konnten, aber alle potentiellen Kandidaten waren leider so arm wie die Kirchenmäuse.

Der kollektive Fortschrittstaumel erhielt dann einen empfindlichen Dämpfer durch die Einwanderer aus den Ostblockländern, denen die Lust auf soziale Gerechtigkeit gründlich vergangen war.

Andererseits sind bis heute unsere berühmten landwirtschaftlichen Kollektive, die Kibbuzim, Hüter der marxistischen Tradition.

Die Grundidee dieser menschenfreundlichen Institution ist die totale Gleichheit aller. Niemand durfte eine Taschenlampe sein eigen nennen, wenn nicht alle anderen die gleiche Taschenlampe besaßen. Niemand konnte ins Kino gehen, wenn nicht alle Kibbuzmitglieder ins Kino gingen. Ich erinnere mich noch lebhaft daran, daß sich in meinem Kibbuz »Kfar Hachores« bei Nazareth ein verzweifelter Genosse aus Liebeskummer umbringen wollte. Da stellte sich die Frage, ob im Sinne der kollektiven Idee sich nicht auch jene umbringen müßten, die augenblicklich nicht liebeskrank waren.

Glücklicherweise ging die Krise vorbei, da das Liebesobjekt des lebensmüden Kibbuzim inzwischen stark zugenommen hatte.

Ein besonderes Land, ohne Zweifel.

Die wenigen alteingesessenen Israelis mußten innerhalb weniger Jahre mit einer Einwanderungsflut ohnegleichen fertigwerden. Statt Essen gab es Lebensmittelkarten, und in Jerusalem wurde Trinkwasser nur gegen sofortige Barzahlung abgegeben.

Die Pessimisten unter uns meinten: »Schlechter kann es nicht werden.« Ich hingegen erwiderte als eingefleischter Optimist: »Doch.«

Schritt für Schritt mußten wir dann die parlamentarischen Spielregeln erlernen. Die sogenannten Minister waren Kibbuzmitglieder und arbeiteten in der Kibbuzküche. Offizielle Anordnungen und vor allem persönliche Empfehlungsschreiben wurden auf Schmierzetteln festgehalten, weil noch keine offiziellen Amtspapiere existierten. Dafür gab es viele Gründe, unter anderem den, daß es auch keine Ämter gab.

Nach und nach entstanden dann aber doch Regierungsgebäude, und sogar Formulare wurden gedruckt. Das erprobte Zettelsystem hatte in gewisser Weise überlebt und wurde »Protektion« getauft. Diese populäre Methode ist inzwischen so verbreitet, daß ein echter Israeli bis heute kein Lokal betritt, ohne sich danach zu erkundigen, wer von seinen Begleitern Beziehungen zur Kellnerin hat.

Für die Millionen Einwanderer aus den unterschiedlichen Klimazonen war es eine zusätzliche Erschwernis, sich an die brütenden Temperaturen zu gewöhnen. Und obwohl Israel am Mittelmeer liegt, haben viele Neueinwanderer nach dem 1. September nicht mehr gebadet, weil es zu der Zeit in Polen schon zu kalt ist.

Wie gesagt, ein ganz besonderes Land.

Israel ist eine winzig kleine Insel, die nicht von Wasser, sondern von Feindseligkeit umgeben ist. Das einzig Angenehme daran: Jeder kennt jeden. Es gibt keinerlei Geheimnisse zwischen uns. Wenn ein Unbekannter mit Regenmantel und Sonnenbrille an der Tür klingelt und nach dem Öffnen heiser flüstert: »Die roten Krokodile fliegen diesen Winter nicht«, bekommt er womöglich zur Antwort: »Tut mir leid, aber der Spion wohnt einen Stock höher.«

Es war also nur natürlich, daß sich in meiner Heimat mit den Jahren auch ein besonderer Sinn für Humor entwickelt hat. Man hat gelernt, über sich selbst zu lachen. Wenn unser diensthabender Ministerpräsident ein Versprechen bricht, dann redet er sich mit den Worten heraus: »Ich gebe zu, ich habe es versprochen. Aber ich habe nicht versprochen, mein Versprechen auch zu halten.«

Das Finanzwesen funktioniert auf nicht unähnliche Weise. Regierung wie Bürger begleichen ihre Bankschulden getrost mit neuen Bankschulden. Der einzige Unterschied zwischen denen da oben und jenen da unten ist, daß der kleine Mann für seinen Kredit einen Bürgen braucht. Wenn man in den ruhmreichen Gründerjahren einen Fußgänger in Panik auf die andere Straßenseite flüchten sah, herrschte kein Zweifel daran, daß jemand in der Umgebung einen Bürgen suchte.

Auf die indiskrete Frage, wie unsere Regierung den explodierenden Schuldenberg zu tilgen gedachte, hatte der Regierungssprecher die beruhigende Antwort parat: »Einmal wird der Messias ja doch kommen.«

Zur völligen Beruhigung trug dann das statistische Einwohneramt mit der vielversprechenden offiziellen Kunde bei, jedes Baby in Israel käme mit 5000 US-Dollar Auslandsschulden auf die Welt. Da aber andererseits der Fiskus jedem Neugeborenen die gleiche Summe schuldet, war das gesunde wirtschaftliche Gleichgewicht wiederhergestellt.

Inzwischen hat sich aber glücklicherweise der Tourismus im Heiligen Land zu einer sprudelnden Einnahmequelle gemausert. Historische Gedenkstätten wie die zwei Sündenpfuhle Sodom und Gomorrha sind zu einem überlaufenen Eldorado für Urlauber geworden.

Da das allein aber die leere Staatskasse nicht füllt, vor allem im Winter, suchte die Regierung nach weiteren vielversprechenden Geldquellen und wurde bei den Parksündern fündig. Dafür gab es zwar genügend Verkehrspolizisten, aber nicht genügend Autos. Es blieb dem Fiskus also nichts anderes übrig, als ein progressives Steuersystem einzuführen, wenn auch mit der Einschränkung, daß keiner mehr bezahlen muß, als er verdient. Der unschätzbare Vorteil dieses Systems war, daß der Staatsbürger keine komplizierten Formulare ausfüllen mußte. Der Steuerbescheid lautete ganz schlicht:

1. Wieviel haben Sie in diesem Jahr verdient?
2. Überweisen Sie uns diese Summe.

Landeskundige könnten sich jetzt fragen, wie unter dieser Voraussetzung ein Wirtschaftswunder möglich wurde und niemand pleite ging, außer jenen jüdischen Vätern, die die Hochzeit ihrer Lieblingstochter finanzieren mußten. Es ist nämlich eine unserer schönsten alten Traditionen, daß für jeden jüdischen Papa die Eheschließung seiner Tochter die finanzielle Katastrophe schlechthin bedeutet. Zur Hochzeit wird zwar nur die Hälfte der Bevölkerung eingeladen, aber es kommen mindestens doppelt so viele.

Man darf nicht vergessen: Unsere Lage wurde dadurch nicht leichter, daß unsere guten Nachbarn in schöner Regelmäßigkeit jedes fünfte Jahr einen neuen Krieg gegen uns führen. Bisher wurden sie zwar immer noch besiegt und gleich darauf von unseren amerikanischen Freunden gerettet, aber durch diese unfreiwillige Ertüchtigung sehen wir bis heute wie eine junge Nation aus, wenn auch nur deshalb, weil in der Armee kurze Haare vorgeschrieben sind.

12

Ich glaube, es ist jetzt an der Zeit, kurz in Erinnerung zu rufen, wie der Autor damals Israeli geworden ist.

Es war im Jahr 1949, als ein ziemlich ramponiertes Sklavenschiff namens »Galiläa«, für 160 Passagiere gebaut und mit 3000 Einwanderern vollgestopft, im Hafen von Haifa vor Anker ging. An Bord drängelte sich auch ein magerer Junge, der trotz seiner meisterhaften Beherrschung saftiger ungarischer Flüche ziemlich verängstigt war.

Es war Mitternacht, und als wär's ein Horrorfilm, lag der Hafen dunkel und verlassen da. Zwar hatte die Einwanderungsbehörde der Hafenwache mitgeteilt, daß wieder ein neuer Pulk angeschwommen käme, aber es war keiner mehr da, um uns in Empfang zu nehmen. Der Hafenmeister war angeblich zu seiner ersten Frau nach Jerusalem gefahren und hatte uns dem Schicksal überlassen.

So blieben Tausende neue Emigranten hilflos an Bord und blickten mit gemischten Gefühlen zum Strand ihrer neuen Heimat hinüber. Sie erinnerten sich nur ungern daran, daß schon Moses das Gelobte Land lediglich aus der Ferne betrachten, aber nicht betreten durfte. Jede Epoche hat offenbar ihren eigenen Hafenmeister.

So saßen wir verzweifelt auf unseren Koffern und zählten die Stunden. Die ökonomisch Veranlagten unter uns hatten sich auf die Landung sorgfältig vorbereitet. Mein Reisenachbar hatte in Genua noch kurz vor dem Auslaufen zwanzig Kilo Sicherheitsnadeln erworben, nachdem ein italienischer Wohltäter ihn davon überzeugt hatte, daß die Nadeln wegen des bekannten Sicherheitskomplexes der Juden als Mangelware exzellente Handelschancen in Israel hätten.

Aus einem ähnlichen Grund hatte sich eine polnische Familie mit drei Kisten Weihrauch versorgt. Ich selbst war bei meinem Zwischenaufenthalt auf dem Schwarzmarkt des Wiener Rothschildspitals in den Besitz einer Secondhand-Maschine zur Erzeugung von Bakelit-Knöpfen gelangt, mit einem Produktionsausstoß von vier Knöpfen pro Minute.

Meine Tante Ilka hatte mir zwar geschrieben, daß man sich zu jener Zeit in Israel nur durch Straßenkehren oder Penizillinerzeugung halbwegs über Wasser halten könne, aber meine Zeit reichte nicht aus, um einen dieser Schlüsselberufe zu erlernen. Andererseits hatte mein Onkel Jakob von einer freien Stelle in einem Automatenbuffet in Tel Aviv gehört und hoffte, mich dort als Automaten unterzubringen. Auf keinen Fall, so warnte mich Onkel Jakob, sollte ich in einen Kibbuz gehen, denn dort spreche man hebräisch.

Meine ersten Hebräischkenntnisse hatte ich mir jedoch bereits auf hoher See angeeignet und beherrschte »Schalom, schalom« fließend. Außerdem hatte ich den ersten Band eines antiquarischen hebräischen Wörterbuches bis zum Buchstaben M an Bord geschmuggelt. Ich konnte also getrost in die Zukunft blicken.

Diese Zuversicht entschädigte allerdings nicht dafür, daß die Verpflegung auf der »Galiläa« sehr zu wünschen übrigließ. Die Mahlzeiten bestanden entweder aus gefrorenem Fischfilet mit schwarzen Oliven oder aus schwarzen Oliven ohne gefrorenes Fischfilet. Nur am Sabbat wurden die schwarzen Oliven durch grüne ersetzt. Der Schiffsrabbiner erinnerte uns zwar gerne an das Bibelwort, daß der Mensch nicht vom Brot allein lebt, aber davon ließ unser profaner Hunger auch nicht nach.

Die Hitze ertrugen wir von Tag zu Tag schlechter. Erst als uns der Kapitän erklärte, daß es eigentlich nicht die Hitze sei, sondern die Feuchtigkeit, die uns zu schaffen machte, fühlten wir uns etwas besser.

Je länger wir vor Anker lagen, desto hemmungsloser fluchten wir auf die funkelnagelneue Regierung und insbesondere auf unseren Ministerpräsidenten David Ben Gurion. Gezielte hysterische Ausbrüche haben einer Masseneinwan-

derung aber noch nie geschadet, und so erschien statt Ben
Gurion bereits einige Stunden später ein anderes hohes Tier,
das sich im Namen der Jewish Agency vielmals entschuldigte und uns höflich aufforderte, unsere Nationalhymne »Ha-
tikwah« anzustimmen. Wir sangen sie, wenn auch ohne Text,
und anschließend bestürmten wir ihn mit der Frage, wo man
uns unterbringen würde. Einige Einwanderungsgefährten
waren entschlossen, nur nach Tel Aviv zu gehen, andere erklärten sich auch mit einem Villenviertel außerhalb der
Hauptstadt zufrieden. Die Sparsamen erkundigten sich sogleich nach den Wohnungspreisen: »Wieviel kosten drei
Zimmer mit Küche? Zwei Zimmer mit Kochnische? Die
Kochnische allein?«

»Sammle die Zerstreuten, spricht der Herr, und führe sie
ins Gelobte Land«, antwortete mit feierlicher Bibelstimme
die Jewish Agency.

Von all unseren Problemen war das Wohnungsproblem
tatsächlich das drängendste. Wir erfuhren, daß in der Pro-
vinz ein Taubenschlag für zwölf Pfund monatlich angeboten
wird, ohne Kaution, dafür aber mit einer Zusatzgebühr von
zwei Pfund für die Leiter. Ein weitblickender Rumäne kam
auf die grandiose Idee, sich in einem stillgelegten Aufzug
eines arabischen Hotels in Jaffa einzuquartieren. Alle benei-
deten ihn.

Ich selbst hatte zwei Möglichkeiten: entweder mit einer
tripolitanischen Familie mit elf lebhaften Kindern in eine
Blechhütte des Übergangslagers von Haifa zu ziehen oder
meine Zelte vorübergehend bei Tante Ilkas Untermieter auf-
zuschlagen, der vor kurzem einen Schlaganfall erlitten hatte
und sich nicht wehren konnte. Ich neigte zum Auffanglager,
weil man Tante Ilka nachsagte, daß sie als Hauptmieterin die
Klosettpapierrollen numerierte.

Die schwerste Enttäuschung bereitete mir Onkel Jakob.
Unter eingefleischten Zionisten sprach man von ihm wie

von einer Legende. Er wäre vor dreißig Jahren mit einem kleinen Koffer nach Palästina gekommen und besäße denselben Koffer noch heute. Und mehr noch, er hätte auch einen riesengroßen Kühlschrank. Wie sich später zeigte, war der Kühlschrank mit seiner Wohnung identisch. Das Luxuriöse daran war, daß das Licht von selbst anging, wenn jemand die Tür öffnete.

Unterdessen hatte man den Hafenmeister schlafend im Wartesaal gefunden, und wir durften endlich ans Gelobte Land. In einem Holzverschlag, von dessen Decke eine nackte elektrische Birne herabbaumelte, saß hinter einem wackeligen Tisch ein an seiner kurzen Hose und an seinem fließenden Jiddisch identifizierbarer Einwanderungsbeamter.

Wir waren tief ergriffen. Schließlich war es das erste Mal, daß wir in unserer neuen Heimat Schlange stehen durften.

Nach einer Stunde hatte ich den Tisch erreicht. Durch Brillengläser, die ihm ständig von der Nase rutschten, sah der Beamte mich traurig an.

»Name?«

»Kishont Ferenc.«

Das irritierte ihn sichtlich.

»Welches von beiden ist der Familienname?«

»Kishont.«

»Kishon«, korrigierte mich die Amtsperson und rückte die Brille zurecht.

»Nein, nicht Kishon«, beharrte ich. »Kishont, mit einem t am Ende.«

»Kishon«, wiederholte nicht minder beharrlich die Behörde. »Vorname?«

»Ferenc.«

Wieder betrachtete er mich streng.

»Ephraim«, entschied er schließlich und hatte es auch schon aufgeschrieben.

»Nicht Ephraim, bitte, Ferenc.«

»So einen Namen gibt es nicht. Der nächste!«

So unwahrscheinlich es auch klingt, ich hatte damals keine Ahnung davon, daß mein Name aus der Bibel stammte. Kishon heißt nämlich der biblische Fluß, in den der Herr die Kampfwagen des kanaanitischen Feldherrn Sisera versenkte. Und drückte nicht ausgerechnet auf dem gegnerischen Berg Ephraim die Prophetin Debora den jüdischen Kämpfern die Daumen?

Aber das alles wußte ich damals im Hafen noch nicht und verließ meinen Taufpaten in tiefer Depression. Dennoch war es jener historische Augenblick, in dem wir, der Staat Israel und ich, den Entschluß faßten, gemeinsam humoristische Geschichten zu schreiben.

Inzwischen ist viel Wasser den Kishon hinuntergeflossen. Das arme kleine Israel ist nicht mehr so klein und nicht mehr so arm, und die Pionierzeit ist fast schon biblische Vergangenheit. Die Steuer wird von einem Computer in Jerusalem eingetrieben, und unser tägliches Leben hat begonnen, das Fernsehen zu kopieren. In liberalen Kreisen wurden die Rabbiner durch Psychiater ersetzt. Nicht weniger als eine Million Russen mit jüdischem Paß sind inzwischen in unser Land gekommen, und Hebräisch ist die zweite Landessprache geworden. Wer sich heutzutage nicht mit dem Internet beschäftigt, gilt als zurückgeblieben, und wer mit über vierzig noch Bus fährt, gilt als Versager. Fitneß ist für uns ein fester Begriff. Wir gehen jedes Wochenende zu Fuß ins Schwimmbad und kommen mit einem Fahrrad zurück.

Das war's.

Am Ende meines historischen Rundblicks steht jedoch eine verblüffende Erkenntnis, die ich mit vielen meiner Landsleute teile. Fünfzig Jahre lang haben wir unser Bestes gegeben, um unseren neuen Staat von Grund auf zu ändern. Und jetzt jammern wir gemeinsam darüber, daß es nicht mehr das Israel ist, das wir vor fünfzig Jahren betreten haben.

Ich habe
es versprochen ...

Kein Dach über dem Kopf

Die Tatsache, daß gleichzeitig mit mir noch eine Million weitere Einwanderer ins Land kamen, bereitete den verantwortlichen Behörden größtes Kopfzerbrechen. Es gab nämlich insgesamt nur 14 Wohnungen für die Neuankömmlinge und für drei davon bereits Anwärter, die irgendeinen Verwandten im Wohnungsamt hatten. Die Regierung ergriff sogleich Maßnahmen, um die Situation zu verschlimmern. Sie grub ein uraltes Gesetz aus, wonach jeder, der sich in einer zufällig freistehenden Wohnung einmal eingenistet hat, von dort nie wieder vertrieben werden kann, sondern in dieser Wohnung bleiben darf samt Weib und Kind und sämtlichen Nachkommen bis zum Jüngsten Tag.

Ich hatte Glück. Als ich weder aus noch ein wußte, begegnete ich meinem Freund und früheren Schulkameraden Julius Botoni, der seine Wohnung in Tel Aviv für ein Jahr für 50 Pfund monatlich vermieten wollte, weil er ein einjähriges Stipendium nach Italien bekommen hatte, um dort einen Bridgekurs für Fortgeschrittene abzuhalten. Es traf sich also für uns beide ganz hervorragend. Wir besiegelten unsere Vereinbarung mit einem freundschaftlichen Händedruck und trennten uns mit frohem Winken.

Botoni eilte mir nach.

»Es ist nicht Mißtrauen«, sagte er. »Aber vielleicht sollten wir die Angelegenheit durch einen Rechtsanwalt formell bestätigen lassen. Nur um Schwierigkeiten vorzubeugen. Man kann nie wissen. Du verstehst.«

Ich verstand, und wir vereinbarten einen Termin bei Botonis Anwalt Dr. Avigdor Wachsmann.

Als ich die Kanzlei des Anwalts betrat, sah ich sofort, daß er bereits alles mit meinem Freund besprochen hatte. Jedenfalls saß Botoni leichenblaß und zitternd in einem Fauteuil. Dr. Wachsmann betrachtete mich nachdenklich.

»Wir stehen vor einer schweren Entscheidung«, begann er. »Herr Botoni hat mir die Details genannt. Ich finde 75 Pfund im Monat eher zu wenig, aber das ist schließlich Sache des Vermieters. Abgesehen davon frage ich Sie, welche Garantie Sie uns geben können, daß Sie die Wohnung tatsächlich nach einem Jahr räumen werden?«

»Entschuldigen Sie«, entgegnete ich ein wenig pikiert. »Wir sind schließlich alte Freunde und Schulkameraden. Oder nicht, Botoni?«

Botoni wollte antworten, brachte aber keinen Ton heraus. Dr. Wachsmann sprang ihm bei.

»Bei Wohnungsvermietungen gibt es keine Sentimentalitäten. Das Mieterschutzgesetz legt fest, daß Sie eine Wohnung, die Sie einmal bezogen haben, nie wieder verlassen müssen. Ich bitte Sie daher um eine Kaution von 8000 Pfund.«

»Warum?« fragte ich. »Die Wohnung ist doch höchstens 6000 Pfund wert.«

»Richtig«, bestätigte Dr. Wachsmann. »Eben deshalb verlange ich ja eine höhere Summe. Sie werden dann die Wohnung um so lieber räumen. Ich verlange die Summe in bar und werde sie nach Ihrem Auszug noch ein weiteres Jahr einbehalten, damit Sie nicht versuchen, die Wohnung auf betrügerischem Weg wieder zu beziehen. Wenn Sie mit diesen Bedingungen einverstanden sind, bekommen Sie die Schlüssel.«

Ich nahm einen Kredit auf und brachte dem Anwalt das Geld. Als ich es auf den Tisch legte, fiel Botoni mit einem leisen Aufschrei in Ohnmacht.

»In Ordnung«, sagte Dr. Wachsmann, nachdem er nachgezählt hatte. »Jetzt ist nur noch eine Kleinigkeit zu regeln. Was geschieht, wenn das Geld abgewertet wird?«

»Ich erkläre hiermit an Eides Statt, daß ich die Wohnung auch dann räumen werde.«

»Bei Vermietungen gibt es keine eidesstattlichen Erklärungen. Wir brauchen Garantien. Ich schlage vor, Sie adoptieren Herrn Botoni und setzen ihn als einzigen Erben Ihres gesamten Vermögens einschließlich der Mietrechte an seiner Wohnung ein. Unwiderruflich. Es ist, wie gesagt, nur eine Formalität.«

Ich gab ihm recht, adoptierte meinen Schulkameraden Botoni und machte mein Testament. Auf Dr. Wachsmanns Wunsch übernahm ich auch noch die Beerdigungskosten und die Erbschaftssteuer. Ich übergab ihm meinen Familienschmuck, den ich für Notfälle aus Europa mitgebracht hatte, und dann war auch schon alles erledigt. Am nächsten Tag sollte ich die Schlüssel bekommen.

Mein Stiefsohn saß während der ganzen Zeit zusammengekauert in einer Ecke und wimmerte.

Am nächsten Tag bekam ich die Schlüssel nicht. Mit Engelsgeduld erklärte mir Dr. Wachsmann, daß für den Fall eines vorzeitigen Ablebens seines Mandanten bestimmte Regelungen zu treffen wären. Ich sollte deshalb beim Oberrabbinat ansuchen, über mich den »großen Bannfluch« zu verhängen, falls ich nach Ablauf eines Jahres auch nur einen Tag länger in der Wohnung bliebe.

Kaum hatte ich das Dokument unterzeichnet, erlitt Botoni einen Nervenzusammenbruch. Er sprang auf, begann zu brüllen, beschuldigte seinen Anwalt, daß er nicht sorgfältig genug wäre, außerdem sei ich kein religiöser Mensch und kümmerte mich nicht um Bannflüche, und er, Botoni, spüre in allen Knochen, daß er seine Wohnung nun endgültig verloren habe.

Nach einer kurzen Beratung der beiden Herren erklärte mir Dr. Wachsmann, daß er sich den Argumenten Botonis anschließe. Deshalb müsse ich von einem Mitgliedsstaat im UNO-Sicherheitsrat eine Garantie vorlegen, daß er im Falle einer nicht fristgerechten Freigabe der Wohnung bereit wäre, militärisch gegen Israel vorzugehen.

Wir einigten uns auf Frankreich. Ich mobilisierte alle meine Verbindungen und bekam tatsächlich die Unterschrift des französischen Botschafters, nachdem ihn der Quai d'Orsay aufgeklärt hatte. Dann blieb nur noch eine letzte Formalität, nämlich der Kauf einer Dreizimmerwohnung in Tel Aviv auf den Namen Dr. Wachsmann. Durch eine Zusatzerklärung erteilte ich einer von Dr. Wachsmann vertretenen Firma, die Insektenvertilgungsmittel erzeugte, das unwiderrufliche Recht, die Wohnung Botonis nach Ablauf eines Jahres mit Kohlenmonoxyd auszuräuchern, falls ich dann noch darin wohnte.

Jetzt konnte der Vertrag endlich geschlossen werden. Er war 28 Seiten lang und sagte aus, daß die betreffende Wohnung großherzig und in gutem Glauben an mich – im folgenden kurz »Der Eindringling« genannt – für die Dauer eines Jahres von Herrn Julius Botoni – im folgenden kurz »Der Wohltäter« genannt – gegen eine monatliche Zahlung von 100 Pfund vermietet wurde, unter der Voraussetzung, daß der Eindringling keinerlei Recht habe, länger als ein Jahr in der Wohnung des Wohltäters zu bleiben.

Ich studierte den Vertrag, und schon zwei Tage später unterschrieben wir ihn. Botoni erhob sich mühsam aus seinem

Rollstuhl, übergab mir mit zitternder Hand die Schlüssel, zischte ein paar beleidigende Worte und fiel tot um. Ich dachte zuerst, er wäre aus Angst um seine Wohnung gestorben. Er war jedoch, wie sich herausstellte, nicht wirklich tot, sondern hatte nur einen Starrkrampf.

Leider konnte ich von dem Wohnungsschlüssel keinen Gebrauch machen. Der Paragraph 579 unseres Mietvertrages lautet: »Dem Eindringling ist es verboten, die Wohnung, beginnend mit dem Tag der Unterzeichnung dieses Vertrages, zu betreten.« Laut Dr. Wachsmann ist diese Klausel nötig, damit ich die Wohnung nach Ablauf eines Jahres auch tatsächlich räume. Ich selbst habe mich allerdings entschlossen, die Wohnung, wenn ich erst einmal drin bin, nie mehr wieder zu verlassen.

Steter Tropfen höhlt den Stein

Ein Jahr ist schließlich doch ein Jahr, hat 365 Tage und bisher immer noch vier Jahreszeiten. In Israel bereitet uns davon nur der Herbst Probleme. In unseren Breiten befindet sich nämlich in jeder Wohnung neben der Küche eine lochähnliche Kammer, die nach allen Seiten verschlossen ist, mit Ausnahme jener einen, wo der stürmische Oktoberregen einfällt. Dieses Loch, im Volksmund »Küchenbalkon« genannt, darf keinesfalls geschlossen werden. Das verbietet ein Gesetz aus dem Jahre 1187, mit dem Sultan Salch-a-Din die Kreuzritter daran zu hindern suchte, in die Häuser einzudringen und sich dort zu verschanzen. Unsere Stadtverwaltungen wissen zwar nur zu gut, daß dieses Gesetz nicht mehr zeitgemäß ist, schließlich haben wir heute unsere eigenen britischen Gesetze. Es gibt jedoch nach wie vor keine juristische Handhabe dagegen, und so werden Zuwiderhandelnde mit hohen Geldbußen belegt, die die leeren Stadtsäckel füllen. Um die Straftat auszuführen gibt es mehrere Vorgehensweisen.

Methode 1: Der hermetische Aaron Fuhrmann

Der Balkon wird vom Glasermeister Aaron Fuhrmann hermetisch geschlossen. Er nimmt genau Maß und liefert in ein, zwei Tagen, allerhöchstens einem halben Jahr ein Fenstermodul aus hochwertigem Aluminiumholz. Während er es installiert, fragen wir Fuhrmann, ob unser Oktoberregen auch wirklich nicht eindringen wird.

»Ganz und gar unmöglich«, sagt der hermetische Fuhrmann, »ich schraube zusätzlich überall Leisten an.«

Der Lebensgefährte Fuhrmanns ist ein städtischer Kontroller, der ihm Morgen für Morgen nachschleicht und die kriminelle Handlung für die Stadtverwaltung festhält. Sobald der Kontrolleur gegangen ist, kommt der subtropische Regen.

Methode 2: Taschentücher

Der Regen stört uns eigentlich gar nicht, solange er nicht von Südwesten einfällt. Dann aber wird der hermetisch geschlossene Balkon zu einem künstlichen Stausee. Auf jeden einzelnen der dort in besseren Zeiten angesammelten Gegenstände, den Korb mit dem alten Besen, die Koffer, die ausrangierte Stehlampe, den Sack mit den Kartoffeln, strömen die für unser Land so segensreichen Regenschauer. Die Wohnung wird überschwemmt, und der Geist des Ewigen schwebt über dem Wasser.

Der Kriminelle und seine beste Ehefrau von allen stemmen sich wie ein Mann den Fluten entgegen und versuchen mit großen Taschentüchern der Feuchtigkeit Herr zu werden. Die Wäscherei wird zwei bis drei Stunden lang heldenhaft durchgehalten, doch dann ist es Zeit, ins Bett zu gehen.

Der hermetische Fuhrmann wird alarmiert, und er läßt seine grau-schlauen Expertenaugen über das überschwemmte Schlachtfeld gleiten. Seine Diagnose ist knapp, aber treffend.

»Stimmt«, sagt er, »das Wasser dringt ein. Aber bald kommt ja der Frühling.«

Methode 3: Der mysteriöse Pflupp

In diesen schweren Stunden nimmt das Volk sein Schicksal in die eigenen Hände. Wenn Fuhrmanns Leisten enttäuscht haben, dann müssen wir uns eben allein aus der feuchten Zwickmühle retten. Erster Schritt: Abdichtung der Ritzen, durch die der für unser Land so segensreiche Regen dringt. Wir schleppen einen Stuhl heran, stellen einen Schemel darauf, klettern hoch, fallen runter, stehen auf, bringen einen Tisch, stellen einen Stuhl darauf, steigen rauf, die Frau hält den Fuß fest, und wir lokalisieren die Tropfstelle.

Die Stelle gibt es nicht. Nur die Tropfen.

Der Fensterrahmen klemmt stahlhart an der Wand, die Leiste deckt den Rahmen zu wie der Vater sein schlummerndes Kind, nicht einmal eine klitzekleine Ritze läßt sich finden und doch, irgendwo in schwindelnder Höhe sammelt sich alle vier Sekunden ein dicker Tropfen und – Pflupp! – tropft auf die Kartoffeln, die bereits frische grüne Keime treiben. Es ist unmöglich festzustellen, woher der Tropfen kommt, ganz plötzlich hockt er auf der Leiste. Unsere Tochter Renana ist der Meinung, daß das Wasser durch die Poren der Glasscheiben dringt.

»Halt deine vorlaute Klappe«, fahre ich sie an, »sonst stopfe ich sie dir.«

Methode 4: Stopfen

Aber womit? Wir haben keinerlei Stopfmaterial zu Hause. Halt – unsere künstlerisch hochbegabte Tochter formt gerne allerlei hübsche Figuren aus einem ekelhaften Knetgummizeug. Wir klauen ihr die rote Masse, öffnen das Fenster, und ungeachtet der heftigen Regengüsse, die brutal auf uns herniederprasseln, stopfen wir den ganzen Fensterrahmen mit Knetgummi zu. Wie Matrosen auf dem Mast der Fregatte hängen wir zwischen dem stürmischen Meer und dem gnadenlosen Himmel, die grellen Blitze sind unser einziges Licht. Ahoi! Nach getaner Arbeit sind wir zufrieden und haben Angina. Das Wasser dringt immer noch ein.

Pflupp!

Gut, gut, es war uns schließlich klar, daß der Knetgummi nur eine Zwischenlösung sein konnte. Schon nach zehn Minuten liegt er auf der Straße. Am nächsten Morgen macht sich die Beste auf und kauft in einem Do-it-yourself-Laden professionellen Fensterkitt und einen Spachtel. Wir nützen die zwei Stunden, in denen der Regen eine Atempause einlegt, und stopfen alles mit der klebrigen Masse zu, die wir mit unseren Schuhen gleichzeitig in die entferntesten Ecken unserer Wohnung tragen.

Nach dem Wiedereinsetzen des Sauwetters haben wir den Eindruck, das Wasser dringe jetzt viel leichter ein. Wir wechseln zu »Plastikzement«, einem wissenschaftlich erprobten Material, wasserfest und absolut undurchlässig, besonders geeignet für hermetisch geschlossene Balkons. Man stopft es zwischen Fenster und Rahmen, zwischen Fenster und Fenster, zwischen Rahmen und Wand, zwischen Tür und Angel und überhaupt. Gestopft wird in zwei dicken Schichten, und siehe da, das Wasser dringt nicht mehr ein. Es sei denn, draußen regnet es.

Methode 5: Die Kapitulation

O nein, keine Kapitulation im herkömmlichen Sinn. Eher ein Sieg des gesunden Menschenverstands. Warum gegen Naturgewalten ankämpfen? Das Wasser will eindringen, bitte schön, soll es.

Wir stellen Töpfe unter die Tropfen, und so zähmen wir nicht nur die Fluten, sondern sammeln auch den für unser Land so segensreichen Regen. Der kleine Balkon wird nicht mehr überschwemmt, es sei denn, die Töpfe sind voll und laufen über. Na und, wir stellen die Töpfe einfach in größere Töpfe, und so wird auf schlaue Weise sichergestellt, daß das Wasser von den kleinen in die großen Töpfe läuft, und nicht etwa in den angeschimmelten Kronleuchter.

Der einzige Haken an diesem System: Auch die großen Töpfe sind irgendwann voll. Da kann man nichts machen.

Methode 6: Nach uns die Sintflut

Normalerweise dauert es etwa zwei Wochen, bis die ideale Lösung gefunden wird: die Tür zwischen Balkon und Küche. Diese Tür kann nämlich geschlossen werden. Und von nun an sieht niemand mehr, was sich auf der anderen Seite abspielt. Der segensreiche Regen kann eindringen oder draußen bleiben, wie er will. Wir sind drinnen, der Dschungel ist draußen, der Kontakt zum Balkon ist unterbrochen. Jetzt müssen die Körbe, die Koffer und die Kartoffeln selber für sich sorgen.

Und dann, erst dann, ist der Balkon wirklich und wahrhaftig ein hermetisch geschlossener Balkon.

Die unvollendete Stadt

Es ist ein gutes halbes Jahrhundert her, da blieben zwei Juden in einer öden Sandwüste stecken, und einer von ihnen stellte fest, daß hier kein menschliches Wesen überleben könne. Der andere behauptete, daß überall, wo ein Wille ist, auch ein Weg sei, und sie schlossen eine Wette ab. So wurde Tel Aviv gegründet.

Wer die Wette gewonnen hat, ist bis heute nicht entschieden.

Als Tel Aviv etwa 1500 Seelen zählte, war der Lärm so groß, daß 5000 Einwohner das Weite suchten. Die Planung wurde immer chaotischer. Straßen, für 10 000 Passanten angelegt, waren viel zu eng, um einen halbwegs flüssigen Verkehr für 50 000 Menschen zu garantieren, so daß selbst die größten Optimisten nicht an die Zukunft Tel Avivs glaubten. Und tatsächlich, die düstere, unschöne Stadt wirkte schon durch den völligen Mangel an erfrischenden Grünflächen deprimierend auf ihre 100 000 Einwohner. Bedenkt man obendrein, daß sie über eine vorsintflutliche Kanalisation verfügt, dann versteht man, warum sie nur 150 000 Einwohner hat. Tel Aviv, wir müssen es leider zugeben, ist wirklich nicht attraktiv. Wie vielen Juden kann man auch zumuten, in einem total übervölkerten Häuserhaufen unter katastrophalen hygienischen Bedingungen zu leben? Nun, wie vielen? 650 000? Gut, aber das ist das Äußerste.

Feuersturm

Wenn es in Israel heiß ist, dann weiß man erst, was Hitze ist. Dafür sorgt unser trockener, brennendheißer Wüstenwind, eine Art von Superschirokko, der nur ein Gegenstück hat: das Innere eines Panzers, in dem die Besatzung auf ihre Widerstandskraft gegen Feuereinwirkung getestet wird.

Dieser Wind heißt auf arabisch »Chamsin«, und das heißt »fünfzig«, weil er genau nach Vorschrift 50 Tage lang bläst. Und wenn er bläst, bekommt man keine Luft, kann sich kaum auf den Beinen halten und fühlt das Verdorren der Nervenstränge beinahe plastisch.

Erfahrene Unterweltler legen ihre Verbrechen gern auf Chamsin-Tage, weil der Chamsin zwar unerträglich, aber als mildernder Umstand höchst angenehm ist.

Der Schweiß der Edlen

»Weib«, sagte ich, »vor zehn Minuten ist mir der Kugelschreiber hinuntergefallen.« Die beste Ehefrau von allen lag auf der Couch und blinzelte mühsam unter ihren Eiswürfeln hervor.

»Heb ihn auf«, murmelte sie. »Den Kugelschreiber.«

»Unmöglich. Zu heiß.«

Ich weiß nicht, auf welchem Breitengrad unsere winzigkleine Wohnung liegt. Es kann nicht sehr weit vom Äquator sein. Im Schlafzimmer haben wir 42 Grad, an der Nordwand unserer schattigen Küche 48 Grad. Um Mitternacht. Chamsin.

Seit den frühen Morgenstunden liege ich da, bäuchlings, alle Glieder von mir gestreckt, wie ein verendendes Tier. Nur daß verendende Tiere kein weißes Papier vor sich haben, auf das sie etwas schreiben sollen. Ich, leider, soll. Aber wie soll ich? Um den Kugelschreiber aufzuheben, müßte ich mich hinunterbeugen, in einem Winkel von 45 ° (45 Grad!), und dann würde der Eisbeutel von meinem Hinterkopf zu Boden fallen, und das wäre das Ende.

Vorsichtig bewegte ich mein linkes Bein, um den Kugelschreiber mit meinen Zehen zu erwischen. Umsonst.

Meine Verzweiflung wuchs. Das war heute schon der fünfte Tag, an dem ich das weiße Papier vor mir anstarrte, und ich hatte nur den einen Satz zustande gebracht: »Um Himmels willen, diese Hitze!«

Eine solche Hitze hatte es wirklich noch nie gegeben. Nie. An einem bestimmten Tag des Jahres 1936 war es fast so heiß wie heute, aber nicht so feucht. Im Jahre 1957 wurde eine fast ebenso große Feuchtigkeit gemessen, dafür aber war es weniger heiß. Nur ein einziges Mal, 1977, war es genauso heiß und genauso feucht. Allerdings in Afrika.

Afrika. Was für ein sonderbares Wort. Meine Zunge versuchte es nachzuformen, war aber zu schwerfällig. Af-ri-ka. Was soll das? A-f-r-i-k-a.

»Weib, was ist Afrika?«

»Afrika«, flüsterte sie. »Arfika ...«

Jawohl, sie hat »Arfika« gesagt, ganz deutlich. Vielleicht ist das sogar richtig. Arfika. Warum nicht? Mir soll's gleich sein. Mir ist alles gleich. Schon seit Tagen. Schon seit Beginn dieser noch nicht dagewesenen Hitzewelle sitze oder liege ich, genauer: bleibe ich sitzen oder liegen, wo ich gerade hinsinke, und habe keinen anderen Wunsch, als mich nicht zu bewegen. Wenn ich in dieser ganzen Zeit öfter als dreimal gezwinkert habe, war's viel. In meinem Kopf regt sich das absolute Nichts, sofern ein absolutes Nichts sich regen kann. Ich kann es jedenfalls nicht. Aber ich wollte doch etwas sagen. Richtig: Diese Hitze. Um Himmels willen, diese Hitze.

Das Telefon läutet. Ein wahres Wunder, daß das Ding noch funktioniert. Mühsam strecke ich meine Hand aus.

»Hallo«, sagt eine heisere Stimme, die ich als die unseres Wohnungsnachbarn Felix Seelig erkenne. »Ich bin auf dem Dizengoff-Boulevard. Es ist entsetzlich. Kann ich mit meiner Frau sprechen?«

»Sicher. Du brauchst nur deine eigene Nummer zu wählen.«

»Daran habe ich gar nicht gedacht. Danke.«

Ich hörte noch das dumpfe Geräusch eines fallenden Körpers, dann war es still. Um so besser. Das lange Gespräch hat mich ermüdet.

Mit einer Handbewegung deutete ich meiner Ehegattin an, daß Felix Seelig allem Anschein nach tot sei. »Erna verständigen«, hauchte sie. Im Sommer neigen wir zu kurzen Sätzen. Und zur Lektüre von Krimis. Da überläuft uns doch wenigstens ab und zu ein kalter Schauer.

Was wollten wir? Ach ja. Wir wollten die Witwe Seelig benachrichtigen, daß ihr Mann bei der Verteidigung des Dizengoff-Boulevards gegen die Hitze gefallen war.

Die Witwe Seelig wohnt zwei Wände weit entfernt. Wie soll man sie erreichen?

Mit übermenschlicher Anstrengung erhob ich mich und zog meinen gepeinigten Körper hinter mir her, bis zur Wohnungstür. Durch diese Tür verließ ich unsere Wohnung. Sie fiel hinter mir ins Schloß.

Erschöpft lehnte ich mich ans Treppengeländer, um mit heraushängender Zunge ein wenig Luft zu schnappen, falls es eine solche gab. Aber es gab keine.

Es gab nur die Hitze. Großer Gott, was für eine Hitze. Sie dörrte einem das Hirn aus, falls man ein solches hat. Aber man hat keines. Man weiß nicht einmal, warum man hier am Treppengeländer lehnt.

Wirklich. Was suchte ich hier? Warum hatte ich meine Wohnung verlassen? Ich wollte in meine Wohnung zurück.

Ging nicht. Die Tür war zu. Was nun? Ein Mann steht vor seiner eigenen Wohnung, in der sich seine eigene Frau befindet, und kann nicht hinein. Was tun?

Es ist heiß. Es wird immer heißer.

Ich werde die Stiegen hinuntergehen und jemanden bitten, meine Frau zu verständigen, daß ich draußen stehe.

Ich könnte ihr auch faxen. Ja, das ist die Lösung: ein Fax.

Aber wie komme ich aufs Postamt? Und natürlich niemand in der Nähe, den man fragen konnte.

Ein Bus erschien. Ich stieg ein. Hinter mir die Hitze.

»Was?« fragte mit fieberglänzenden Augen der Fahrer.

In der Tasche meines Pyjamas entdeckte ich eine Pfundnote und drückte sie ihm wortlos in die Hand. Dann wandte ich mich an den nächstbesten Fahrgast. »Entschuldigen Sie, wohin fährt dieser Bus?«

Der Mann kehrte mir langsam sein Gesicht zu, und ich werde den Ausdruck dieses Gesichts nie vergessen.

»Wohin fährt was?«

»Der Bus.«

»Welcher Bus?«

Damit stolperte er hinaus in den Schatten. Das war sehr vernünftig. Auch ich stieg aus.

»Heda, Sie!« hörte ich hinter mir die Stimme des Fahrers. »Sie bekommen noch auf Ihre zehn Pfund heraus!«

Ich drehte mich nicht einmal um. Widerwärtiger Pedant.

An der Straßenecke befiel mich unwiderstehliche Gier nach Eiscreme. Eine große Portion, gemischt, Vanille, Schokolade und Erdbeer. Und diese ganze Portion würde ich mir auf einmal unters Hemd schütten. Worauf wartete ich noch?

Richtig. Die Wohnungstür war ins Schloß gefallen.

Eine grandiose Idee durchzuckte mich: Ich hätte an der Wohnungstür läuten können. Die beste Ehefrau von allen hätte sich dann möglicherweise gesagt, daß jemand hereinmöchte, und hätte geöffnet. Warum war mir das nicht früher eingefallen?

Aber wo wohne ich? Wo? Das ist das wahre Problem, das jetzt gelöst werden muß.

Ich werde es lösen. Nur keine Aufregung. Nur nicht nervös werden. Ruhe. Das Gehirn arbeitet, und alles wird wunderbar klar.

Ich wohne in einem dreistöckigen Haus, dessen Fenster

nach außen gehen. Irgendwo hier in der Nähe. Eines von diesen Häusern, die alle gleich aussehen. Besondere Kennzeichen: Der Bewohner hat bei der letzten Hitzewelle Verbrennungen dritten Grades über dem zweiten Stock erlitten. Wo wohne ich? Wo?!

Ruhig nachdenken. Nur die Ruhe führt zum Ziel. Und die sonnendurchglühte Telefonzelle dort an der Ecke. Ganz einfach. Im Telefonbuch nachschauen. Hoffentlich ist die Seite mit meinem Namen noch nicht versengt.

Mit welchem Namen? Wie heiße ich? Vor ein paar Minuten habe ich es noch gewußt. Der Name liegt mir auf der Zunge. Aber ich habe ihn vergessen. Ich weiß nur noch, daß er mit einem S beginnt. S wie Sonne.

Es wird immer heißer. Und es fällt mir immer schwerer, meinen Körper aufrecht zu halten. Zum ersten Mal im Leben sehe ich den Chamsin, unser unvergleichliches heimisches Hitze-Produkt, plastisch vor mir: ein purpurfarbenes Gebilde aus kleinen und großen rotierenden Kreisen, dazwischen dann und wann Diagonalen, Zickzacklinien und ein doppelter Whisky mit Eis.

Vom Dizengoff-Boulevard nähert sich etwas, das ich mit großer Mühe als menschliche Gestalt erkenne und mit noch größerer als Felix Seelig. Er lebt also noch, der arme Hund. Auf allen vieren kommt er angekrochen, ein dünnes Bächlein Schweiß zeichnet seine Spur. Jetzt hat er mich erreicht. Er glotzt mich aus hervorquellenden Augen an, er fletscht die Zähne, er knurrt.

»Grrr.«

»Grrr«, knurre ich zurück und bin auch schon an seiner Seite, auf allen vieren. Wir brauchen unsere Rücken nur ganz kurz aneinanderzureiben, um volles Einverständnis darüber zu schaffen, daß wir jetzt gemeinsam weitertrotten werden, grunzend den Sümpfen zu, rhcrrr … crrrr … grrr … es ist heiß … es wird immer heißer … es war noch nie so heiß …

Kein Pardon für Schwager

Wir israelischen Bürger sind ganz anders als die anderen. Die Eigenart unseres Charakters zeigt sich bei jeder Gelegenheit. Nehmen wir zum Beispiel an, man geht friedlich und nichtsahnend die Straße entlang, und ganz plötzlich tritt einem jemand in den Hintern. Überall auf der Welt würde sich der anonyme Treter, wenn man sich empört nach ihm umdreht, sofort entschuldigen. In Israel jedoch sagt er:

»Oh, ich dachte, Sie wären mein Schwager.«

Nichts liegt daraufhin näher als der Vorwurf:

»Und wenn ich Ihr Schwager wäre, berechtigt Sie das zu einem Tritt in meinen Hintern?«

»Herr«, schnaubt der andere da empört. »Wollen Sie mir vorschreiben, ob ich meinen Schwager in den Hintern treten darf oder nicht?«

Man muß zugeben, daß der Mann von seinem Standpunkt aus recht hat. Wir sind eben anders.

Ein süßes Geheimnis

Als bevorzugte Frucht unseres subtropisch bewässerten Landes gilt die Melone, schon deshalb, weil das Wasser, mit dem sie uns versorgt, nicht von Wolkenbrüchen abhängt, wie die folgende Kurztragödie plausibel macht.

DR. FEINHOLZ: (Kommt auf dem Heimweg am Obstmarkt vorbei und erinnert sich, daß seine Gattin Elsa immer vergißt, Melonen zu kaufen, das einzige Mittel gegen die unerträgliche Sommerhitze. Geht auf einen Berg von Melonen in der Mitte des Marktes zu und wendet sich an Zuriel, den orientalischen Besitzer des Berges.) Sind sie süß?

ZURIEL: (antwortet nicht)

DR. FEINHOLZ: Also gut. Geben Sie mir eine.

ZURIEL: (Läßt einen konzentrierten Röntgenblick über den grünen Berg schweifen, ergreift eine besonders dicke Melone, wirft sie in die Luft, fängt sie auf, streichelt sie, drückt sie, beklopft sie, hält sie ans Ohr, wirft sie auf den Haufen zurück, nimmt eine andere ... Luft ... auffangen ... streicheln ... drücken ... beklopfen ... Ohr ... weg ... eine dritte ... Die vierte ist in Ordnung. Zuriel wiegt sie im finstersten Winkel seines Obststandes mit dem Rücken zur Kundschaft.) 6 Kilo. 7 Pfund und 20 Piaster.

DR. FEINHOLZ: Die ist also süß?

ZURIEL: Sehr süß.

DR. FEINHOLZ: Wieso wissen Sie das?

ZURIEL: Erfahrung. In den Fingerspitzen. Beim Betasten. Beim Auffangen aus der Luft. Eine Melone, die nicht ganz reif ist, macht »plopp«. Eine Melone, die reif ist, macht »plopp«.

DR. FEINHOLZ: Ich verstehe. (Zahlt, schultert die fünf Kilo schwere Melone und tritt den Heimweg an. Die Hitze ist so entsetzlich, daß der Asphalt zu schmelzen beginnt. Dr. Feinholz begreift mit einemmal, warum seine Gattin Elsa immer vergißt, Melonen zu kaufen. Zu Hause angelangt, versteckt er die Melone im Eisschrank. Nach der Mahlzeit zieht er sie als freudige Überraschung hervor und schneidet sie auf.)

DIE MELONE: (ist gelb, schmeckt wie gefrorener Badeschwamm, wurde vermutlich mit Kerosin bewässert)

DR. FEINHOLZ: (spuckt aus, wütend) Also bitte. Da hast du unser gelobtes Land in seiner ganzen Pracht. Fast 8 Pfund hat mich das Zeug gekostet.

ELSA: Trag's zurück.

DR. FEINHOLZ: Jawohl. Alles hat seine Grenzen, sogar meine Geduld. (Schleppt die Melone in der kochenden Hitze auf den Markt zurück und wirft sie vor Zuriels Füße.) Was haben Sie mir da angehängt?

ZURIEL: (antwortet nicht)

DR. FEINHOLZ: Das kann man nicht essen.

ZURIEL: Dann essen Sie's nicht.

DR. FEINHOLZ: Ich habe Sie ausdrücklich gefragt, ob die Melone süß ist, und Sie haben ja gesagt.

ZURIEL: Das »plopp« beim Auffangen war in Ordnung. Aber wer kann in das Innere einer Melone sehen?

DR. FEINHOLZ: Das weiß ich nicht. Ich weiß nur, daß Sie für die Melonen, die Sie verkaufen, verantwortlich sind.

ZURIEL: Nicht für Melonen, die Sie ohne Garantie von mir gekauft haben.

DR. FEINHOLZ: Es gibt Melonen mit Garantie?

ZURIEL: Ja.

DR. FEINHOLZ: Und was ist der Unterschied?

ZURIEL: Melonen ohne Garantie kosten 6 Pfund das Kilo, Melonen mit Garantie 9,30. Dann bin ich verantwortlich.

DR. FEINHOLZ: (tritt heftig nach einer Melone, die ihm gerade vor die Füße kollert) Wie ist diese hier, bitte?

ZURIEL: (antwortet nicht)

DR. FEINHOLZ: Also gut. Geben Sie mir eine Melone mit Ihrer Garantie. Aber wenn sie wieder ungenießbar ist, können Sie sich auf etwas gefaßt machen.

ZURIEL: (Wirft eine Melone in die Luft, fängt sie auf, streichelt sie, drückt sie, beklopft sie, hält sie ans Ohr, wirft sie weg. Zweite ebenso, dritte ebenso, die vierte ist in Ordnung.) 7 Kilo 80.

DR. FEINHOLZ: Meinetwegen.

ZURIEL: (Schneidet eine schmale, dünne Scheibe aus der Melone heraus und zeigt sie Dr. Feinholz.) Rot?

DR. FEINHOLZ: Rot.

ZURIEL: Ohne zu prahlen, das ist wirklich eine ganz besonders rote Melone.

DR. FEINHOLZ: (Zahlt, schleppt die sechs Kilo schwere Melone schwitzend und ächzend nach Hause.) Der alte Gauner hat sie ohne ein Wort des Widerspruchs umgetauscht.

ELSA: Klar.

DR. FEINHOLZ: (Gibt die Melone in den Kühlschrank, wartet eine halbe Stunde, zieht sie hervor, schneidet sie auf) Eine prachtvolle rote Melone, wirklich.

ELSA: Hast du sie gekostet?

DR. FEINHOLZ: Gekostet habe ich sie nicht. Aber man sieht ja, daß sie gut sein muß.

DIE MELONE: (schmeckt schal, alt, abgestanden, faul, bitter)

ELSA: Du wirst die Melone brav zurücktragen, ja?

DR. FEINHOLZ: (Abschleppdienst, Schweiß, Keuchen, Flüche, Melone vor Zuriels Füße.) Da haben Sie den Dreck.

ZURIEL: (antwortet nicht)

DR. FEINHOLZ: Habe ich diese Melone mit Garantie gekauft oder nicht?

ZURIEL: Ja.

DR. FEINHOLZ: Kosten Sie sie.

ZURIEL: Danke. Ich esse Melonen nicht gern. Ich muß dann immer schwitzen.

DR. FEINHOLZ: Das nennen Sie süß? Das soll eine süße Melone sein?

ZURIEL: Ich habe Ihnen keine süße Melone garantiert. Ich habe Ihnen eine rote Melone garantiert.

DR. FEINHOLZ: Ich pfeife auf die Farbe. Von mir aus kann sie marineblau sein.

ZURIEL: Warum haben Sie mir nicht gesagt, daß es Ihnen auf den Geschmack ankommt? Die Garantie für süße Melonen ist 12 Pfund pro Kilo.

DR. FEINHOLZ: (nach einer kurzen Erholungspause) Also gut. Geben Sie mir eine garantiert süße Melone.

ZURIEL: (Prozedur von Wurf bis Nummer vier wie zuvor) 9 Kilo 30.

DR. FEINHOLZ: Einen Augenblick! Ich möchte sie kosten.

ZURIEL: Bitte sehr. (Schneidet ein pyramidenförmig zugespitztes Stück aus der Melone heraus, und zwar dergestalt, daß die Spitze der Pyramide dem geometrischen Mittelpunkt des Meloneninhalts entspringt.)

DR. FEINHOLZ: (beißt die Spitze ab) Sehen Sie, guter Mann, das ist eine süße Melone.

ZURIEL: (steckt die Pyramide rasch an ihren Platz zurück) 11 Pfund 16 Piaster.

DR. FEINHOLZ: (zahlt, schwitzt, taumelt heimwärts) Ich habe ihn gezwungen, sie umzutauschen. Und jetzt koste einmal.

ELSA: (kostet, spuckt aus)

DIE MELONE: (vollkommen schal, schmeckt bestenfalls nach Abwaschwasser, besteht fast ausschließlich aus Samenkernen, verwandelt sich in unmittelbarer Nähe des geometrischen Mittelpunktes in feuchte Watte)

ELSA: Zurücktragen!

DR. FEINHOLZ: (Qualprozedur wie zweimal zuvor bis zum Ende) Und das? Was ist das?

ZURIEL: (antwortet nicht)

DR. FEINHOLZ: Was ist das?!?

ZURIEL: Sie haben ja gekostet.

DR. FEINHOLZ: Was ich gekostet habe, war süß.

ZURIEL: Hier ist es süß und zu Hause ist es sauer? Was machen Sie zu Hause mit den Melonen? Marinieren?

DR. FEINHOLZ: (bekommt einen Erstickungsanfall und flucht auf slowakisch)

ZURIEL: (klopft ihm auf den Rücken) Wollen Sie eine andere?

DR. FEINHOLZ: (keuchend) Ja ...

ZURIEL: (beginnt mit dem Prüfungsritual)

DR. FEINHOLZ: Werfen Sie Ihre Großmutter in die Luft! Ich suche mir meine Melone selbst aus.

ZURIEL: Wie Sie wünschen.

DR. FEINHOLZ: (Fühlt sich nach kurzem Umsehen mit magischer Gewalt von einer flaschengrünen Frucht angezogen, betastet sie und weiß mit jener unfehlbaren Sicherheit, die sonst nur den schöpferischen Augenblicken des Genies innewohnt, daß diese Melone einfach süß sein muß.)

ZURIEL: 16 Kilo 80. Wollen Sie die Garantie schriftlich?

DR. FEINHOLZ: Krepier! (Stöhnen, Schwitzen, Ankunft zu Hause) Der Lump hat mir eine andere geben müssen.

ELSA: Das sehe ich.

DR. FEINHOLZ: (Schließt sich mitsamt der Melone im Eiskasten ein, kommt aber, da es dort sehr kalt ist, schon nach wenigen Minuten wieder heraus und schneidet die Melone auf)

DIE MELONE: (süß, reif, rot, zart, saftig, kernlos, delikat, Exportqualität)

DR. FEINHOLZ: (Strahlt, verjüngt sich, das Leben ist wieder schön, die Sonne geht in großer Farbenpracht unter, Vöglein zwitschern.) Das nenne ich Melone, was? Liebling, so eine Melone hast du noch nie gegessen. Weil ich sie selbst ausgesucht habe. Dieser Verbrecher. Dreimal hintereinander hat er nichts Brauchbares gefunden. Und ich, gleich beim ersten Mal, von einem geheimnisvollen Instinkt geleitet ...

ELSA: Red keinen Unsinn.

DR. FEINHOLZ: Unsinn? Du wirst ja sehen. Von jetzt an mache ich's immer so. (Sucht am nächsten Tag seine Melone wieder selbst aus, fühlt sich wieder mit unerklärlicher Magie zu einer bestimmten Frucht hingezogen, zahlt, schwitzt, taumelt, Kühlschrank, halbe Stunde, Schnitt.)

DIE MELONE: (schmeckt nach verfaultem Laub, ist vollkommen ungenießbar und spottet der menschlichen Eitelkeit)

DR. FEINHOLZ: (versucht sich eine Kugel in den Kopf zu schießen, trifft bedauerlicherweise daneben und lebt weiter)

Die Dampfmaschine

Das Wetter gehört zu den besonderen Attraktionen unseres schönen Landes. Aber offenbar ist da beim Schöpfungsakt oben etwas danebengegangen, sonst könnte die Atmosphäre im Sommer nicht zehnmal mehr Feuchtigkeit als Luft enthalten.

Während dieser Zeit lebt der Israeli nicht, er vegetiert nicht einmal, er dampft. Sein einziges Mittel zur Selbsterhaltung ist eine Wundermaschine, durch die sich bekanntlich die Feuchtigkeit von draußen in Lärm nach innen verwandelt.

Eine ohrenbetäubende Stille

Es war Herbst. Es war ein sehr heißer Herbst. Es war so heiß, daß die beste Ehefrau von allen das Wort »Klimaanlage« ins Gespräch brachte. »Jetzt?« fragte ich. »Im Herbst?« Aber das beeindruckte sie ganz und gar nicht. Sie entfaltete mit Mühe die schweißgebadete Zeitung auf dem Tisch und deutete auf eine halbseitige Anzeige der Firma »Pronto Klima-Anlagen Ges.m.b.H.«, die in blumigen Worten ein neues, »Flüsterkasten« genanntes Modell anpries: Kühle im Sommer, Wärme im Winter, Stille in jeder Jahreszeit, Stille bei Tag und Nacht.

Ich willigte seufzend ein.

Der Chefingenieur der Firma »Pronto«, ein gewisser Schlomo, erschien persönlich, um von unseren Fenstern das passende für den Apparat auszusuchen. Er machte uns auch auf einen speziell eingebauten Schalthebel aufmerksam, den sogenannten »Besänftiger«, der Geräusche beim Anlaufen des Apparats bis zur Unhörbarkeit reduzierte. Die ganze

Pracht käme auf 4999 Pfund plus 1500 Pfund Installations-gebühr, beides in bar und im voraus. Den hohen Preis für die Installation begründete Schlomo mit der einjährigen Garantie für das Loch in der Mauer.

Nachdem wir gezahlt hatten, holte Schlomo zwei vier-schrötige Gesellen, die unter seiner fachkundigen Anleitung das Fensterbrett aufbrachen, einen Schweißbohrer ansetzten, ein wenig hämmerten und ein wenig sägten. Bald darauf gehörte der »Flüsterkasten« zu unserer Wohnung und zu unserem Leben.

»Ich gratuliere«, sagte Schlomo. »Sie werden mit dem ...«

Der Rest seiner Rede ging im ohrenbetäubenden Lärm des Apparates unter. Es war ein Lärm wie von einer alten Boeing 747 vor dem Start.

Eine Weile standen wir reglos auf unserem Privatflugfeld und lauschten dem akustischen Wunder, bevor ich zu Schlomo sagte:

»Ganz hübsch laut, wie?«

»Was?« fragte Schlomo nach. »Ich verstehe Sie nicht.«

»Lärm!« brüllte ich. »Es lärmt.«

»Was? Wo?«

Er sprach noch weiter, aber da einstmals in meinem Gymnasium Lippenlesen nur Wahlfach war, hatte ich es nicht erlernt. Mit Handzeichen lotste ich Schlomo in die Küche, wo das Getöse der Jetmotoren nur gedämpft herüberklang. Schlomo erklärte mir, daß jeder jungfräuliche Apparat ein bis zwei Tage brauchte, um sich an seine neue Umgebung zu gewöhnen und warmzulaufen. Aber, so fügte er hinzu, wenn es morgen noch irgendwelche Beschwerden gebe, sollte ich ihn anrufen, er würde sich freuen.

Was sich in dieser Nacht abspielte, braucht den Vergleich mit der aufwendigsten »Son-et-Lumière«-Produktion nicht zu scheuen. Alle zehn Minuten stand ich auf, drehte das Licht an und versuchte den Lärm abzustellen, indem ich wieder und wieder den Besänftiger einschaltete. Der jedoch besänftigte überhaupt nichts, nicht einmal die beste Ehefrau von allen, die langsam hysterisch wurde. Ich tröstete mich mit der alten Binsenweisheit, daß der Mensch sich an alles gewöhnt. Aber als ich um zwei Uhr früh den Besänftigungshebel in der Hand hielt, konnte ich nur noch auf ungarisch reagieren.

Der ungehemmte Lärm paarte sich jetzt immerhin mit einer Art Kühle, die mir vielleicht eine Art Schlaf ermöglicht hätte, wenn nicht die Betten unaufhörlich gezittert hätten.

Um drei Uhr unternahm die beste Ehefrau von allen einen Rundgang und verteilte Ohropax. Daraufhin breitete sich wohltätige Stille aus. Nur dann und wann durchbrach die Boeing die Schallmauer.

Um fünf Uhr schrieb meine Frau auf den Notizblock, den wir zwischen uns gelegt hatten: »Das Monstrum geht morgen an Schlomo zurück, verstanden?« Ich informierte sie gleichfalls schriftlich, daß ich bar bezahlt hätte. Der stumme Schmerzensschrei, den ich sie ausstoßen sah, schnitt mir ins Herz. Mit einem plötzlichen Einfall stürzte ich zum Flüsterkasten und stellte ihn ab.

Die Wirkung war sensationell. Der Flugverkehr erlosch, und in der sommerlichen Wärme, die uns umschmeichelte, schliefen wir ein wie zwei Spione, die aus der Kälte kamen.

Am Morgen rief ich Schlomo an.

»Hören Sie«, sagte ich. »Diese Klimaanlage ...«

»Schon gut, schon gut.« Er ließ mich gar nicht ausreden. »Wir nehmen sie zurück, Sie bekommen Ihr Geld wieder.«

Eine halbe Stunde später erschienen die beiden Vierschröter, montierten die Höllenmaschine ab und erklärten sich bereit, das himmelblaue Loch in der Mauer gegen 500 Pfund zuzumauern. Ich feilschte nicht lange. Ich bin ein guter Verlierer.

Es brauchte einige Zeit, ehe wir uns an die Ruhe gewöhnten. Aber, wie schon gesagt, der Mensch gewöhnt sich an alles.

Als wir bald darauf ein befreundetes Ehepaar besuchten, dröhnte uns beim Betreten der angenehm kühlen Wohnung das vertraute Geräusch einer startenden Boeing entgegen.

»Das Ding ist erst heute vormittag montiert worden«, schrie mir die Frau des Hauses in die Ohren. »Aber wir haben die Firma Pronto bereits verständigt, daß wir's zurückgeben. Verlieren wir eben die Installationsgebühr. Immer noch besser.«

Ich inspizierte die Maschine. Der Besänftigungshebel war abgebrochen.

Schlomo machte an der Rückwand seines Büros verzweifelte Anstrengungen, sich aus meinem Würgegriff zu befreien. Aber ich ließ erst locker, als er gestand.

»Mit den Klimaanlagen läßt sich ja nichts verdienen«, stöhnte er. »Die Zölle und Steuern sind zu hoch. Das einzige, was Geld bringt, ist die Installation und das Zumauern der Löcher.«

Ich drehte ihm den Arm auf den Rücken und drängte ihn in den Lagerraum. Mein Verdacht bestätigte sich: Das ganze Inventar bestand aus einer alten Boeing. Daneben hockten die beiden Vierschröter und kauten an Salamibroten.

Schlomo senkte den Kopf.

»Jawohl, wir verkaufen immer denselben Apparat, und am nächsten Tag wird er abmontiert. Ich gebe es zu. Aber schließlich muß ich ja von irgend etwas leben. Ich habe eine Frau, ich habe Kinder, ich habe eine Freundin ...«

Warum die »Pronto Klima-Anlagen Ges.m.b.H.« trotz guter Geschäfte plötzlich Konkurs anmeldete, konnte sich niemand so recht erklären. Keinesfalls lag es daran, daß die Abnehmer ausblieben. So schnell geht das nicht.

Nachforschungen ergaben: Schlomo hatte seinen Flüsterkasten nach Bat Jam verkauft, an einen der ältesten noch lebenden Einwanderer überhaupt, und hatte am nächsten Tag vergebens auf den üblichen Anruf gewartet. Als auch tags darauf nichts geschah, wurde er von Panik erfaßt und rief selber an.

»Ist der Apparat nicht ein wenig laut?« erkundigte er sich.

»Leider«, antwortete der greise Pionier. »Für Freitag abend hin ich schon vergeben.«

Der Mann war stocktaub. Und Schlomos Boeing, die einzige ihrer Art, war aus dem Verkehr gezogen.

Wunschtraum

Das schönste auf Erden ist, im Sommer in Israel zu leben. Das zweitschönste ist, sich in Tel Aviv in eine bildschöne Israelin zu verlieben, sie zu heiraten und in einer echt israelischen Atmosphäre mit ihr gemeinsam vorübergehend in New York zu leben.

Liebe auf einen einzigen Blick

An den
Israelischen Ministerpräsidenten
Jerusalem

Lieber Ministerpräsident!
Obwohl ich erst 21 Jahre alt bin, habe ich schon viel über Ihr schönes Land gehört. Ich bin ein großer Bewunderer des Staates Israel. Das sage ich nicht nur als Jude, sondern auch als ausgesprochen intellektueller Typ. Besondere Hochachtung empfinde ich für Sie und für Ihre hervorragenden Leistungen auf dem Gebiete der chemischen Forschung.

Ich habe eine kleine Bitte an Sie. Vor einiger Zeit bekamen wir von Verwandten, die in Israel zu Besuch waren, eine kleine Schachtel mit Sand aus dem Heiligen Land. Sie hatten ihn am Strand von Tel Aviv für uns gesammelt. Seither steht die Schachtel mit dem Sand auf unserem Kamin und wird von allen Gästen bewundert. Aber das ist nicht der Grund, warum ich ihnen schreibe. Sondern die Schachtel war in eine illustrierte Zeitschrift aus Israel eingepackt, die »Dawar Hapoëlet« heißt. Eines der Photos zeigte einige junge Mädchen beim Pflücken der Pampas oder wie man das bei Euch nennt. Mich fesselte besonders der Anblick einer etwa achtzehnjährigen Pampaspflückerin, deren süße kleine Nase aus der Reihe der anderen hervorstand.

Es war Liebe auf den ersten Blick. Dieses Mädchen verkörpert für mich die Wiedergeburt des jüdischen Volkes vom landwirtschaftlichen Standpunkt aus. Ich muß sie unbedingt kennenlernen, oder ich weiß nicht, wie ich weiterleben soll. Meine Absichten sind vollkommen ehrbar. Seit ich dieses Mädchen gesehen habe, esse und trinke ich nicht. Ich gehe auf Wolken. Was für eine Nase! Das Photo liegt bei. Bitte finden Sie meine Braut. Ich nehme an, daß sie in der Armee dient, wahrscheinlich im Offiziersrang. Vielen Dank im voraus.

Ihr aufrichtiger
Harry S. Trebitsch

Streng vertraulich!
Israelische Botschaft
Psychopathisches Departement
Washington

WER IST DIESER MESCHUGGENE?

Kanzlei des Ministerpräsidenten
Direktor des Informationsdienstes

DRINGEND – TOP SECRET INFORMATION JERUSALEM – SEIN VATER HAT VIERTELMILLION DOLLAR GESPENDET STOP TAKTVOLL BEHANDELN SCHALOM

BOTSCHAFT WASHINGTON

Herrn
Harry S. Trebitsch jr.
New York

Sehr geehrter Herr Trebitsch,
Ihr Brief an unseren Ministerpräsidenten ist ein neuer Beweis dafür, daß das ewige Licht, welches dem Judentum durch die Jahrtausende geleuchtet hat, niemals verlöschen kann. Wir werden uns bemühen, Ihre Auserwählte zu finden, und haben bereits mit den Nachforschungen begonnen, an denen sich auch die Polizei mit eigens für diesen Zweck

trainierten Bluthunden beteiligt. Sobald ein Ergebnis vorliegt, verständigen wir Sie. Bis dahin unsere besten Wünsche und SEHR HERZLICHE GRÜSSE AN IHREN LIEBEN PAPA!

Israelisches Außenministerium
Photo-Identifizierungs-Sektion

JUNGER AMERIKANER SUCHT GLÜCK
»DIE ODER KEINE!« SAGT REICHER TREBITSCH-ERBE / JUNGE ISRAELIN MIT WUNDERSCHÖNER NASE / JUNGES PAAR WILL FLITTERWOCHEN ZUSAMMEN VERBRINGEN / ERGREIFENDSTE ROMANZE DES JAHRHUNDERTS.

(Bericht unseres Sonderkorrespondenten aus Tel Aviv) Mit höchster Spannung verfolgt das ganze Land die Liebesgeschichte zwischen einem jungen amerikanischen Millionär und einer bezaubernd schönen israelischen Schafhirtin.

Das Photo, das die Liebe des jungen Harry S. Trebitsch entflammt hat, erschien in einer hiesigen Illustrierten und wird derzeit von der Anthropologischen Abteilung des Technikums in Haifa geprüft. Radio Israel sendet in halbstündigen Intervallen einen Aufruf an das junge Mädchen, sich zu melden. Für zweckdienliche Nachrichten sind hohe Belohnungen ausgesetzt.

Besondere Kennzeichen: eine kleine, aristokratische, in etwa zwölfgrädigem Winkel aufwärts gerichtete Nase. Seit einigen Tagen beteiligt sich auch die israelische Luftwaffe an der Suche. Man hofft, daß die beiden Liebenden bald vereint sein werden.

LETZTE MELDUNG. Die zu Kontrollzwecken abgehaltenen Paraden in den weiblichen Übungslagern der israelischen Armee verliefen ergebnislos.

Die Flotte steht in Bereitschaft.

An das
Ministerium für Auswärtige Angelegenheiten
Photo-Identifizierungs-Sektion
Jerusalem

Liebe Freunde,
in Beantwortung Ihres Schreibens müssen wir Ihnen leider mitteilen, daß wir keine Ahnung haben, wer die Mädchen auf dem
betreffenden Photo sind. Wir konnten lediglich feststellen, daß
das Bild in unserer Ausgabe vom 3. August 1967 erschienen ist.

Mit Arbeitergruß:
»Dawar Hapoëlet«
Der Chefredakteur

DRINGEND – AUSSENMINISTERIUM JERUSALEM – JUNGE WIRD TOB-
SUECHTIG SENDET SOFORT NASENMÄDCHEN ODER KEIN CENT MEHR
FUER ISRAEL.

FRANKLIN D. TREBITSCH

Herrn
Franklin D. Trebitsch
New York

Sir,
wir haben die Ehre, Ihnen mitzuteilen, daß es den israelischen Grenzpatrouillen gelungen ist, die reizende Eigentü-
merin der gesuchten Nase festzustellen. Sie heißt Fatma Bin
Mustafa El Hadschi, hat auf unser nachdrückliches Betrei-
ben in die Scheidung von ihrem Gatten eingewilligt und hat
ihren bisherigen Wohnort Abu Chirbat El-Azun (Galiläa) bereits verlassen. Sie befindet sich mit ihren Kindern auf dem
Wege nach New York.

Dem jungen Paar gelten unsere herzlichen Wünsche. Möge der Herr ihnen Glück und Freude in diesem erbärmlichen Leben gewähren.

Mit besten Empfehlungen
Israelische Botschaft
Washington

DRINGEND – ISRBOTSCHAFT WASHINGTON – HARRY S. TREBITSCH SPURLOS VERSCHWUNDEN STOP ANGEBLICH IN ALASKA GESICHTET
INTERPOL

Keine Zukunft für Linkshänder

Eine der vielen Quellen unseres Vergnügens ist die neuhebräische Sprache, die sich seit 3000 Jahren nicht verändert hat. Man schreibt sie bekanntlich von rechts nach links. Die Ursachen sind, wie so vieles, bei unseren Vorvätern zu suchen, die ihre ersten schriftlichen Mitteilungen, lange vor Erfindung der Kugelschreiber, mit Hammer und Meißel in Stein hauten. Und wenn man einen Hammer in die rechte Hand nimmt und einen Meißel in die linke, laufen die Worte unvermeidlich von rechts nach links.

Wenn unsere Vorväter zufällig Linkshänder gewesen wären, würden wir heute vermutlich in der Gegenrichtung schreiben.

Philologisches Abenteuer

Mein Neffe Aladar ist auch ein Neueinwanderer, stammt ebenso wie ich aus Magyarország und hat sein Leben lang nur Ungarisch gesprochen. Diesem Doppelschlag versuchte er dadurch zu entgehen, daß er sofort nach seiner Ankunft Hebräisch lernte.

Als die einzige Bratpfanne in seiner bescheidenen Küche einen Sprung bekam, begab er sich zu Landesmann & Abramski, Metallwaren und Haushaltsgegenstände, um einen Lötkolben zu kaufen. Zuvor schlug er in seinem ungarisch-hebräischen Taschenwörterbuch nach: »Paka = Malchem« erfuhr er da, denn »Lötkolben« heißt auf ungarisch »Paka« und auf hebräisch »Malchem«.

So gerüstet wandte sich Aladar in bestem singenden Akzent an den Verkäufer.

»Ich möchte einen großen Malchem.«

Der in Israel geborene Verkäufer kannte – fast möchte man sagen: eben deshalb – so ausgefallene Vokabeln wie Malchem nicht. Er lächelte freundlich und sprach betont langsam.

»Sprechen Sie noch eine andere Sprache? Vielleicht Jiddisch?«

Da erwachte in Aladars Brust der Patriotismus.

»Ich spreche nur Hebräisch«, brüllte er. »Und wenn Sie mich nicht verstehen, rufen Sie Ihren Chef.«

Vom Gebrüll ohnehin herbeigeholt, erschien Herr Landesmann.

»Sie wünschen?«

»Einen Malchem. Einen großen Malchem.«

»Sprechen Sie Deutsch?«

»Malchem«, wiederholte Aladar beharrlich. »Malchem!«

»Was ist das?«

Aladar stürzte sich in die Arme seiner Muttersprache.

»Einen Paka«, rief er zornbebend. »Paka! Verstehen Sie jetzt? Pa-ka!«

Herr Landesmann, durch seinen eigenen deutschen Akzent verunsichert, kapitulierte. Er stotterte etwas Undeutliches, trat an seine Regale, glitt mit der Hand an ihnen entlang und hielt bei jedem Stück mit einem fragenden Blick an. Als er zum Lötkolben kam, nickte Aladar.

»Ach so«, murmelte Herr Landesmann. »Sie wollen einen ... hm ... einen ...«

»Einen Paka«, ergänzte Aladar höhnisch. »So heißt das nämlich. Paka.«

Und er verließ triumphierend den Laden.

Herr Landesmann winkte den Verkäufer zu sich.

»Ich möchte wissen, Jossi, wozu ich mir einen Sabre im Geschäft halte, wenn er von der Kundschaft Hebräisch lernen muß. Schämen Sie sich. Nicht einmal ein so einfaches Wort wie ›Paka‹ kennen Sie.«

»Doch, ich kenne es«, widersprach der im Land Geborene. »Aber bei uns zu Hause haben wir es ›Lotkolban‹ genannt. ›Paka‹ ist, wie soll ich sagen, ein mehr literarischer Ausdruck.«

Ungeduldig wartete Herr Landesmann auf seinen Kompagnon Abramski, einen Schüler des großen Rabbi von Podgoretz und profunden Kenner der hebräischen Sprache.

»Während Ihrer Abwesenheit«, ließ er beiläufig fallen, »haben wir einen Paka verkauft.«

»Einen was?«

»Einen Paka. Sogar einen großen.«

Herr Abramski wackelte mit dem Kopf und sagte nichts. Im Geiste schlug er das Buch der Bücher auf ... Kapitel 4, Leviticus: »Und ging zu Tubal, welcher umzugehen wußte mit

Stahl und Eisen und ...«, nein, mit Paka nicht. Vielleicht Samuel, Kapitel 15: »Da schärfte ein jeder von den Israeliten Sichel und Pflugschar«, und keiner seinen Paka. Ezechiel 33? Auch nichts. Im Talmud? Wie kommt ein Paka in den Talmud? Und wieso weiß dieser Ignorant Landesmann etwas von Paka, wenn ich es nicht weiß?

»Jossi«, ließ er dem Verkäufer gegenüber beiläufig fallen, »wie ich höre, haben Sie heute vormittag einen Paka verkauft?«

»Ja, Herr Abramski. Einen großen Paka. So wie dieser hier.«

Herr Abramski betrachtete den Paka. Seit wann heißt das »Paka«? fragte er sich. Das heißt doch »Malchem«? Aber wenn einer mit hebräischer Muttersprache »Paka« sagt, wird's schon stimmen. Na ja, ich werde alt ...

Und Jossi sagte sich: Wenn ein gelehrter Mann wie der alte Abramski das Wort »Paka« gebraucht, dann kann man Gift drauf nehmen, daß es dieses Wort auch wirklich gibt.

»Herr Landesmann«, sagte Jossi ein wenig später, »im Regal ist nur noch ein einziger Paka. Ich glaube, wir sollten ein paar Pakas bestellen.«

Die Sitzung der Metallwarenhändler wurde vom Präsidenten Abramski eröffnet.

»Meine Herren«, begann er, »die Lage ist kritisch. Man verweigert uns die Einfuhrgenehmigung für ein so wichtiges Gerät wie den Paka. Wohin soll das führen ...«

Er sagte nicht »Malchem«, sondern »Paka« und war nicht sicher, ob auch die anderen Metallwarenhändler diesen neuhebräischen Ausdruck verstehen würden. Seine Zweifel waren unbegründet. Die Versammlung nickte wissend, und als

Herr Landesmann, der in der vierten Reihe saß, halblaut vor sich hinsagte: »Ein Paka ist ein Lotkolban«, wurde er verächtlich angeblickt.

»Paka« ist zu einem festen Bestandteil unserer Umgangssprache geworden. Nur die Linguisten streiten noch über den Ursprung des Wortes und über seine etymologische Einordnung.

»Keinesfalls«, erklärte Professor Elimelech Bar-Friedländer von der Hebräischen Akademie der Wissenschaften, »dürfen wir diese farbige Vokabel, die sich unter unseren Handwerkern so großer Beliebtheit erfreut, geringschätzen. Auch wenn sich in den hebräischen Quellen keine zuverlässigen Anhaltspunkte finden, ist nicht daran zu zweifeln, daß ›Paka‹ aus der Wurzel ›p-k-k‹ entstanden ist, die Verschließen, Versiegeln oder Verlöten unwillkommener Freiräume meint. Ich begrüße diesen reizvollen Neologismus und wende mich mit aller Entschiedenheit gegen die von meinem geschätzten Kollegen Professor Chavatzelet vertretene These, nach der wir ›Paka‹ nur in der aramäischen Version ›Pa'kah‹ oder ›Pak'ah‹ akzeptieren dürfen. Die Erfahrung hat uns gelehrt, daß der Mann auf der Straße, und ihm haben wir die Wiederbelebung unserer Sprache zu danken, alle Bevormundungen ablehnt und eine Unterwanderung des Hebräischen durch fremdsprachige Einflüsse nicht zuläßt.«

Wort mit tausend Gesichtern

Wenn die Israelis in ihrer Sprache überhaupt etwas zulassen, dann nur aus dem Jiddischen, dem einzigen deutschsprachigen Dialekt, den man mit hebräischen Buchstaben schreibt.

Die Interjektion »Nu!« zum Beispiel, die ungefähr dem englischen »Well« entspricht, spielt im Hebräischen die Rolle des Joker. Nach einer oberflächlichen Statistik hat »Nu!« 680 verschiedene Bedeutungen, je nach dem Stand des Gesprächs, dem Gesichtsausdruck des Sprechers und seiner finanziellen Lage. Einige dieser Bedeutungen:

»Komm schon!«

»Was ist los?«

»Laß mich in Ruhe.«

»Ich habe kein Wort verstanden. Was willst du eigentlich?«

»Schön. Nehmen wir an, es ist so, wie du sagst. Ich gebe das nicht zu, ich sage nur, nehmen wir an. Aber deshalb brauchst du nicht gleich zu schreien, ich bin doch nicht taub.«

Anno dazumal

Sämtliche »Nu!«-Varianten sind nur einem Menschenschlag geläufig, den Veteranen, die schon mit Ben Gurion ins Land kamen, damals, als der Piaster noch ein Piaster war.

»Für zehn Piaster konnte man in der Altstadt von Jerusalem ein Haus mit Garten kaufen«, sagt der Veteran. »Ich erinnere mich, daß man mir damals eine funkelnagelneue Lokomotive mit zwei Waggons für sechs Piaster angeboten hat. Der Oberingenieur des Elektrizitätswerkes erhängte sich,

weil er zwanzig Piaster, das ganze Grundkapital der Gesellschaft, im Poker verspielt hatte. In den guten alten Zeiten bekam man eine junge Kuh für zwei Piaster. Für vier Piaster
konnte man von Kairo nach Petersburg fahren, und zwei
Paar Hosen kosteten einen halben Piaster. Es war einfach unmöglich, eine einzelne Hose zu kaufen. Ja, das waren noch
Zeiten. Damals wußte man noch, wofür man arbeitete.«

»Und«, erkundigt man sich höflich daraufhin, »und wie
hoch war damals der Monatslohn?«

»Eineinhalb Piaster.«

»Wo ist denn dann der Unterschied?«

»Der Unterschied? Wir waren fünfzig Jahre jünger, mein
Freund, volle fünfzig Jahre jünger.«

Ein prominenter Kuß

Diese Geschichte habe ich gehört, als die Festlichkeiten anläßlich des 16jährigen Bestehens der Siedlung Sichin vom
ganzen Land mit größtem Interesse verfolgt wurden. Sogar
Ministerpräsident David Ben Gurion kündigte seinen Besuch in der ehrwürdigen Veteranensiedlung an. So begannen
die Vorbereitungen für das historische Ereignis. Alles ging
gut, bis Munik Rokotowsky sich einschaltete. Munik Rokotowsky, eines der ältesten Mitglieder der alten Siedlung, verkündete, er würde die Gelegenheit nützen, seinen Lebens-
traum zu verwirklichen und den Ministerpräsidenten zu
küssen.

»David«, so erklärte er mit leuchtenden Augen, »wird
einen Kuß von mir bekommen, daß er vor Freude einen Luft-
sprung macht.«

Wie schon angedeutet, war Rokotowsky ein Siedlungsveteran und hatte zweifellos Anspruch auf einen Platz in der

vordersten Reihe. Seine Absicht verbreitete jedoch gewisses Unbehagen.

»Hast du schon darüber nachgedacht, Genosse Rokotowsky, ob das dem Ministerpräsidenten und Verteidigungsminister auch recht sein wird?«

»Was für eine Frage!« Rokotowsky ärgerte sich. »Warum soll es ihm nicht recht sein? Schließlich haben wir beide vor fünfzig Jahren gemeinsam auf einer Zitrusplantage gearbeitet. Meine Baracke war die dritte links um die Ecke von seiner. Ich sage euch, er wird außer sich sein vor Freude, wenn er mich sieht!«

Da meldete sich ein anderer Siedlungsveteran namens Jubal.

»Wenn Rokotowsky ihn küßt«, drohte er, »dann küß' ich ihn auch!«

Auf der Sitzung des Gemeinderates wurde Rokotowsky mit einer Majorität von vier Stimmen zum offiziellen Ministerpräsidentenküsser bestellt. Um jedes Risiko auszuschließen, informierte man die Kanzlei des Ministerpräsidenten.

»Werte Genossen! Wir haben die Ehre, Euch mitzuteilen, daß Munik Rokotowsky, ein Mitglied unserer Siedlung, den Ministerpräsidenten und Verteidigungsminister anläßlich seines Besuchs der Siedlung Sichin küssen will. Der Gemeinderat machte jedoch den Genossen darauf aufmerksam, daß auch die Kanzlei des Ministerpräsidenten zustimmen müßte. Wir bitten Euch deshalb, werte Genossen, um die nötigen Instruktionen.«

»Der Ministerpräsident«, lautete die Antwort, »kann sich zwar an einen Genossen namens Rokotowsky nicht oder nur sehr dunkel erinnern, möchte aber angesichts der besonderen Umstände den emotionalen Aspekten der Angelegenheit Rechnung tragen.« Der Kuß solle allerdings in würdiger Form gegeben werden, am besten, wenn der Ministerpräsident seinem Wagen entsteige. Rokotowsky solle aus dem Spalier der jubelnden Dorfbewohner hervortreten und den geplanten Kuß auf die Wange des Ministerpräsidenten und Verteidigungsministers drücken, wobei er ihn auch kameradschaftlich umarmen könne, doch sollte diese Umarmung keinesfalls länger als 30 Sekunden dauern. Aus Sicherheitsgründen erbitte man ferner die Übersendung von vier Aufnahmen Rokotowskys in Paßformat sowie die Paßnummer.

Alle waren mit der Lösung zufrieden, nur Rokotowsky murrte: »Was heißt das: 30 Sekunden? Wofür halten die mich? Und was, wenn David mich nicht losläßt und mich vor lauter Freude immer aufs neue umarmt?«

»Es sind offizielle Maßnahmen«, erklärte man ihm. »Die Zeiten haben sich geändert, Genosse Rokotowsky. Wir leben in einem modernen Staat, nicht mehr unter türkischer Herrschaft wie damals.«

»Gut«, antwortete Rokotowsky. »Dann eben nicht.«

»Was nicht?«

»Dann werde ich David eben nicht küssen. Wir haben auf derselben Zitrusplantage gearbeitet, meine Baracke lag um die Ecke von seiner, die dritte von links, vielleicht sogar die zweite. Wenn ich einen alten Freund nicht umarmen kann, wie ich will, dann eben nicht.«

»Nicht? Was heißt nicht? Wieso nicht?« bestürmte man den starrköpfigen Alten. »Wie wird das jetzt aussehen? Der Ministerpräsident steigt aus, will geküßt sein, und niemand ist da, der ihn küßt? Wenn du ihn nicht küßt, dann lassen wir ihn von jemand anderem küssen, du wirst schon sehen.«

»Gut«, sagte Munik Rokotowsky. »Dann küßt ihn eben ein anderer.«

Es war nichts zu machen mit Rokotowsky. Er schloß sich

in seine Wohnung ein, er kam auch nicht zu der ad hoc einberufenen Sondersitzung.

Genosse Jubal beanspruchte den freigewordenen Jubiläumskuß für sich. Andere Ratsmitglieder schlugen vor, einen erfahrenen Küsser von auswärts kommen zu lassen. Nach langen Debatten einigte man sich auf einen weiteren Brief an die Präsidialkanzlei.

»Werte Genossen! Aus technischen Gründen müssen wir auf die für den Besuch des Ministerpräsidenten vorgesehenen Kußdienste des Genossen Rokotowsky verzichten. Da jedoch unsere Vorbereitungen schon sehr weit gediehen sind, bitten wir Euch, uns bei der Wahl eines neuen Kußkandidaten behilflich zu sein.«

Wenige Tage später erschien ein offizieller Delegierter der Präsidialkanzlei, der sofort eine Sichtungs- und Siebungstätigkeit aufnahm und sich schließlich für einen freundlichen, gedrungenen, glattrasierten Mann mittleren Alters entschied, der zufällig mit dem Sekretär der örtlichen Parteileitung identisch war. Auf einer Generalkarte der Siedlung Sichin wurde dann der Weg, den das Auto des Ministerpräsidenten und anschließend er selbst nehmen würde, genau eingezeichnet. Eine gestrichelte Linie markierte den Weg, den der begeistert aus dem Spalier Vortretende bis zur Wange des Ministerpräsidenten zurücklegen würde. Sowohl der Austrittspunkt als auch der Punkt der tatsächlichen Kußszene wurden rot eingekreist. Das Problem der Zeitdauer wurde dadurch gelöst, daß der Küsser leise bis 29 zählen und bei 30 den Ministerpräsidenten unverzüglich loslassen sollte.

Dank dieser sorgfältigen Planung lief die Zeremonie glatt ab. Der Ministerpräsident traf mit seinem Gefolge kurz nach elf in Sichin ein, stieg an der markierten Stelle aus seinem Wagen und wurde auf dem Weg zum Verwaltungsgebäude programmgemäß von einem ihm Unbekannten geküßt und umarmt, wobei ihm auffiel, daß der Unbekannte die Umarmung mit den Worten: »Achtundzwanzig – neunundzwanzig – aus!« beendete. Der Ministerpräsident lächelte herzlich, wenn auch ein wenig verlegen, und setzte seinen Weg fort.

Nur ein einziger nahm an der allgemeinen Freude nicht teil. Munik Rokotowsky stand ganz allein im Hintergrund und konnte die Tränen nicht zurückhalten. Vor fünfzig Jahren hatten sie zusammen in derselben Zitrusplantage gearbeitet. Das war *sein* Kuß.

Elternerziehung

Die waschechten Israelis, jene im Land geborenen Generationen, haben mit ihren verweichlichten Vorfahren nichts weiter gemein, als daß sie von ihnen unvorsichtigerweise gezeugt wurden. Wenn israelische Eltern prahlen, dann sagen sie: »Unsere Tochter ist schon vierzehn Jahre alt, aber sie hat uns noch nie geohrfeigt!«

Ja, wir hängen an unseren Kindern, den »Sabres«, mit blinder Bewunderung, idealisieren sie, stellen sie auf ein Podest und blicken in seliger Verzückung zu ihnen auf. Eigentlich brauchen sie aber gar kein Podest, weil die Kinder ohnehin einen Kopf größer sind. Gewiß, die lieben Sabres sind manchmal ein wenig unhöflich, ja sogar roh und brutal, kurz gesagt, unerträglich, aber was soll's. Sie sind seit zweitausend Jahren die ersten Kinder mit hebräischer Muttersprache, und dafür kann man schon mal eine Ohrfeige in Kauf nehmen.

Nicht ohne meine Erdnuß!

Der Angeklagte steht aufrecht vor dem Richter und kratzt sich an der Nase. Ein strammer junger Mann, sein lockiges Haar keß in der Stirn. Der Richter blättert in der Anklageschrift.

»Mussa Zwanziger«, eröffnet er die Verhandlung, »nach Paragraph 2 Absatz 4 des Gesetzes zur Vermeidung öffentlichen Ärgernisses sind Sie der Zerrüttung öffentlicher Nerven im Kino angeklagt. Bekennen Sie sich schuldig?«

»Bullshit«, antwortet Mussa Zwanziger. »Sonst noch was?«

Der Staatsanwalt ruft die Zeugen auf. Ein ältlicher Mitbürger, dem der Kinoalptraum noch deutlich anzusehen ist, gibt mit zitternder Stimme zu Protokoll:

»Ich wollte mir einen der preisgekrönten Kultfilme von Ingmar Bergman ansehen. Der Angeklagte saß neben mir. Mitten in der entscheidenden Szene, als die Liebenden eingedenk höherer menschlicher Werte gemeinsam beschließen, ihr Leben zu opfern, um das ihrer Kinder zu retten, und sie sich in einem letzten innigen Kuß vereinen, in diesem erhabenen Augenblick brüllte Mussa in das ergriffene Publikum: ›Besorg's ihr, Schlappschwanz!‹«

Kollektiver Schock im Gerichtssaal.

»Stimmt das, Angeklagter?«

»Bullshit! Ich hatte 'ne Eintrittskarte wie alle anderen auch, oder?«

»Euer Ehren«, schaltet sich nun die Verteidigung ein. »Ich bitte, meinem Klienten zu gestatten, einige Erdnüsse zu knabbern, sonst kann er sich nicht konzentrieren.«

Man reicht dem Angeklagten eine Tüte, und er scheint sich ein wenig zu fassen. Der Platzanweiser wird in den Zeugenstand gerufen.

»Nachdem der Angeklagte ›Besorg's ihr, Schlappschwanz‹

gebrüllt hatte, tastete ich mich zu seiner Reihe vor und forderte ihn auf, sich gefälligst zu benehmen. Er entgegnete, er lasse sich von mir, einem, wie er sich ausdrückte, rotärschigen Affen, nicht vorschreiben, was er von einem derart beschissenen Film hielte, und brüllte weiter. Da wurde mir schlagartig klar, daß ich es mit einem eklatanten Fall eines öffentlichen Ärgernisses zu tun hatte, und rief die Polizei.«

»Ja und«, sagte der Richter, »was geschah dann?«

»Gar nichts. Der Polizist kam nicht. Wenn er im Dienst sei, sagte er, könne er keine Probleme lösen, und schließlich hätte er dem Angeklagten ja ganz allein gegenübergestanden.«

Die Verteidigung ruft einen aus den Medien bekannten Psychiater als Sachverständigen auf. Er führt aus:

»Herr Mussa Zwanziger ist der typische Repräsentant einer kultivierten Generation, ein robuster Junge tropischen Temperaments, dessen natürliche Reaktionen als impulsive Äußerung auf die Aussage besagten filmischen Werkes zu werten sind. Diese unsere Jugend zeichnet sich durch chauvinistisch geprägte Offenheit aus, derzufolge der Angeklagte seine natürliche Reaktion auf die Ereignisse des Filmes gar nicht verhehlen kann und sie in einer Art volkstümlichem Gemeinschaftsbedürfnis äußern muß, wie sie den Menschen unserer Region nun mal eigen ist. Es handelt sich hier zweifellos um den bekannten ›Besorg's-ihr‹-Effekt, der instinktiv ausgelöst wird, wenn auf der Leinwand eine Kußhandlung von über drei Sekunden Länge stattfindet. 65 Prozent der urbanen Jugend ist von dem ›Besorg's-ihr‹-Syndrom betroffen.

Wir haben es hier mit einem landesweit verbreiteten und wissenschaftlich erforschten Phänomen zu tun, dem Ergebnis eines überstarken endogenen Dranges, angeborenen scharfsinnigen Humor und intellektuelle Überlegenheit zu demonstrieren, begleitet von den zugehörigen, symptomatischen Vitallauten wie gurgelndes Gekicher oder schrilles Gekreische.«

Der Anwalt des Angeklagten bittet um das Wort.

»Ich betrachte den cineastischen Zwischenruf meines Mandanten als das aufrichtig empfundene Anliegen unserer Jugend, sich organisch in den Kulturkreis der benachbarten Länder einzugliedern«, sagt er. »Nichtsdestotrotz bestreitet mein Mandant mit Nachdruck jeden einzelnen Punkt der Anklage. Weder war er im Kino, noch hat er den Film gesehen, zu keinem Zeitpunkt hat er ›Besorg's ihr‹ gebrüllt, und überhaupt möchte er jetzt bitte gehen.«

Der Staatsanwalt legt Einspruch ein. Der Richter bittet um eine Rekonstruktion des Geschehens. An der Rückwand des Gerichtssaal wird eine Leinwand heruntergelassen, und schon läuft das berühmte Werk des Kino-Genies Ingmar Bergman, ein bewegender Meilenstein der Filmgeschichte, vor den Augen der atemlos gebannten Zuschauer im Gerichtssaal ab. Mussa sitzt neben seinem Anwalt und knackt Erdnüsse. Schon kommt die Szene, in der die Kinder vor dem sicheren Tod gerettet werden.

Die Atmosphäre im Gerichtssaal knistert vor Spannung. Kurz vor dem Kuß schreckt Mussa auf. Sein Anwalt hält ihn fest und flüstert pausenlos auf ihn ein. Auf der Leinwand nehmen die Liebenden eingedenk höherer menschlicher Werte Abschied voneinander, und ihre Lippen finden sich in einem innigen Kuß. In Mussa tobt ein innerer Kampf, seine Ohren röten sich, und in seinem Bauch rumort ein unwiderstehlicher Druck, der unaufhaltsam in seinen Kehlkopf steigt. Energisch schüttelt er die Hand seines Anwalts ab und schießt in die Höhe.

»Besorg's ihr, Schlappschwanz«, brüllt er, »lutsch ihr den Lippenstift runter!«

Im Gerichtssaal gehen die Lichter an. Der Anwalt zittert vor Erregung, der Staatsanwalt bebt vor Zorn, während der ältere Mitbürger leblos hinausgetragen wird. Der Richter zieht sich zur Urteilsfindung zurück.

»Gemäß dem Gesetz zur Vermeidung von ›Besorg's-ihr-Schlappschwanz‹-Rufen in Lichtspielhäusern aus dem Jahre 1998«, verkündet er nach seiner Rückkehr in den Gerichtssaal, »würde ich den Angeklagten zu zwei Monaten Haft und einer hohen Geldstrafe verurteilen, wenn es ein solches Gesetz in den Ländern des Nahen Ostens denn gäbe. Da es jedoch kein einschlägiges Gesetz gibt, verurteile ich Ingmar Bergman zu zwei Stunden Mussa.«

Baujahr 1714

Kleine Länder haben nicht selten Profilneurosen. Wir sind ein kleines Land. Darum haben wir zum Beispiel große Autos besonders gern, und das bringt einige Probleme mit sich. Untersuchungen haben ergeben, daß ein amerikanischer Straßenkreuzer vom Baujahr 1992 ungleich breiter ist als eine israelische Straße vom Baujahr 1714. In solchen Fällen parkt die Straße im Wagen. Dem kleinen Israeli bietet sich als einzige Lösung an, sein Fahrzeug zu halbieren und somit zum guten alten Motorrad zurückzukehren.

Mitleid wird gleich bestraft

In jener Nacht verließ ich Petach Tikwah auf meinem nagelneuen Motorrad in Richtung Tel Aviv. Am Stadtrand von Petach Tikwah stand ein kleiner, altersgebeugter Mann, winkte verzweifelt mit den Händen und krächzte, so laut er konnte: »Tel Aviv, Tel Aviv.«

Augenblicklich erwachte mein mitfühlendes jüdisches Herz. Eines Tages, so flüsterte es mir zu, eines Tages wirst auch du klein und altersgebeugt sein und wirst dich freuen, wenn dich am Stadtrand von Petach Tikwah jemand nach Tel Aviv mitnimmt.

Ich bremste scharf und bat den Alten auf den Hintersitz. Er kroch mühsam und umständlich hinauf.

»Gottlob gibt's noch anständige Menschen im Lande«, sagte er in fließendem Jiddisch. »Der Himmel segne Sie, junger Mann.«

Ich wehrte ab. Ich hatte nur meine Pflicht getan.

»Sie müssen sich gut festhalten, Großpapa«, sagte ich sicherheitshalber und startete. Bald darauf hörte ich hinter mir ein schmerzhaftes »Oj«, das sich mehrmals wiederholte.

»Oj«, stöhnte mein greiser Mitfahrer. »Haben Sie Ihren Rücksitz mit Steinen ausgestopft?«

Er hatte nicht so unrecht. Der Rücksitz besaß keine Federung und war sehr hart. Ich schämte mich, so bequem dahinzufahren, während hinter mir der Veteran wie ein Schifflein auf stürmischer See umhergeschleudert wurde. Außerdem mußte er mit der einen Hand seinen Hut halten. Es war bestimmt kein Vergnügen für ihn.

»Ich kann Motorräder nicht ausstehen«, vertraute er mir an. »Sie machen Lärm und stinken. Und was ist mit Ihnen, junger Mann? Wo leben Sie?«

»In Tel Aviv.«

»Wieso haben Sie dann kein Auto? Jeder Schnorrer in Tel Aviv hat ein Auto.«

»Wenn Ihnen das Motorrad zu unbequem ist, Großpapa, können Sie ja absteigen.«

»Hier? Im Finstern? Wo sind wir hier überhaupt? Sie haben komische Einfälle, das muß ich schon sagen. Können Sie nicht ein bißchen schneller fahren?«

Ich gab Gas.

»Oj, wie windig«, ertönte hinter mir die klagende Greisen-stimme. »Den Tod kann man sich holen. Aber was kümmert Sie das. Sie würden mich ja nicht einmal im Krankenhaus be-suchen.«

Doch, doch, ich besuche dich, gelobte ich mir. Sei du erst einmal im Krankenhaus, dann werde ich dich schon besu-chen.

Aber ich wurde wieder vom Mitleid gepackt. Was hatte der Arme durchgemacht, daß solche Bitterkeit aus ihm sprach.

»Sie sind aber ein sehr schlechter Fahrer«, sprach die Bit-terkeit aus ihm. »Ich staune, daß man jemanden wie Sie über-haupt auf die Straße läßt. Das kann wirklich nur hier passie-ren. Hier geben sie jedem Rowdy, der Geld genug für Benzin hat, einen Führerschein. Und dann wundert man sich über die Verkehrsunfälle. Wie viele Menschen haben Sie schon überfahren?«

»Ich fahre seit zehn Tagen und hatte noch keinen einzigen Unfall«, versicherte ich stolz. In diesem Augenblick ertönte ein lauter Knall. Der Reifen des Hinterrads war geplatzt, und wir landeten im Straßengraben. Der Motor spuckte noch ein paarmal, dann gab er den Geist auf.

Mein Fahrgast erhob sich stöhnend und fluchend.

»Sie Mörder«, schrie er, »Sie rücksichtsloser Unmensch! Rast durch die Gegend wie ein Verrückter. Aber ich hab's ja gewußt, ich hab's von Anfang an gewußt.«

Jetzt sah ich mir den Tobenden genauer an. Eigentlich war er ja gar nicht so alt. Er war ein untersetzter Mann in den be-sten Jahren, stämmig, beinahe fett. Wahrscheinlich war der Reifen unter der Last seines Gewichts zusammengebrochen.

»Es tut mir leid«, entschuldigte ich mich. »Ich habe es nicht absichtlich getan.«

»Das ist kein Trost für mich. Meiner Nachbarin ist neulich das Bügeleisen aus der Hand gefallen, direkt auf den Kopf ihres Babys. Sie hat es auch nicht mit Absicht getan. Aber das Kind ist jetzt fürs ganze Leben schwachsinnig.«

Mein Fahrgast hatte sich am Straßenrand niedergelassen. Er sah eindeutig so aus, wie jemand, der Getzl heißt.

Meine Aufforderung, mir beim Flottmachen meines Fahrzeugs zu helfen, quittierte Getzl mit den Worten:

»Bin ich ein Lastträger?«

»Wenn Sie mir nicht helfen, das Motorrad bis zur nächsten Straßenlampe zu schleppen, lasse ich Sie hier sitzen.«

Getzl erhob sich widerwillig und legte Hand an die Lenkstange. Während er so dahinstolperte, verfluchte er mich und meine Familie auf polnisch.

»Fluchen Sie ruhig weiter«, ermunterte ich ihn. »Mir macht das nichts aus. Für mich ist Polnisch eine Fremdsprache. Aber meine Mutter sollten Sie aus dem Spiel lassen. Sie versteht etwas Polnisch.«

Nach einiger Zeit hatten wir das Fahrzeug bis zur nächsten Laterne geschoben, da sah ich, daß ich keinen gebückten Greis vor mir hatte, sondern einen gesunden, stattlichen Mann meines Alters. Vielleicht war er sogar ein paar Jahre jünger.

Eine Weile standen wir einander gegenüber, stumm und nicht gerade liebevoll.

»Einen Moment«, rief Getzl plötzlich. »Sie kenn' ich doch. Haben Sie letzten Winter nicht bei Kirschbaum im Fleischerladen gearbeitet?«

»Wer, ich?«

»Ja, Sie. Sie haben wahrscheinlich geglaubt, ich würde Sie nicht erkennen. Zwei Tage mußte ich damals im Bett bleiben.«

»Warum?«

»Das fragen Sie? Weil Sie mir ein tiefgekühltes Huhn an den Kopf geworfen haben.«

»Ein tiefgekühltes Huhn?«

»Tun Sie nicht so. Das waren doch Sie, oder etwa nicht?«

»Jawohl«, sagte ich. »Und wenn Sie nächstens in den Laden kommen, werfe ich Ihnen einen tiefgekühlten Truthahn an den Kopf.«

Getzl war sichtlich verwirrt. Eine Zeitlang folgte er sogar freiwillig meinen Anweisungen. Ich ließ ihn den Kotflügel halten und die Kette. Davon bekommt man noch schmutzigere Hände als von der Veruntreuung öffentlicher Gelder.

»Das wird Ihnen noch leid tun«, keuchte Getzl. »Ich werde mich bei der Polizei beschweren. Kennen Sie den Inspektor Goldblatt?«

»Natürlich. Er ist mein Bruder.«

Getzl drehte sich wortlos um und winkte den vorüberfahrenden Autos. Das könnte ihm so passen. Mich mit meinem kaputten Motorrad in der Dunkelheit zurückzulassen und bequem nach Tel Aviv zu fahren. Zum Glück hielt kein einziger Wagen an.

Oder doch – der Chrysler jetzt – tatsächlich!

Mit einem Satz war ich am Schlag, riß ihn auf und sprang in den Wagen hinein.

»Hilfe, ein Überfall«, rief ich dem Fahrer zu. »Der Mann dort wollte mich überfallen. Geben Sie Vollgas!«

Der Chrysler gab Vollgas. Getzl blieb allein zurück. Es war ein wunderschöner Anblick, wie er wie vom Donner gerührt dastand. Vielleicht steht er morgen noch dort, wenn ich das Motorrad abholen lasse. Meinetwegen können sie dann auch ihn abschleppen.

Weit entfernte Verwandte

Ein armer Schlucker wandte sich an Baron Rothschild und belehrte ihn: »Alle Juden sind Brüder.« Rothschilds Antwort wird von der Geschichte nicht überliefert, aber bei seinem Begräbnis warf sich der arme Schlucker weinend über den Sarg.

»Waren Sie mit dem Verstorbenen verwandt?« fragte man ihn.

»Nein«, schluchzte der Mann, »deshalb weine ich ja.«

Der Schmelztiegel

Als mein Motorrad älter geworden war, fuhr ich einmal schwungvoll zu einer Tel Aviver Tankstelle und rief dem Tankwart zu:

»Fünf Liter Sprit und 200 Gramm Öl.«

Der Mann strahlte, dann fiel er mir um den Hals.

»Sie kommen auch aus Ungarn? Sagen Sie nichts, ich habe das gleich an ihrem furchtbaren Akzent erkannt. Mitbürger! Freund! Landsmann, wie geht es Ihnen?«

Ich war gerührt. Es ist nun einmal nichts Alltägliches, wenn zwei einander völlig unbekannte Juden weit weg von ihrem heimatlichen Budapest zusammentreffen und sich hemmungslos in ihrer stets auf der falschen Silbe betonten Muttersprache unterhalten können. Ja, das ist Israel, der Schmelztiegel.

Dann erzählte mir mein neuer Blutsbruder, daß sein Betrieb seit vierzig Jahren fest in ungarischer Hand sei. Der Boß wäre zwar ein abscheulicher Litauer, das fiele aber nicht weiter auf, da er bereits mit ungarischem Akzent spräche.

Nach einigen Minuten nostalgischen Schwelgens unterbrach sich mein Landsmann.

»Hören Sie, lieber Freund, ich will Sie nicht beleidigen oder gar, Gott behüte, kränken, aber Ihr Motorrad ist ziemlich verschmutzt. Man sollte es gründlich säubern. Zwar gibt es bei uns freitagnachmittags prinzipiell keine Motorradwäsche, aber bei einem ungarischen Kunden mache ich natürlich eine Ausnahme.«

»Danke, aber ich habe es leider sehr eilig.«

»Es handelt sich nur um fünf Minuten, keine Sekunde mehr. Wer soll schon wem helfen, wenn nicht ein jüdischer Ungar einem ungarischen Juden?«

Ohne weitere Vorwarnung klatschte mein Landsmann in die Hände, worauf ein transsylvanischer Bär aus einer Höhle hervorkam, um mein am ganzen Leibe zitterndes Motorrad in die Werkstatt zu entführen. Dort setzte sich der Bär eine Röntgenbrille auf, ergriff eine Spritzpistole und schaltete sie ein. Ihr Strahl war stark genug, um Löcher in den Asphalt zu bohren. Der Bruderbär lächelte mir ermutigend zu und lenkte den Strahl auf mein Motorrad. Dieses fiel sofort um und blieb wie ein angeschlagener Boxer verkrampft auf der Seite liegen.

»Keine Sorge, mein Freund«, tröstete mich der Bär in einem eher rustikalen Ungarisch, »so kann der Strahl besser durchspülen, um den ganzen Schmutz zu vernichten. Wissen Sie, wenn Sie zum Beispiel ein Pole wären oder, Gott behüte, gar ein Rumäne, nie im Leben hätte ich am Freitag nachmittag diese Schwerstarbeit begonnen. Weil Sie aber meine Sprache sprechen, überwinde ich mich. Wir müssen zusammenhalten, um uns gegen den starken balkanischen Druck zu wehren, verstehen Sie?«

Mein Motorradsitz begann sich mittlerweile unter dem starken Druck des transsylvanischen Reinigungsstrahls zu wellen, und die Drähte des Scheinwerfers rissen wie strapazierte Nerven.

»Hören Sie auf«, schrie ich.

»Nur nicht nervös werden«, erklang eine ungarische Stimme hinter mir. Wem sie gehörte, konnte ich nicht feststellen, da sich inzwischen das gesamte magyarische Personal des Betriebes in die Hände klatschend um mich geschart hatte.

»Wir Ungarn«, stellte einer fest, »wir sind berühmt für unsere einwandfreie Arbeit, besonders wenn wir für einen Landsmann arbeiten. Sehen Sie diesen ekelhaften Polen dort, wie er uns aus haßerfüllten Augen anstarrt?« Er zeigte mit seinem ölverschmierten Zeigefinger auf einen einsamen Arbeiter, der sich still in einer Ecke verkroch.

»Wer ist dieser Gnom?« fragte ich.

»Mein Schwager.« Dann wandte er sich an den transsylvanischen Bären: »Jancsikám, etwas mehr Druck.«

Jancsikám legte einige Dutzend Atü zu. Die Reinigungsmasse drang durch das Loch des Zündschlosses in die Dynamospulen und vernichtete dort alles. Vermutlich auch den Schmutz. Aus einem der Ventile erklang ein zarter Pfeifton, kurz danach löste sich das Hinterrad von der Felge.

»Vorsicht!« schrie ich aus Leibeskräften. »Was habt ihr vor?«

Krachbumm!

Das Nummernschild des Motorrads wurde fortgeblasen und blieb in der Wand stecken. Der Putz fiel von der Decke. Der Fahrersitz war völlig verschwunden, so als hätte er niemals existiert. Aus dem Motor kamen klebrige Rauchschwaden. Ich versuchte, dem Bären die Spritzpistole zu entreißen, aber der Strahl trennte mich von meinem verendenden Motorrad.

»Hören Sie, Mensch«, brüllte ich dem Bären zu, »meine Mutter ist *Polin*, die dazu noch Rumänisch versteht! Hören Sie auf, es ist Freitag nachmittag ... «

Das Untier grinste mir freundlich zu und ließ dem Motorrad aus einem riesigen Feuerlöschgerät einen Strahl kochenden Wassers angedeihen. Die Lenkstange krümmte sich, der

Rückspiegel nahm Monokelform an, der Scheinwerfer glich einem Aquarium, das ganze Geführt schrumpfte vor meinen Augen ein.

»So, das wäre erledigt«, verkündete mein Bruderbär und warf mir mein ehemaliges Motorrad zu. »Aber erzählen Sie keinem Menschen, daß wir am Freitag nachmittag noch gearbeitet haben. Das war ein Spezialservice für Sie, weil Sie eben ... «

Mein armes Motorrad sah aus, als wäre es irrtümlich von einem Pogrom heimgesucht worden.

Ich pumpte das Hinterrad wieder auf und versuchte, mein Fahrzeug in Gang zu setzen. Es gab einen kläglichen Seufzer von sich, der wie ein fürchterlicher Fluch klang.

Ich stand allein und verlassen da. Das magyarische Tankstellenpersonal wandte sich wieder seiner verantwortungsvollen Arbeit zu. Ich trat einigemal auf den Kickstarter in der waghalsigen Hoffnung, ihn vielleicht doch noch zu starten.

»Fahren Sie doch endlich los«, tadelte mich der Vorarbeiter.

Ich wies stumm auf mein lebloses Geführt.

»Bringen Sie es zu einem Pannendienst«, riet mir mein magyarischer Freund. »Wichtig ist aber, daß Sie zu keinem Polen oder gar Rumänen gehen. Diese Leute machen alles kaputt.«

Blaumilch ist überall

Turm von Babel

Wenn woanders auf der Welt ein Mensch plötzlich zu meckern beginnt, ruft man das nächste Irrenhaus an. In Israel nimmt man an, daß er ein Ziegenhirt aus der südlichen Mandschurei sei, der sich in seiner Muttersprache verständigen will. Und wenn er sich Ketchup ins Haar schmiert, sollte man die Möglichkeit nicht ausschließen, daß es sich hier um eine alte bolivianische Volkssitte handelt.

Verschaukelt

Als der Kusine meines Freundes Jossele ein Sohn geboren wurde, wollte ich dem Kleinen ein besonders schönes Geschenk kaufen, ohne Rücksicht auf die Kosten. Daher schrieb ich einen Brief an meinen Onkel Egon nach Amerika. Knappe zehn Tage später wurde ich vom Zoll benachrichtigt, daß ein großes Paket für mich angekommen sei.

Der Zollbeamte, bei dem ich landete, war außerordentlich höflich und schälte mit Engelsgeduld eine Papierhülle nach der andern ab, bis sich schließlich ein stattliches Schaukelpferd zeigte.

Ein wenig ärgerte ich mich über Onkel Egon. Der glückliche Sohn war um diese Zeit zwei Wochen alt, und ein zwei Wochen altes Baby braucht kein Schaukelpferd. Aber nun war es einmal da, und ich wollte es ausprobieren. Doch das erlaubte mir der Beamte nicht. Ich dürfe das Schaukelpferd nicht anrühren, bevor ich nicht die Zollgebühr von 871,30 Pfund bezahlt hätte.

»Das ist ja der helle Wahnsinn! Warum so viel?«

»Sehen Sie selbst«, sagte der Beamte und hielt mir irgendeine Gebührentabelle unter die Nase. »Es handelt sich um ein zu Reitzwecken importiertes Vollblut.«

»Vollblut? Wovon sprechen Sie?«

»Unser beeideter Sachverständiger hat diesen Hengst als dreijähriges, hochgezüchtetes normannisches Rennpferd eingestuft. Und erzählen Sie mir gefälligst nicht, daß es aus Holz ist, denn in Paragraph 117/82/kp steht kein Wort davon, aus welchem Material ein Pferd hergestellt wird. Ein Pferd ist ein Pferd.«

Da er jedoch nicht nur Beamter, sondern auch Mensch war, riet er mir, in einer Eingabe an die Zollbehörde das Pferd als »Spielzeug« zu deklarieren.

Die Eingabe ging ihren vorschriftsmäßigen Weg, und schon nach wenigen Wochen erhielt ich den abschlägigen Bescheid. Ich beauftragte sofort einen Rechtsanwalt, der zu dem Schluß kam, daß die Höhe des Zollbetrags auf den Vermerk »für Reitzwecke« zurückginge. Die Zollgebühr für Nutzpferde sei bedeutend niedriger. Wir baten daher, das Pferd als »Nutzpferd« einzustufen.

Bald darauf erschien ein hoher Beamter des Landwirtschaftsministeriums und machte mich darauf aufmerksam, daß ich vergessen hatte, den Namen des Pferdes anzuführen.

»Schultheiß«, sagte ich, denn ich besaß einen pferdegesichtigen Freund, der so hieß. Der Beamte notierte den Namen und übergab mir eine Kopie.

Von da an ging alles glatt. Das Landwirtschaftsministerium verständigte mich, daß ich Schultheiß als Nutzpferd führen dürfe, sobald ich den Nachweis erbracht hätte, daß ich ihn für die Zucht benötige. Da es ein offenes Geheimnis war, daß ich keine Pferdezucht besaß, wandte ich mich von neuem an meinen Anwalt, der mir nach Prüfung der einschlägigen Gesetze mitteilte, daß schon der Besitz einer einzigen Stute mich zur Haltung eines Hengstes berechtige. Wir verständigten das Landwirtschaftsministerium, daß meine Stute Brunhilde in Jaffa eingestellt sei. Ein Jockey bestätigte mir gegen nur 50 Pfund, daß Brunhilde rossig und ein sofortiges Eingreifen Schultheißens von größter Wichtigkeit für die israelische Pferdezucht wäre.

Eine Woche später läutete es an meiner Tür. Zwei Detektive mit Hausdurchsuchungsbefehl drangen ein. Der Staat Israel hatte mich auf Betrug verklagt.

»Sie wollen uns einreden, daß ein Schaukelpferd Fohlen kriegen kann?« schnauzte einer der Detektive mich an. »Halten Sie uns für komplette Idioten?«

Ich bejahte, packte das Nötigste zusammen und nahm Abschied von meinem Weib. Erst im letzten Augenblick fand ich meine oft bewährte Schlagfertigkeit wieder.

»Aber meine Herren«, sagte ich. »Wissen Sie denn nicht, daß auch Brunhilde ein Schaukelpferd ist?«

Die Detektive flüsterten miteinander, entschieden, daß dies natürlich die Sache grundlegend ändere, und verabschiedeten sich. Zwei Stunden später erhielt ich eine Rechnung über 117 Pfund für »Stallgebühren für Hengst Schultheiß«. Ein weiterer Zwischenfall ergab sich mit dem von der Regierung eingesetzten Tierarzt, der den staubbedeckten Schultheiß im Zolldepot untersuchte und einen »unhygienischen Zustand, möglicherweise ansteckend« diagnostizierte.

Das wäre gefährlich geworden, aber zum Glück stellte sich heraus, daß ein Vetter des Pferdedoktors mit dem Schwager von Frau Toscanini verwandt war, die den Zusatz »Die Zeugungsfähigkeit des Hengstes ist zweifelhaft« durchsetzte.

Leider waren damit immer noch nicht alle Schwierigkeiten aus der Welt geschafft. Das Landwirtschaftsministerium wollte wissen, wo ich die Schaukelstute namens Brunhilde gekauft und wieviel Luxussteuer ich für sie bezahlt hätte. Zu diesem Zeitpunkt gab mein Anwalt mit der Begründung, daß er eine Familie erhalten müsse, meinen Fall ab.

In der darauffolgenden Nacht wurde ich verhaftet.

Die Verhandlung war kurz. Dank meiner bisherigen Unbescholtenheit bekam ich nur zwei Jahre Gefängnis. Die drei Monate, die ich in Verkehr mit den Behörden gestanden hatte, wurden mir angerechnet.

Man wies mich in die Zelle Nummer 18 des alten Gefängnisses von Jaffa ein. Anfangs litt ich sehr unter dem ungerechten Urteil und vor allem unter der Einsamkeit, aber eines Tages ging die Zellentür auf, und ich erhielt die Gesellschaft eines gutartigen, wenngleich etwas heruntergekommenen Zugpferdes. Es war gleichfalls wegen Betrugs verurteilt worden, weil es sich vor den Hafenbehörden in Haifa als Schaukelpferd ausgegeben hatte.

Einsteins Erben

Alles ist relativ. Nach Ansicht des israelischen Finanzministers ist alles, was man für Geld kaufen kann, Luxus. Nach Ansicht der Steuerzahler ist der Finanzminister ein Luxus.

Kein Öl, Moses

Und zogen die Kinder Israels aus der Wüste Sinai. Und es murrte die ganze Gemeinde wider Moses und forderte von ihm den Treibstoff, dessen sie brauchten zur Weiterfahrt. Und Moses redete zu ihnen, und sprach: »Was murret ihr wider mich und versuchet den Herrn?« Das Volk aber fuhr fort zu hadern und fragte: »Wozu hast du uns herausgeführt aus dem Lande Ägypten, welches reichlich versehen ist mit Erdöl? Sind wir dir nachgefolgt in die Wüste, daß wir hier sterben sollen mit unseren Kindern?« Und Moses schrie zum Herrn und rief: »Was soll ich tun mit diesem widerborstigen Volk?« Und der Herr antwortete ihm und sprach: »Tritt hin vor das Volk und nimmt mit dir die Ältesten in Israel, und nimmt den Stab in deine Hand, gehe hin, und ich will vor dir stehen auf einem Fels in Horeb, und sollst auf ihn einschlagen mit deinem Stecken, und wird viel Öl daraus hervorfließen, und wird ausreichen bis ins Gelobte Land.« Und Moses tat wie geheißen und schlug auf das Gestein, und schlug und schlug, einen ganzen Tag und eine ganze Nacht, und es kam nichts heraus. Und der Herr redete aufs neue und sprach: »Es tut mir leid, dann werden die Juden eben zu Fuß gehen müssen.«

Kein Schlüsselloch umsonst

Wieder einmal schlenderte ich mit meinem Freund Jossele, dem phantasievollen Weltmeister im Nichtstun, von einem Kaffeehaus zum andern, wieder einmal wußten wir nicht, was wir mit dem angebrochenen Nachmittag anfangen sollten. Da hatte Jossele plötzlich eine Idee.

»Weißt du was? Laß uns ›Wir kommen von der Stadtverwaltung‹ spielen!«

Damit zog er mich ins nächste Haus und läutete an der erstbesten Tür. Man öffnete, und wir traten ein.

»Schalom«, sagte er. »Wir kommen von der Stadtverwaltung.«

Der Wohnungsinhaber wurde blaß, umarmte seine Frau und fragte nach dem Grund unseres Besuchs.

»Sie haben die Anzahl der Stühle in Ihrer Wohnung nicht angegeben«, sagte Jossele und zog aus seiner Brusttasche einige Papiere hervor, Briefe, Mahnungen und ähnliches. »Ihre Erklärung ist überfällig!«

»Welche Erklärung?«

»Ihre Steuererklärung für die Bestuhlung Ihrer Wohnräume. Jede Sitzgelegenheit muß angegeben werden. Lesen Sie denn keine Zeitungen?«

»Ich, ja ...«, stotterte der Schuldige. »Irgend etwas habe ich schon gelesen. Aber ich dachte, das bezieht sich nur auf Büroräume.«

»Dürfen wir eine Bestandsaufnahme durchführen?« fragte Jossele höflich.

Wir gingen durch die Wohnung und notierten vier Fauteuils im Wohnzimmer, je zwei Stühle in den beiden Schlafzimmern und einen unter dem Küchentisch versteckten Schemel. Das Ehepaar folgte uns zitternd.

»Haben Sie vielleicht Eimer im Haus?« fragte Jossele als nächstes.

»Ja. Einen.«

»Kann umgedreht werden und gilt als Notsitz.«

Jossele notierte den Zuwachs.

Jetzt wurde der Mann wütend.

»Das geht zu weit. Als ob ich nicht schon genug Steuern bezahle.«

»Was wollen Sie von mir?« entgegnete Jossele beleidigt.

»Ich bin nur ein kleiner Beamter, der seine Anweisungen befolgt. Das Ganze wird Sie ungefähr 270 Pfund kosten.«

Die Hausfrau, offenbar der ängstlichere Teil des Ehepaars, wollte den Betrag sofort bar bezahlen. Jossele verweigerte jedoch die Annahme des Geldes, er wisse schließlich nicht, wie hoch die Zusatzsumme für das Zahlungsversäumnis wäre.

Damit verabschiedeten wir uns.

In der Nachbarwohnung registrierten wir die Schlüssellöcher und belegten sie mit einer jährlichen Steuer von 390 Pfund. Nächste Woche nehmen wir uns die Glühbirnen vor. Von 60 Watt an aufwärts.

Patriotismus zum Quadrat

Nach dem israelischen Grundgesetz erhält jeder jüdische Einwanderer ohne weiteres die Staatsbürgerschaft. Israel dürfte also das einzige Land der Welt sein, wo jeder Wahnsinnige einreisen und Staatsbürger werden kann. Aber man läßt ihn nie wieder hinaus, damit er das Land nicht blamiert.

Blaumilch ist überall

Jedes Volk hat sein nationales Hobby. Die Israelis reißen ihre Straßen leidenschaftlich gern der Länge und Breite nach auf, weil irgend jemand vergessen hat, irgend etwas unter dem Pflaster unterzubringen, eine Kanalleitung, ein Telefonkabel, ein Wasserleitungsrohr oder was immer. Wenn das vorüber ist, wird die Straße wieder aufgerissen, um nachzu-

sehen, ob nicht irgend jemand irgend etwas unter dem Pflaster vergessen hat.

Es ist kein Zufall, daß der Film »Der Blaumilchkanal« in
Tel Aviv spielt.

Ein Quentchen Theologie

Die Frommen unseres Landes vertrauen vor allem auf
Gott, haben jedoch zur Sicherheit auch einige politische Parteien gegründet, die im Parlament das Zünglein an der
Waage bilden und jedes Kabinett stürzen können. Der Staat
Israel besitzt vermutlich als einziger auf Erden eine soziali-
stische Regierung, die unter Aufsicht des ehrw. Oberrabbi-
nats steht. In letzter Zeit gab es allerdings einige Versuche,
Religion und Staat voneinander zu trennen. Seither herrscht
nur noch die Religion.

Kohenitische Tragödie

Ich hatte Jankel nie vorher gesehen, aber ich zerstörte seine
Zukunft und sein Familienglück innerhalb weniger Minuten.

Es begann damit, daß eine mir gleichfalls unbekannte
Frau von etwa 40 Jahren in meiner Wohnung auftauchte und
mit einem Redeschwall aber mich herfiel.

»Entschuldigen Sie lieber Herr daß ich Sie überfalle wo
wir uns doch kaum kennen aber jetzt bin ich endlich soweit
daß ich Jankel heiraten könnte ach so Sie wissen nicht daß ich
von meinem ersten Mann geschieden bin warum spielt keine Rolle er hat getrunken und hat anderen Weibern Geschen-

ke gemacht aber Jankel trinkt nicht und verdient sehr schön und kümmert sich nicht um Politik und er lebt schon sehr lange im Land und hat einen sehr guten Posten in der Textilbranche und will ein Kind haben aber schnell denn er kann nicht mehr lange warten schließlich ist er nicht der Jüngste aber er schaut noch sehr gut aus auch wenn er kein Haar auf dem Kopf hat und er hat sogar eine Wohnung ich weiß nicht wo aber Sie müssen uns unbedingt besuchen und Sie werden uns doch sicherlich diesen kleinen Gefallen tun nicht wahr?«

»Ich wünsche Ihnen von Herzen alles Gute, liebe Frau«, sagte ich. »Möge Ihrer Ehe Segen beschieden sein. Schalom, schalom, und lassen Sie gelegentlich von sich hören.«

»Danke vielmals ich danke Ihnen aber ich habe ganz vergessen Ihnen zu sagen daß Jankel hier keine Freunde hat außer ein paar alten Siedlern und die können vor dem Rabbi nicht bezeugen daß Jankel im Ausland nie verheiratet war aber Sie sind noch nicht so lange im Land und Sie sind Journalist und das ist sehr gut denn da können Sie für uns zeugen.«

»Gut«, sagte ich. »Ich gebe Ihnen ein paar Zeilen mit.«

»Das genügt leider nicht wissen Sie ein Freund von Jankel hat uns auch so ein schriftliches Zeugnis geschickt er ist Junggeselle noch dazu auf Briefpapier von Pepsi-Cola aus Amerika dort lebt er nämlich aber der Rabbiner hat gesagt es gilt nur persönlich und man muß selber herkommen und ich danke Ihnen schon im voraus für Ihre Güte wo ich doch eine begeisterte Leserin Ihrer Witze bin der letzte war leider schwach also morgen um 9 Uhr früh vor dem Café Passage oder doch lieber gleich beim Rabbinat und jetzt entschuldigen Sie ich muß schon gehen mein Name ist Schulamit Ploni sehr angenehm.«

Ich bin im allgemeinen kein Freund von Gefälligkeiten, weil sie immer zuviel Mühe machen. Aber diesmal hatte ich das Gefühl, zwei Liebenden helfen zu müssen. Außerdem muß ich zugeben, daß ich mich vor Frau Schulamit Ploni ein wenig fürchtete. Ich war also am nächsten Morgen pünktlich um 9 Uhr auf dem Oberrabbinat, wo mich ein großer, glatzköpfiger Mann bereits mit Ungeduld erwartete.

»Sind Sie der Zeuge?«

»Erraten.«

»Beeilen Sie sich. Man hat uns schon aufgerufen. Schulamit wird gleich hier sein. Sie versucht unter den Passanten einen zweiten Zeugen zu finden. Das Ganze dauert nur ein paar Minuten. Sie müssen sagen, daß Sie mich noch aus Podwoloczyska kennen und daß ich nie verheiratet war. Das ist alles. Eine reine Formsache. In Ordnung?«

»In Ordnung. Sagen Sie mir nur, ganz unter uns, waren Sie wirklich nie verheiratet?«

»Nie im Leben. Ich hab' schon allein genug Sorgen.«

»Um so besser. Aber diese Stadt, die Sie mir da genannt haben, die kenne ich überhaupt nicht.«

»Sie sind doch Journalist? Erzählen Sie irgend etwas. Daß Sie eine Reportage über Podwoloczyska gemacht haben, und ich habe Ihnen jahrelang geholfen.«

»Das wird man uns nicht glauben.«

»Warum nicht? Meinen Sie, daß irgend jemand hier weiß, was eine Reportage ist?«

»Schön. Aber jetzt habe ich schon wieder vergessen, wie diese Stadt heißt, die mit P anfängt.«

»Wenn's Ihnen so schwerfällt, dann sagen Sie, wir kennen uns aus Brody. Das ist auch in Polen.«

Brody war viel leichter. Ich brauchte nur an Brody Miska zu denken, der in der Volksschule hinter mir gesessen hat.

Jankel hörte mich noch einmal ab, war beruhigt und informierte mich zur Sicherheit noch, daß sein Nachname Kuchmann sei. Ich ahnte nicht, daß sein Schicksal zu diesem Zeitpunkt bereits besiegelt war.

Dann kam Schulamit Ploni und brachte tatsächlich einen

zweiten Zeugen angeschleppt. Nachdem ich meinen Kopf vorschriftsmäßig mit einem bunten Halstuch bedeckt hatte, wurden wir in das Amtszimmer des Rabbiners geführt, eines bärtigen, verehrungswürdigen Patriarchen mit erschreckend dicken Brillengläsern und noch dickerem jiddischen Akzent. Der Rabbi grüßte mich herzlich. Offenbar hielt er mich für die Braut. Ich korrigierte ihn, worauf er die Daten des Brautpaares in ein mächtiges Buch schrieb und sich dann wieder an mich wandte, als spürte er, daß ich das schwächste Glied in der Kette war.

»Wie lange kennst du den Bräutigam, mein Sohn?«

»36 Jahre, Rabbi.«

»Gab es irgendwann eine Zeit, eine noch so kurze Zeit, in der ihr nicht gut miteinander standet?«

»Nicht eine Minute, Rabbi.«

Alles ging planmäßig. Der Rabbiner schluckte Brody kommentarlos, wußte nicht, was eine Reportage war, führte die Eintragungen durch und fragte mich nochmals:

»Du kannst also bezeugen, mein Sohn, daß der Bräutigam niemals verheiratet war?«

»Nie im Leben. Rabbi.«

»Du kennst ihn gut?«

»Ich müßte lügen, wenn ich behaupten wollte, daß ich ihn besser kennen könnte.«

»Dann weißt du vielleicht auch, mein Sohn, ob er einer kohanitischen Familie entstammt?«

»Natürlich entstammt er einer kohanitischen Familie. Und ob!«

»Ich danke dir, mein Sohn. Du hast großes Unglück verhütet«, sagte der Rabbi und schloß das vor ihm liegende Buch. »Dieser Mann darf diese Frau nicht heiraten. Niemals kann ein Kohen, ein Nachkomme des Hohepriesters, mit einer geschiedenen Frau in den heiligen Stand der Ehe treten.«

Schulamit Ploni brach in hysterisches Schluchzen aus, Jankel sah mich haßerfüllt an.

»Verzeihen Sie, Rabbi«, stotterte ich. »Ich habe in Ungarn eine weltliche Erziehung genossen und wußte nichts von der Sache mit den Kohanim. Bitte streichen Sie diese Stelle aus meiner Zeugenaussage.«

»Es tut mir leid, mein Sohn. Wir sind fertig.«

»Einen Augenblick.«

Wutschnaubend sprang Jankel auf.

»Vielleicht hören Sie auch mich an? Mein Name ist Kuchmann, und ich war nie im Leben ein Kohen. Im Gegenteil, ich stamme von ganz armen, unbedeutenden Juden ab, man könnte fast sagen von Sklaven.«

»Warum hat dann Ihr Zeuge gesagt, daß Sie ein Kohen sind?«

»Mein Zeuge? Ich sehe ihn heute zum ersten Mal. Woher soll ich wissen, wie er auf diese verrückte Idee gekommen ist?«

Der Rabbiner warf mir über den Rand seiner dicken Brille einen Blick zu, vor dem ich die Augen senkte.

»Es ist wahr«, gestand ich. »Wir haben uns erst heute kennengelernt. Ich habe keine Ahnung, wer er ist und was er ist. Ich dachte, es könnte ihm nicht schaden, ein Kohen zu sein. Vielleicht wäre es sogar gut für ihn, dachte ich, vielleicht verbilligt das die Trauungsgebühr. Lassen Sie die beiden heiraten, Rabbi.«

»Das ist unmöglich. Es sei denn, der Bräutigam weist nach, daß er nicht aus einer kohanitischen Familie stammt.«

»Um Himmels willen«, stöhnte Jankel. »Wie soll ich so etwas nachweisen?«

»Das weiß ich nicht, und es ist auch noch niemandem gelungen«, sagte der Rabbi. »Und jetzt verlassen Sie bitte das Zimmer.«

Draußen entging ich nur mit knapper Not einem Mordanschlag. Jankel schwor beim Andenken seiner armen, unbedeutenden Vorfahren, daß er es mir noch heimzahlen würde, und Schulamit besprengte das Straßenpflaster mit ihren Tränen.

»Warum haben Sie uns das angetan?« heulte sie. »Warum drängen Sie sich dazu unser Zeuge zu sein wenn Sie überhaupt nicht wissen was Sie sagen sollen ein Lügner sind Sie jawohl das ist es was Sie sind ein Lügner ein ganz gemeiner Lügner.«

Sie hatte recht. Gott soll sich meiner verlorenen Seele erbarmen.

Affenliebe

Die Bewohner des Mea-Schaarim-Viertels von Jerusalem, die den jüdischen Staat nicht anerkennen, weil er nicht vom Messias ausgerufen wurde, suchen schon lange nach Lösungen, wie man den Ruhetag ohne Probleme einhalten könne. Ein Tierpfleger aus dem Tel Aviver Zoo erzählte, daß jene Leute ihn gefragt hätten, ob man nicht einen Affen dressieren könne, am Sabbat einen Elektroschalter zu betätigen. Es wäre eine Möglichkeit dieses Gesetz zu umgehen, daß die Betätigung eines Lichtschalters am Sabbat verbiete. Die Rabbiner erlaubten die Affenlösung, allerdings nur unter der Bedingung, daß der Affe aus eigener Initiative handle. Der Tierpfleger schätzte die Dauer der Dressur auf rund sechs Jahre. Daraufhin wurde die Angelegenheit vertagt.

Auch die Überlegung, die Fotos mit dem Affen am Lichtschalter zu einer Pressesensation zu machen, scheiterte. Dafür hätte nämlich ein zweiter Affe dressiert werden müssen, da schließlich auch fotografieren am Sabbat verboten ist.

Salzberger antwortet nicht

Das Telefon läutete, und jemand fragte schon zum dritten Mal, ob er mit der Vereinigten Holzwolle AG verbunden sei.

»Vereinigte Holzwolle? Nein, da haben Sie eine falsche Nummer«, sagte ich und legte auf. Als es zum vierten Mal läutete, griff ich zum Hörer und sagte:

»Vereinigte Holzwolle.«

»Endlich«, sagte eine erlöste Stimme. »Ich möchte mit Salzberger sprechen.«

»Bedaure«, antwortete ich. »Herr Salzberger hat mit unserer Firma nichts mehr zu tun.«

»Wieso nicht, ist etwas geschehen?«

»Man ist ihm auf seine Betrügereien gekommen.«

»Was Sie nicht sagen.«

»Das überrascht Sie? Solche Sachen müssen doch einmal auffliegen.«

»Wem erzählen Sie das. Ich warte schon seit Monaten darauf.«

»An Ihrer Stelle würde ich mich jetzt aber auch aus dem Staub machen.«

Hier endete das Gespräch. Manche Leute haben wirklich keine Geduld.

Hexenjagd

Der Prototyp unserer heimischen Telefonistin ist eine magere Sabra mit durchdringendem Blick und Adlernase. Sie trägt einen knielangen braunen Pullover, wird morgens von Hustenanfällen gequält und haßt unter anderem auch mich.

Die Feindseligkeiten zwischen uns werden damit eröffnet,

daß wir die Nummer wählen, die hebräische Telefonistin an der gegnerischen Front den Hörer abhebt und sagt:

»   «

Sie sagt gar nichts, sie hebt nur ab. Sie beschert uns andächtige Stille, ewiges Schweigen. Im besten Falle hören wir in weiter Ferne, ganz im Hintergrund, das dünne Stimmchen von Schlomo Grienspan, der soeben eine Transportfirma verzweifelt anfleht, die Rechnung diesmal doch bitte an die neue Adresse zu schicken, nicht wie im letzten Herbst ...

»Hallo«, brüllen wir in die Muschel, »hallo!«

Die hebräische Telefonistin hört uns, und sie hört Grienspan, hält uns jedoch unerbittlich auf Stand-by. Tief in ihrem Inneren hofft sie, daß wir aus einer Telefonzelle anrufen und uns nicht wegrühren können. Zu Hause haben wir nämlich straferleichternde Bewegungsfreiheit und verlassen die andächtige Stille, gehen in die Küche, machen uns ein Käsebrot mit Tomaten und kehren gerüstet für die lange Belagerung an den Apparat zurück.

»Hallo«, rufen wir mit noch vollem Mund, »hallo!«

Es ist durchaus nicht ausgeschlossen, daß sie doch antwortet. Schließlich richtet sich der abgrundtiefe Haß der heimischen Telefonistin nicht gegen uns persönlich, sondern gegen die feindliche Außenwelt, die auf tausend Wegen hinterlistig versucht, in ihre Zentrale einzudringen. Persönlich wird der Konflikt erst, wenn sie sich zu erkennen gibt:

»Hier 72 95 56, bitte sehr.«

Sie nennt weder Namen noch Adresse, denn die sind streng geheim und nur einigen wenigen Eingeweihten bekannt. Man könnte den Namen vielleicht in Erfahrung bringen, jedoch nicht telefonisch. Telefonisch gibt es nur eine schlichte Nummer, sonst gar nichts.

»Hallo«, sagen wir, »könnte ich bitte mit Herrn Zerkowitz sprechen?«

»Mit wem?«

Wir sehen verunsichert auf unseren Zettel. Nein, nein, es war schon der richtige Name.

»Mit Zer ... Zerko ... witz ...«

»Bitte sehr, mein Herr.«

Jetzt ertönt hoffnungsfrohes, elektronisches Klicken verschiedener Tasten und Knöpfe, eine drahtlose Verbindung wird hergestellt. Und andächtige Stille. Die Welt des ewigen Schweigens kehrt in ihrer ganzen göttlichen Pracht zu uns zurück. Vielleicht gibt es ein wenig Zerkowitz, vielleicht auch nicht. Das kann man jetzt noch nicht sagen. Das wird sich schon noch zeigen. Wir knien neben dem Telefon und summen Märsche aus der Zeit des Befreiungskrieges. So müssen sich Astronauten auf der anderen Seite des Mondes fühlen, völlig abgeschnitten vom Rest der Menschheit.

»Hallo«, sagen wir hin und wieder, »hallo!«

Man kann mit dem Mittelfinger auf den Hörer klopfen und versuchen ihn damit zum Leben zu erwecken. Man kann es aber auch lassen. Nach einer Viertelstunde haben wir kapiert, legen auf und schalten uns damit kurzerhand aus dem Nichts aus. Da aber das Gespräch mit Zerkowitz nicht ganz ohne Bedeutung ist, denn wir wollen ihn um die Telefonnummer seines Schwagers bitten, drücken wir erneut und mit frischer Energie auf die Tasten. Diesmal erhalten wir sofort eine Antwort.

»Naftali wird das Paket nach vier Uhr abholen«, sagt die hebräische Telefonistin. »Ich habe wirklich keine Lust, jeden Tag irgend etwas zur S-Bahn zu schleppen. Moment, hallo, 72 95 56, bitte sehr.«

Wir versuchen, Ordnung in den Hörer zu bringen. Wir hatten doch, Hand aufs Herz, niemals die Absicht, Fräulein Shulamit zu zwingen, irgendein Paket eigenhändig zu irgendeiner S-Bahn zu schleppen. Wozu hat man denn schließlich Naftali? Soll doch Naftali so um vier, halb fünf das Ding abholen, und damit ist die Sache erledigt.

Wir bemühen uns, unserer Erregung über die fatale Zumutung Herr zu werden.

»Hallo«, sagen wir, »ich hatte Zerkowitz verlangt.«

»Wen?«

»Zer … Zerko … witz …«

»Wer ist am Apparat?«

Jetzt will sie es wissen. Beim letzten Gespräch konnten wir ihr noch entkommen, aber diesmal klang etwas in unserer Stimme mit, das ihr natürliches Mißtrauen geweckt hat. Die letzte Schranke ist gefallen, es kann losgehen. Wir überlegen haarscharf, was wir ihr sagen sollen: Hallo, hier ist das E-Werk oder vielleicht Dr. Schai-Scheinberger, ein Schulfreund von Zerkowitz, weiß der Teufel, was überzeugender ist. Schließlich sagen wir:

»Oliver.«

Oliver ist immer gut. Oliver klingt sehr überzeugend. Die hebräische Telefonistin beruhigt sich, und wieder ist vielversprechendes elektronisches Klicken zu vernehmen. Und innerhalb Sekundenfrist haben wir tatsächlich die diensthabende Stelle am Ohr. Diesmal verschwenden wir keine Zeit mehr mit der Analyse der Stille, sondern schlagen das Buch »Hannibal, einer gegen Rom« auf und überqueren gemeinsam mit dem sagenhaften Helden die schneebedeckten Alpen. Mein Gott, welch ein wunderbares Abenteuer war das doch, eine ganze Kolonne halberfrorener Elefanten über die Bergkette zu führen, über Flüsse und Seen, bei Sturm und Donner …

Vor den Toren Roms halten wir kurz inne, vielleicht sind wir unterdessen ja im Zimmer von Zerkowitz gelandet.

»Hallo«, schreien wir in den Hörer, »hallo!«

In ganz weiter Ferne, vielleicht jenseits des Meeres, im Herzen von New York City, murmelt jemand etwas in fließendem Jiddisch. Jemand, dem Shulamit eine Chance gegeben hat. Für uns stehen die Chancen nicht gut. Wir sind schlimmer als Naftali. Zu viel Verbitterung hat sich in den letzten Minuten aufgestaut. Wenn wir, Shulamit und ich, uns außerhalb der Geschäftsstunden kennengelernt hätten, dann hätten wir vielleicht eine gemeinsame Sprache gefunden. Vielleicht hätten wir ihr trotz ihrer Magerkeit den Hof gemacht, auch eine Heirat ist nicht ausgeschlossen, Kinder, Alimente. Aber so, verschanzt hinter den vorderen Linien, haben wir weder Gegenwart noch Zukunft, sie ist die Telefonistin, und wir sind einer der Anrufer, Katz und Hund, Nicht etwa, daß wir böse auf sie wären, o nein, wir verehren sie, wir bewundern ihre ganze Machtfülle, nur haben wir leider keine zwischenmenschliche Verbindung mit ihr. Das einzige, was wir zur Wiederaufnahme eines Kontaktes unternehmen können, ist ein Druck auf die Gabel, erneutes Fluchen und erneute Wiederwahl ihrer Nummer in der alles entscheidenden vierten Runde.

»Hören Sie, meine Dame«, sagen wir, »warum lassen Sie mich eine halbe Stunde ohne jede Antwort?«

»Wer ist da?«

»Oliver. Vor einer dreiviertel Stunde habe ich Zerkowitz verlangt.«

»Der ist nicht da.«

»Ja warum sagen Sie das nicht gleich?«

»Ich sage es jetzt.«

»Wann kommt er zurück?«

»Weiß ich nicht.«

»Ist er überhaupt bei Ihnen beschäftigt?«

»Keine Ahnung.«

»Kann ich ihm eine Nachricht hinterlassen?«

An dieser Stelle wirft sie uns mit einer federleichten Handbewegung aus der Leitung. Alles ist vorbei. In diesem letzten kritischen Augenblick jedoch war der gegenseitige Haß so verzehrend, daß wir beide genau fühlten, wenn das Gespräch auch nur eine Minute länger gedauert hätte, hätte ich mich meines Sakkos entledigt, wäre in den Apparat gesprungen und durch die Drähte direkt in ihre Telefonzentrale gekrochen, um mich mit tierischem Gebrüll auf sie zu stürzen, in einem Kampf auf Leben und Tod. Shulamits scharfe Nägel bohrten sich in meinen Hals, während meine Zähne ihre Hauptschlagader suchten, und so würden wir, Urlaute ausstoßend, uns bis zum blutigen Ende auf dem Boden der Telefonzentrale wälzen. Ja, eines Tages wird es dazu kommen. Es ist nur eine Frage der Zeit. Diplomatische Lösungen sind völlig ausgeschlossen.

Treffpunkt im Jenseits

Die Diagnose der Krankheit, von der ich spreche, lautet: pathologische Neigungen des Durchschnittsisraelis zur Erzeugung wuchernder Abmachungen ohne Sinn und Zweck.

Als ich mich, zum Beispiel, während einer Theaterpremiere der Saison 1984/85 am Pausenbuffet erholte, kam Stockler auf mich zu.

»Hören Sie«, sagte er. »Wir müssen uns unbedingt treffen. Ich haben Ihnen einen Vorschlag zu machen. Wenn's Ihnen recht ist, rufe ich Sie morgen an. Oder besser Dienstag. Okay?«

»Okay«, gab ich gelassen zurück, ohne tatsächlich mit seinem Anruf zu rechnen. Ich kenne Stockler nur flüchtig, ein Wichtigtuer, der vorgibt, alle möglichen Leute zu kennen und alle möglichen Geschäfte zu machen. Aber wenn er mir etwas vorschlagen will und wenn's ein guter Vorschlag ist, warum nicht.

Aber es kam kein Anruf von Stockler.

Einen Monat später sahen wir einander durch Zufall auf der Straße.

»Für Sie habe ich etwas sehr Interessantes«, hielt er mich fest. »Wir müssen die Sache in Ruhe besprechen. Stehen Sie im Telefonbuch?«

»Ja.«

»Fein. Dann rufen Sie mich Mitte nächster Woche an.«

Warum ich ihn Mitte nächster Woche nicht anrief, weiß ich nicht mehr. Auch hatte ich Stockler mitsamt seinen Vorschlägen längst vergessen, als ich ihn ein Jahr später plötzlich am Telefon hatte.

»Ich wollte Sie schon die ganze Zeit anrufen, um Ihnen etwas vorzuschlagen. Sind Sie um die Mittagszeit erreichbar?«

»Immer.«

»Gut, dann werde ich Sie anrufen.«

Da ich am nächsten Tag für eine Woche verreiste, weiß ich nicht, ob er mich wirklich angerufen hat. Jedenfalls verging wieder ein Jahr, bis er sich auf einer Gartenparty vor mir aufbaute.

»Ich bin gerade aus Frankreich zurückgekommen«, raunte er, während er mich in eine stille Ecke zog. »Ich habe einen interessanten Vorschlag für Sie. Wir müssen irgendwo eine stille Ecke ausfindig machen und über die Details sprechen.«

»Wie Sie meinen.«

»Einverstanden. Wir telefonieren noch miteinander.«

Es folgte eine Zeit ohne jeden Kontakt. Sie dauerte zwei Jahre. Dann meldete sich plötzlich Stockler am Telefon und wollte meine Telefonnummer wissen, weil er etwas Wichtiges mit mir zu besprechen hätte. Ich gab sie ihm. Wir vereinbarten, daß an einem der nächsten Tage entweder er mich oder ich ihn anrufen würde, um ein Treffen zu vereinbaren.

Um die Mitte des Jahres 1993 sah ich Stockler auf einer Kaffeehausterrasse sitzen, offenbar in Gedanken in seinem Tee rührend. Ich ging auf ihn zu und stellte mich vor. Er freute sich, meine Bekanntschaft zu machen. Er hätte mich übrigens in Kürze anrufen wollen, um mir eine sehr interessante

Sache vorzuschlagen. Am besten, überlegte er, wäre es, wenn wir uns auf einer Kaffeehausterrasse zusammensetzen und die Sache in Ruhe besprechen könnten. Er würde mich am Donnerstag oder Freitag anrufen, um den Termin zu vereinbaren. Bis dahin hatte er keine Zeit.

Im Mai 1996 begegneten wir einander in einem philharmonischen Konzert, konnten aber nur wenige Worte wechseln, weil die Musik zu laut war.

Aus Andeutungen, die er mir voriges Jahr machte, erriet ich, daß er mich mehrmals angerufen hätte, aber es sei immer besetzt gewesen. Ich riet ihm, es in den frühen Abendstunden zu versuchen, so zwischen 6 und 7 Uhr. Er versprach, sich diese Zeit zu merken, und ergänzte, sein Vorschlag würde mich bestimmt interessieren.

Das ist eigentlich das Ende der Geschichte.

Kurz nach unserem letzten Gespräch wurde Stockler krank, und etwas später starb er.

Ich erhielt die traurige Nachricht durch einen Brief seiner Witwe. Sie berichtete, ihr verstorbener Mann hatte noch auf dem Totenbett an mich gedacht und immer wieder von den großen Plänen gesprochen, die er mit mir und nur mit mir verwirklichen wollte.

Gestern nacht klingelte mein Telefon. Es war Stockler.

»Ich habe jetzt etwas mehr Zeit«, sagte er mit Grabesstimme. »Und ich möchte Ihnen einen sehr interessanten Vorschlag machen.«

»Ausgezeichnet«, antwortete ich. »Rufen Sie mich bald einmal an.«

Parade der Wunderkinder

Die jüdische Religion schreibt in grenzenlosem Optimismus vor, daß ein Kind männlichen Geschlechts sich an seinem dreizehnten Geburtstag übergangslos in einen Erwachsenen zu verwandeln hat. Dieses schicksalsschwere Ereignis heißt »Bar-Mizwa«, und das Wunderkind wird dressiert, wie ein Rabbiner zu beten und sich bei den prachtvollen Eltern für alle angeblichen Wohltaten zu bedanken. Das Kind wird vielleicht zum Mann, die Eltern aber in jedem Fall infantil.

Ein Dichter wird geboren

Im ersten Morgengrauen läutete das Telefon.

»Hallo«, sagte eine gedämpfte Männerstimme. »Ich muß dringend mit Ihnen sprechen.«

»In welcher Angelegenheit?«

»Nicht telefonisch.«

»Es tut mir leid«, wehrte ich ab, »aber ich bekomme täglich ungefähr ein Dutzend solcher Anrufe, und meistens handelt sich's dann um die Bar-Mizwa des kleinen Jonas, für die ich eine Rede schreiben soll.«

»Glauben Sie«, unterbrach mich empört mein Gesprächspartner, »daß ich Sie wegen einer solchen Lappalie so früh anrufe? Kommen Sie sofort.«

Er nannte mir seinen Namen, der mir bekannt vorkam, irgendwas zwischen Regierung und Großindustrie. Nun, man kann ja nie wissen. Ich beeilte mich.

Der Regierungsindustrielle erwartete mich vor der Haustür.

»Wir haben keine Zeit zu verlieren«, sagte er streng, während wir die Stiegen hinaufkeuchten. »Mein Sohn Jonas begeht in wenigen Tagen seine Bar-Mizwa und braucht eine Rede.«

Ich wollte wortlos kehrtmachen, aber er hielt mich zurück.

»Bitte enttäuschen Sie uns nicht«, flehte er. »Wir bauen auf Ihre Hilfe. Der Junge liebt und verehrt uns und hat keinen sehnlicheren Wunsch, als uns für all unsere Güte von Herzen zu danken.«

»Soll er.«

»Durch eine Rede.«

»Die soll er sich selbst schreiben.«

»Das kann er nicht. Bitte, bitte. Sie müssen uns helfen. Nur ein Genie wie Sie ist dazu imstande. Selbstverständlich gegen Honorar, wenn Sie es wünschen. Geld spielt keine Rolle. Wichtig ist nur die Zeit. Sie drängt. Jede Stunde ist kostbar. Jede Minute. Verstehen Sie mich doch! Verstehen Sie ein besorgtes Vaterherz.«

Er wollte vor mir niederknien.

Ich hinderte ihn daran und fühlte, wie ich weich wurde.

»Nur eine klitzekleine Rede. Gefühlvoll, überquellend von kindlicher Dankbarkeit, womöglich in Reimen. Wie oft im Leben hat man denn schon Bar-Mizwa? Ein einziges Mal Sie können nicht nein sagen.«

Ich konnte wirklich nicht. Das besorgte Vaterherz hatte mich herumgekriegt.

»Bis wann wollen Sie das Manuskript haben?«

»Bis gestern. Wir sind verzweifelt knapp dran.«

»Ich brauche mindestens zwei Tage.«

»Unmöglich! Bedenken Sie, das Kind muß ja noch den ganzen Text auswendig lernen. Heute abend, ich beschwöre Sie. Heute abend!«

»Na schön. Sagen wir, um neun.«

»Halb neun! Ich verdopple das Honorar, wenn Sie um halb neun liefern!«

Beinahe hätte er mir die Hand geküßt. Von der Tür rief er mir nach:

»Um acht! Vergessen Sie nicht, spätestens um acht!«

Zu Hause empfing mich die beste Ehefrau von allen mit der Nachricht, es hätte soeben jemand angerufen und nur gesagt »Zehn Minuten vor acht«. Ich bat sie, mir einen enorm starken, enorm schwarzen Kaffee zu kochen, und machte mich an die Arbeit.

Zunächst versuchte ich, die geistigen und seelischen Wallungen des jungen Jonas nachzuempfinden. Wie würde er sie wohl ausdrücken? Vielleicht so:

> Ihr lieben Eltern alle zwei
> Habt mich umsorgt vom ersten Schrei.
> Dafür dank ich euch noch heute,
> Ihr seid wirklich nette Leute.

Vielleicht ein wenig trocken, aber immerhin ein brauchbarer Anfang.

Während ich über die Fortsetzung nachdachte, brachte ein Bote einen Blumenstrauß mit einem Kärtchen: »Alles Gute! Bitte um halb acht!«

Die nächste Strophe lautete:

> Lieber Vater und liebe Mutter,
> Dank Euch ist nun alles in Butter.
> Ihr schenktet mir das schönste Leben.
> Dafür will ich jetzt die Hand Euch geben.

Die nächste Störung erfolgte telefonisch.

»Wie sieht's aus?« erkundigte sich das besorgte Vaterherz. »Haben Sie schon etwas fertig?«

Ich las ihm das bisherige Ergebnis vor.

»Nicht schlecht«, meinte er. »Aber auch der Name des

Jungen sollte gereimt werden. Er liebt uns abgöttisch. Sieben Uhr zwanzig?«

»Ich werde mein Bestes tun«, versprach ich, schaltete das Telefon aus und machte mich auf die Suche nach einem Reim auf Jonas. Es war zu dumm. Hätten die Leute ihren überflüssigen Sprößling nicht anders nennen können? Zum Beispiel Gideon, mit dem eingebauten Reim auf Sohn? Ganz zu schweigen von Ephraim, ein wahrhaft vorbildlicher Name, der sich wie von selbst auf Jeruscholajim reimt, und das paßt immer. Aber nein, Jonas muß er heißen.

Endlich hatte ich ihn erwischt:

> Euch Eltern gilt mein kindlich Sehnen,
> Euch gelten meine Dankestränen.
> Schon machen sie mein Mikrofon naß,
> Es schluchzt vor Rührung euer Jonas.

Ein Expreßbote riß das Papier aus meiner Schreibmaschine und verschwand. Ich hatte die Ablieferungszeit genau eingehalten. Dann fiel ich in tiefen, traumlosen Schlummer.

X

Wochen vergingen, ohne daß ich von meiner Bank oder von meinem Auftraggeber etwas gehört hätte.

Ich griff zum Telefon und fragte ihn, ob er zufrieden gewesen sei.

»Womit?« fragte er zurück.

Nicht ohne Stolz outete ich mich als Verfasser der kunstvollen Rede, die Jung-Jonas zur Feier seiner Bar-Mizwa gehalten hatte.

»Ach so, richtig. Ich erinnere mich. Leider habe ich noch keine Zeit gehabt, ihr Manuskript zu lesen. Rufen Sie mich doch wieder an.«

»Morgen früh? Um acht?«
»Es eilt nicht. Vielleicht gegen Mittag. Oder nächste Woche.«

Pioniergeist

Es ist nicht ganz leicht, im Alter reich zu werden und dabei noch jung und arm zu bleiben.

Neunzig Jahre und ein bißchen weise

Die »Ottomanisch-Jüdische Wohlfahrts-Einrichtungs-Hilfe«, abgekürzt OJWEH, wurde um die Jahrhundertwende in Jerusalem gegründet und hatte den Zweck, die jüdische Gemeinde den türkischen Behörden gegenüber zu vertreten. Sie nahm ihre segensreiche Tätigkeit auf und versuchte etwa das Verbot öffentlicher Diskussionsabende und privater Beschneidungsfeiern aufzuheben, was ihr durch erfolgreiche Bestechung dreier Paschas hintereinander tatsächlich gelang.

Nach einiger Zeit machte sich jedoch auch bei diesem Verein etwas bemerkbar, was für jüdische Vereine typisch ist, nämlich Geldmangel. Was tut man in solchen Fällen? Man geht schnorren. So auch im Falle der OJWEH. Überall auf der Welt, wo es Juden gab, tauchten jene blauweißen Sammelbüchsen auf, die uns allen so lieb und vertraut sind und auf denen man einen kleinen Knaben sah, der in der Hand eine Sammelbüchse hielt, auf der man einen kleinen Knaben sah, der in der Hand eine Sammelbüchse hielt und so weiter, bis genügend Geld vorhanden war, um von den Türken Diskussions- und Beschneidungsfreiheit zu erkaufen.

Zugleich entstand ein kleines Liedchen, das bei entsprechenden Anlässen gerne gesungen wurde:

»Wir Juden haben, wie bekannt,
Von alters her ein Heimatland.
Für dieses muß man wirken,
Sonst knechten uns die Türken.
Drum hört, ihr Juden in der Welt:
Wir brauchen Geld, wir brauchen Geld.«

Die Juden in der Welt begegneten dem OJWEH-Appell mit offenen Ohren und ebensolchen Taschen. Die Spenden gingen so zahlreich ein, daß die OJWEH ihre Tätigkeit ausweiten konnte. Ein Verwaltungsgebäude mit einer großen Menge von Amtsräumen, Schreibtischen und sonstigem Zubehör wurde errichtet, und wer dem Verwaltungsrat angehörte, hatte auf Lebenszeit ausgesorgt. Die freiwilligen Spenden wurden in Jahresbeiträge umgewandelt, die auf Wunsch auch monatlich gezahlt werden konnten und in der einen oder anderen Form wirklich gezahlt wurden. Für die Juden in der Welt, zumindest für jene, die in gesicherten Verhältnissen lebten und infolgedessen ein schlechtes Gewissen hatten, galten die OJWEH-Zahlungen als Ehrensache.

Der Erste Weltkrieg bereitete diesem paradiesischen Zustand ein Ende: Die Türken verloren Palästina an die Engländer. Und was immer man über die englischen Herren denken mag, gegen Diskussionen und Beschneidungen hatten sie nichts einzuwenden. Das war ein schwerer Schlag für die OJWEH. Alle Bemühungen, die alten Verbote wieder durchzusetzen, scheiterten am britischen Understatement.

Der berühmte Kongreß von Singapur beschloß dann einstimmig die Fortführung der OJWEH. So wurden mehrere tausend Mitarbeiter neu eingestellt und in jeder wichtigen Stadt ein eigenes Verwaltungsgebäude errichtet. Kampagnen wie »Kanarienvögel für unsere Kindergärten!« setzten neue populäre Akzente. In bezug auf das Verbot öffentlicher Diskussionen und privater Beschneidungsfeiern ließ sich allerdings keine Besserung erzielen. Sie blieben gestattet. Auch die Türken kamen nicht zurück.

Und das Schicksal schlug abermals zu. Der Staat Israel wurde gegründet und nahm dem altehrwürdigen Verein aus ottomanisch-jüdischen Tagen seine Existenzberechtigung. Diskussionen und Beschneidungen waren eine Selbstverständlichkeit, an die Kanarienvögel in den Kindergärten hatte man sich längst gewöhnt, und was an Verboten existierte oder entstand, war israelisches Eigenprodukt. Wie, so fragte man sich im ganzen Land, würde die OJWEH darauf reagieren? Die Antwort gab der XXIII. Kongreß, auf dem alle 13.210 Delegierten folgende »Bestands-Proklamation« verabschiedeten:

»Die OJWEH muß weiterbestehen, und zwar aus folgenden Gründen:

1. Sie sichert den Lebensunterhalt von 67 000 Beamten.

2. Jeder Beamte hat eine Familie.

3. Jede Familie hat Kinder.

4. Man kann eine Organisation, die so lange Zeit besteht, nicht einfach auflösen.«

Zum Abschluß der Konferenz sangen die 14 005 Delegierten das alte OJWEH-Lied mit leicht aktualisiertem Text:

> »Wir Juden haben, wie bekannt,
> Von alters her ein Heimatland.
> Wir haben's wirklich, aber
> jetzt drohn uns die Araber.
> Drum hört, ihr Juden in der Welt:
> Wir brauchen Geld, wir brauchen Geld!«

Nachdem der Fortbestand der Organisation gesichert war, holte man zahlreiche Organisationsfachleute aus dem Ausland, die eine Reihe vielversprechender Projekte ausarbeiteten. Der Slogan »Ein Blumentopf in jedes Fenster!« erwies sich als ähnlich erfolgreich wie einst die Kanarienvogel-Kampagne, und die Aktion »Ein Beamter – ein Baum« veranlaßte die Einwohner Israels zum Pflanzen von Bäumen in Patenschaft der einzelnen OJWEH-Beamten.

Danach war klar, daß die OJWEH auf Dauer nicht ohne offizielle Unterstützung existieren konnte. Der I. Kongreß in Neuseeland richtete an die Regierung den eindringlichen Appell, »eine Vereinigung, an deren Bedeutung für unser Land nicht gezweifelt werden kann, gesetzlich anzuerkennen und dadurch 136 000 Beamte und Wähler vor dem Gespenst der Arbeitslosigkeit zu schützen«.

Wie es sich für ein demokratisches Staatswesen gehörte, wurden nicht alle Forderungen des Kongresses von der Regierung erfüllt. Es wurde ausdrücklich festgelegt, daß die OJWEH kein Recht hatte, von den Bürgern des Staates Geldmittel einzutreiben, es sei denn, der betreffende Bürger:

bewohnt ein Haus;
trinkt Wasser;
besucht Kinovorstellungen;
raucht;
ist über drei Jahre alt
und lebt in Israel.

Quintessenz

Israel ist bis heute das einzige Land, in dem ein Jude kein Jude ist.

Jüdisches Poker

Jossele langweilte sich. »Weißt du was?« sagte er endlich. »Spielen wir Poker!«

»Nein«, sagte ich. »Ich hasse Karten. Ich verliere immer.«

»Wer spricht von Karten? Ich meine jüdisches Poker.«

Jossele erklärte mir kurz die Regeln. Jüdisches Poker wird ohne Karten gespielt, nur im Kopf, wie es sich für das Volk des Buches gehört.

»Du denkst dir eine Ziffer und ich denk mir eine Ziffer«, erklärte mir Jossele. »Wer sich die höhere Ziffer gedacht hat, gewinnt. Das klingt sehr leicht, hat aber viele Fallen. Nu?«

»Einverstanden«, sagte ich. »Spielen wir.«

Jeder von uns setzte fünf Pfund ein, dann lehnten wir uns zurück und dachten uns Ziffern aus. Jossele deutete mir durch eine Handbewegung an, daß er eine Ziffer hätte. Ich bestätigte, daß auch ich soweit sei.

»Gut«, sagte Jossele. »Laß hören.«

»11«, sagte ich.

»12«, sagte Jossele und steckte das Geld ein. Ich hätte mich ohrfeigen können. Denn ich hatte zuerst 14 gedacht und war im letzten Augenblick auf 11 heruntergegangen, ich weiß selbst nicht warum.

»Höre«, sagte ich zu Jossele. »Was wäre geschehen, wenn ich 14 gedacht hätte?«

»Dann hätte ich verloren. Das ist ja der Reiz des Pokerspiels, daß man nie wissen kann, wie es ausgeht. Aber wenn deine Nerven zu schwach dafür sind, dann sollten wir Schluß machen.«

Ohne ihn einer Antwort zu würdigen, legte ich zehn Pfund auf den Tisch. Jossele ebenso. Ich kam mit 18 heraus.

»Verdammt«, sagte Jossele. »Ich hab' nur 17.«

Zufrieden strich ich das Geld ein. Jossele hatte sich wohl nicht träumen lassen, daß ich die Tricks des jüdischen Pokers so rasch begreifen würde. Er hatte vielleicht an 15 oder 16 gedacht, aber bestimmt nicht an 18. In seinem Ärger verdoppelte er seinen Einsatz.

»Wie du willst«, sagte ich und unterdrückte nur mühsam den Triumph in meiner Stimme, weil ich mittlerweile auf eine phantastische Ziffer gekommen war: 35!

»Komm heraus«, sagte Jossele.

»35!«

»43!«

Und nahm die vierzig Pfund. Ich fühlte, wie mir das Blut zu Kopf stieg. Meine Stimme zitterte.

»Warum hast du vorhin nicht 43 gesagt?«

»Weil ich mir 17 gedacht hatte«, antwortete Jossele entrüstet. »Das ist ja das Aufregende an diesem Spiel, daß man nie . . .«

»Fünfzig Pfund«, unterbrach ich trocken und warf die Banknote auf den Tisch. Jossele legte seine Pfundnote herausfordernd langsam daneben. Die Spannung wuchs ins Unerträgliche.

»54«, sagte ich mit gezwungener Gleichgültigkeit.

»Zu dumm«, fauchte Jossele. »Auch ich habe mir 54 gedacht. Wir müssen noch einmal spielen.«

In meinem Hirn arbeitete es blitzschnell. Du glaubst wahrscheinlich, daß ich wieder mit 11 oder etwas Ähnlichem herauskommen werde, mein Guter. Aber du wirst eine Überraschung erleben! Ich wählte die unschlagbare Ziffer 69 und sagte zu Jossele:

»Jetzt kommst einmal du als erster heraus, Jossele.«

»Bitte sehr.« Verdächtig rasch stimmte er zu. »Mir kann's recht sein. 70.«

Ich mußte die Augen schließen. Meine Pulse hämmerten, wie sie seit der Belagerung von Jerusalem nicht mehr gehämmert hatten.

»Nun?« drängte Jossele. »Wo bleibt deine Ziffer?«

»Jossele«, flüsterte ich und senkte den Kopf. »Ob du's glaubst oder nicht, ich hab' sie vergessen.«

»Lügner!« fuhr Jossele auf. »Du hast sie nicht vergessen, ich weiß es. Du hast dir eine kleinere Ziffer gedacht und willst jetzt nicht damit herausrücken. Ein alter Trick. Schäm dich!«

Am liebsten hätte ich ihm die Faust in seine widerwärtige Fratze geschlagen. Aber ich beherrschte mich, erhöhte den Einsatz auf hundert Pfund und dachte im gleichen Augenblick »96«, eine wahrhaft mörderische Ziffer.

»Komm heraus, du Stinktier!« zischte ich.

Jossele zischte zurück: »1683!«

»1800«, flüsterte ich kaum hörbar.

»Gedoppelt«, rief Jossele und ließ die vier Pfund in seiner Tasche verschwinden.

»Wieso gedoppelt? Was soll das heißen?!«

»Nur ruhig. Wenn du beim Poker die Selbstbeherrschung verlierst, verlierst du Hemd und Hosen«, sagte Jossele von oben herab. »Jedes Kind kann dir erklären, daß meine Ziffer als gedoppelte höher ist als deine.«

»So einer bist du also«, brachte ich mühsam hervor. »Mit solchen Mitteln versuchst du's. Als hätte ich's beim letzten Mal nicht genauso machen können.«

»Natürlich hättest du's ganz genauso machen können«, bestätigte mir Jossele. »Es hat mich sogar überrascht, daß du es nicht gemacht hast. Aber so geht's im Poker, mein Junge. Entweder kannst du's, oder du kannst es nicht. Und wenn du es nicht kannst, dann laß die Finger davon.«

Der Einsatz betrug jetzt zweihundert Pfund.

»Deine Ansage«, knirschte ich.

Jossele lehnte sich ganz langsam zurück und sagte aufreizend ruhig: »4.«

»100 000«, trompetete ich.

Ohne die geringste Erregung verkündete Jossele:

»Ultimo!«

Und nahm die zweihundert Pfund.

Schluchzend brach ich zusammen. Jossele streichelte meine Hand und belehrte mich, daß nach dem sogenannten Hoyleschen Gesetz derjenige Spieler, der als erster »Ultimo« ansagt, auf jeden Fall und ohne Rücksicht auf die Ziffer gewinnt. Das sei ja gerade der Spaß im Poker, daß man innerhalb weniger Sekunden ...

»Fünfhundert Pfund!«

Wimmernd legte ich mein letztes Geld in die Hände des Schicksals.

Josseles Pfunde lagen daneben. Auf meiner Stirn standen kalte Schweißperlen. Ich sah Jossele scharf an. Er wirkte völlig gelassen, aber seine Lippen zitterten ein wenig, als er fragte:

»Wer sagt an?«

»Du«, antwortete ich lauernd. Und er ging mir in die Falle.

»Ultimo«, sagte er und streckte die Hand nach dem Geld aus.

»Einen Augenblick«, sagte ich eisig. »Pavarotti.« Und schon hatte ich das Geld bei mir geborgen. »Pavarotti ist noch stärker als Ultimo«, erläuterte ich. »Aber es wird spät. Wir sollten Schluß machen.«

Schweigend erhoben wir uns. Ehe wir gingen, unternahm Jossele einen kläglichen Versuch, sein Geld zurückzubekommen. Er behauptete, das mit Pavarotti sei eine Erfindung von mir.

Ich widersprach ihm nicht.

»Schau«, sagte ich, »darin besteht ja gerade der Reiz des Pokerspiels, daß man gewonnenes Geld niemals zurückgibt.«

Der kleine Unterschied

In Amerika hat jeder fünfte ein Verkehrsmittel. In Israel ist jeder fünfte ein Verkehrspolizist.

Die Unwiderruflichkeit des Strafzettels

Es ist immer das gleiche Spiel. Ich kehre nach ausgedehntem Fußmarsch zu meinem Motorrad zurück und stoße auf einen gutausgeruhten Verkehrspolizisten, der seinen ersten Strafzettel ausfüllt.

»Sie da«, donnert die Staatsgewalt, ohne den Blick auch nur zu heben, »was steht dort gut leserlich auf dem Verkehrsschild?«

»Daß nur bis sieben ... sieben Uhr abends ... nur zum Abladen ...«

»Laden Sie etwa ab?«

»Nein.«

»Und wie spät ist es jetzt?«

»Sieben Uhr dreißig.«

»Das heißt?«

»Das heißt, daß ich hier parken darf.«

Der Verkehrspolizist sieht mich an, dann das Schild, dann wieder mich, das Motorrad, den Strafzettel, mich, seine Armbanduhr, den Strafzettel und dann wieder das Schild.

»Vielleicht haben Sie recht«, sagt er schließlich zögernd, »aber wie soll ich das jetzt rückgängig machen? Wir sind gehalten, eine Verwarnung nach Beginn der Ausstellung in jedem Fall auszuhändigen. Sonst kann ja jeder Schuft daherkommen und verlangen, daß man seinen Strafzettel zerreißt.«

»Diesmal bin ich aber unschuldig«, warf ich entrüstet ein.

»Möglich. Das Gegenteil habe ich ja auch nicht behauptet.« Er schien kurz nachzudenken. »Hätten Sie mich noch vor der Ausstellung des Strafzettels gewarnt, so hätte ich ihren Fall vielleicht überdacht. Jetzt ist es zu spät. Unterschreiben Sie also bitte hier und achten Sie nächstens besser auf die Uhrzeit und auf die Verkehrsregeln.«

Ich sah ihn mir jetzt genauer an. Eigentlich war er gar nicht so unsympathisch. Nicht zu glattrasiert, aber trotzdem gut gekämmt. Ein recht stattlicher Mann.

»Tut mir leid«, beharrte ich trotzdem. »Es ist sieben Uhr vierzig. Ich werde nichts unterschreiben und schon gar nichts bezahlen.«

»Wer soll denn dann bezahlen?« fuhr der Polizist auf. »Ich etwa? Von meinem Gehalt? Schauen Sie«, sagte er verbindlich, »es sind ja nur 150 Pfund. Ich hätte schließlich auch nach Paragraph 5 verfahren können, aber ich habe es gut mit Ihnen gemeint. Da, nehmen Sie schon Ihren Strafzettel.«

»Ich habe aber wirklich nichts verbrochen.«

»Wirklich nicht?« brüllte die Staatsgewalt. »Und wie oft haben Sie gegen Verkehrsregeln verstoßen, ohne erwischt zu werden? Ich verstehe Sie wirklich nicht. Wenn ein Fahrrad gestohlen wird, rennt Ihr sofort zur nächsten Wache. Bei jedem Unfall wird ›Polizei! Polizei!‹ gerufen, aber die läppischen 150 Pfund will dann keiner mehr zahlen.«

»Ist ja gut«, beschwichtigte ich und unterschrieb. »Man wird doch wohl noch etwas sagen dürfen.«

»Lassen Sie mich ja in Ruhe«, zischte der Beamte und entfernte sich mit grimmigem Gesicht. »Alles hat seine Grenzen.«

Tut mir leid, ich habe halt die Fassung verloren. Das kann doch mal passieren, oder?

Ein individueller Wegweiser

Immer wieder bietet dieses kleine, geplagte Land dem Besucher beste Unterhaltung. Wir sind eben von Natur aus komisch. In anderen Ländern muß man sich in Diskotheken und Musical-Halls vergnügen, bei uns bekommt man das Kabarett auf der Straße geliefert.

Fragt man zum Beispiel einen Passanten, ob er weiß, wo der Rothschildboulevard ist, antwortet der Mann »Aber natürlich« und geht weiter, ohne zu ahnen, daß er soeben als Komiker tätig war.

Sollte er jedoch wider Erwarten stehenbleiben, ist mit folgendem Dialog zu rechnen:

»Wo ist bitte der Rothschildboulevard?«

»Rothschildboulevard? Welche Nummer?«

»Dreiundzwanzig.«

»Dreiundzwanzig ... dreiundzwanzig ... Nein, tut mir leid, ich habe keine Ahnung, wo der Rothschildboulevard ist.«

Bleibt noch der Verkehrspolizist an der Ecke. Der muß es doch wissen. Er holt auch sofort ein Straßenverzeichnis aus der Tasche. Er blättert minutenlang, blättert und blättert, wird von Minute zu Minute ungeduldiger und sagt schließlich verärgert:

»Was Sie suchen, mein Herr, ist nicht der Rothschildboulevard, sondern die Rosenbergstraße, der dritte Häuserblock links.«

Und salutiert.

Satan weiche

Am Anfang war das Benzin und der Vergaser. Dann schuf Gott den Motor, die Karosserie und die Verkehrsampel. Dann betrachtete Er sein Werk und sah, daß es nicht genug war. Darum schuf er noch das Halteverbot und die Einbahnstraße. Und als dies alles getan war, stieg Satanas aus der Hölle empor und schuf die Parkplätze.

Geschwindigkeitsrekord

»Ihre Papiere«, sagte der Verkehrspolizist. »Sie sind zu schnell gefahren.«

»Möglich«, sagte ich. »Beweisen Sie es.«

»Wie Sie wünschen.«

Er führte mich zu einem an der Ecke lauernden Polizeiauto. Kein Zweifel, ich war einer Radarfalle ins computergeknüpfte Netz gegangen. Endlich einmal sah ich mit eigenen Augen, wie unsere Steuergelder verschwendet wurden.

Der Beamte hatte die Inspektion meiner Papiere beendet.

»Sie sind Schriftsteller? Dann sollten Sie den anderen mit gutem Beispiel vorangehen, statt draufloszurasen wie ein Verrückter!«

»Es tut mir leid.« Schuldbewußt senkte ich den Blick. »Jetzt, da ich sehe, daß Sie Radar haben, tut es mir wirklich leid.«

»Sie geben also zu, die Geschwindigkeitsgrenze überschritten zu haben?«

»Natürlich gebe ich es zu.«

»Warum haben Sie sie überschritten?«

»Ich war in Eile.«

»Und warum?«

»Weil mir die entgegenkommenden Fahrer kein Warnsignal gegeben haben. Sie wissen doch, zweimal blinken bedeutet: Achtung, Radarfalle. Aber es hat keiner geblinkt.«

»Ist das vielleicht ein Grund, die Geschwindigkeitsgrenze zu überschreiten?«

»Nein, gewiß nicht. Erlauben Sie mir die Bemerkung, daß ich seit fünfzehn Jahren fahre und heute zum ersten Mal die Geschwindigkeitsgrenze überschritten habe.«

»Wurden Sie heute zum ersten Mal erwischt, oder haben Sie zum ersten Mal die Geschwindigkeitsgrenze überschritten?«

»Ich habe sie zum ersten Mal überschritten.«

»Wie kommt es, daß Sie fünfzehn Jahre lang die Geschwindigkeitsgrenze nicht überschritten haben und es heute plötzlich tun?«

»Zufall. Und jetzt geben Sie mir bitte endlich meinen Strafzettel.«

»Sie schreiben Bücher. Was würde geschehen, wenn alle Fahrer die Geschwindigkeitsgrenze überschreiten?«

»Es würde Unfälle geben.«

»Möchten Sie Unfälle verursachen?«

»Nichts liegt mir ferner.«

»Warum überschreiten Sie dann die Geschwindigkeitsgrenze?«

»Aus unverantwortlichem Leichtsinn.« Meine Lernfähigkeit hatte ihre natürliche Grenze erreicht. »In der Regel wird man für so ein Vergehen mit zwanzig Pfund bestraft.«

»Woher wissen Sie, daß die Strafe für die Überschreitung der Geschwindigkeitsgrenze zwanzig Pfund beträgt, wenn Sie noch nie wegen Überschreitung der Geschwindigkeitsgrenze bestraft wurden?«

»Andere Fahrer, die wegen Überschreitung der Geschwindigkeitsgrenze bestraft wurden, haben es mir gesagt.«

»Werden Sie jemals wieder die Geschwindigkeitsgrenze überschreiten?«

»Jawohl!« brüllte ich und riß meinen Hemdkragen auf. »Ich werde sie überschreiten. Sooft ich will! Immer wieder! Ich übergrenze die Schwindigkeitsschreitung ...«

Das Auge des Gesetzes runzelte die Brauen. »Dann kann ich Sie leider nicht verwarnen, wie ich ursprünglich vorhatte. Hier haben Sie Ihren Strafzettel.«

Übrigens: Wegen Überschreitung der Geschwindigkeitsgrenze.

Die Polizei, dein Freund und Helfer

Als ich kürzlich spätabends nach Hause kam, sah ich unseren Nachbarn Felix Seelig vor dem Haustor mit einem maskierten Fremdling auf Leben und Tod kämpfen. Die rechte Hand des Maskierten umklammerte ein Fleischermesser, von dem sich Felix nicht ganz zu Unrecht bedroht fühlte.

Wie von einem Nachbarn meiner Güteklasse nicht anders zu erwarten, benachrichtigte ich unverzüglich die nächste Tel Aviver Polizeistelle.

Ich stieg über die beiden hinweg, stürzte ins Haus, sprintete die Treppen hinauf, eilte grußlos an meiner Familie vorbei, ergriff das Telefon und wählte Eins-Null-Null. Am anderen Ende war sofort eine beruhigende Stimme zu vernehmen:

»Polizei.«

Ich brüllte in den Hörer, daß mein Nachbar Felix von einem Gangster bedroht werde, der mit einem riesigen Messer ...

»Einen Augenblick«, unterbrach mich Eins-Null-Null, »wer spricht dort?«

Ich sagte ihm, daß ich es wäre, worauf er nach meinem Namen fragte. Ich gab ihm meinen Namen durch. Er verstand ihn nicht.

»K wie Kamel«, brüllte ich, »I wie Ipsilon, S wie Sicherheit, H wie Höhenluft, O wie Oma und N wie Napoleon.«

»Wie was?«

»Wie Napoleon.«

»Welcher Napoleon?«

»Den französischen Kaiser meine ich.«

»Also K wie Kaiser.«

»Nein, Napoleon, mit N.«

»Entscheiden Sie sich, bitte.«

»Vergessen Sie's.«

»Meinten Sie vielleicht Napoleon Bonaparte?«

»Ja, genau den.«

»Was ist mit ihm?«

»Er ist tot. Aber mein Nachbar noch nicht. Hoffentlich. Er wird von einem Gangster mit einem Messer bedroht.«

»Moment. Wie ist Ihr Vorname?«

Ich nannte meinen Vornamen.

»Die Polizei muß in diesen Dingen sehr genau sein«, erklärte mein Gesprächspartner. »Nur so ist es möglich, einen Anrufer später zu identifizieren, falls er die Polizei irregeführt hat.«

Dann erkundigte sich Eins-Null-Null nach meinem Beruf. Und dann nach meiner Adresse.

»Ramat Gan«, sagte ich, »Reuvenistraße 64, Block 3, Tür 7.«

»Wo ist das?«

»Das ist sehr einfach«, erklärte ich ihm. »Sie fahren mit dem Autobus Nr. 21 bis zum Friedhof, dort steigen Sie aus, biegen nicht die erste, nicht die zweite, aber die dritte Straße nach rechts ab, und die nächste Abzweigung ist die zweite Straße links. Nicht die erste, denn in der ersten wohnen die

Orthodoxen, die am Sabbat mit Steinen nach Radfahrern werfen. Also die zweite Straße links. Wenn Sie richtig fahren, treffen Sie auf ungefähr halbem Weg einen jungen Mann, der vor einem Geräteschuppen kniet, sein Motorrad repariert und die Regierung verflucht. Dann gehen Sie geradeaus, bis Sie die großen weißen Häuser mit den hellgrünen Rolläden sehen. Das ist die Reuvenistraße.«

»Ja, ich kenne die Gegend. Warum erzählen Sie mir das eigentlich alles?«

»Lassen Sie mich einen Moment überlegen«, ich dachte nach. »Leider fällt es mir im Augenblick nicht ein. Ich habe es irgendwie vergessen. Bitte, entschuldigen Sie die Störung.«

»Nicht der Rede wert.«

In der Nacht, nachdem ich Seelig im Krankenhaus besucht hatte, hatte ich einen Alptraum. Ich jagte mit einem Bluthund die Polizei. Vergeblich. Der Bluthund hieß Napoleon. Mit Z wie Polizei.

Die Freuden der Wechseljahre

Es gibt eine Alternative

Um zu Geld zu kommen, steht der kleine Mann vor einer schwierigen Wahl. Entweder muß er eine Bank überfallen, oder er ist gezwungen, einen Kredit aufzunehmen.

Israel macht es seinen Bürgern leicht: Bei uns muß man nur eine Bank überfallen und schon hat man Kredit.

Es geht auch ohne Strumpf

Es begann damit, daß ich von Weinreb einen Scheck über 16 Pfund bekam, ausgestellt auf die Zweigstelle der National-Bank. Ich fuhr hin und übergab den Scheck einem Beamten.

Der warf einen Blick auf den Scheck, warf zugleich einen anderen, er schielte ein wenig, auf Weinrebs Kontoauszug und sagte:

»In Ordnung. Sie bekommen das Geld an der Kasse.«

Ich ging zum Schalter und sagte:

»Schalom.«

»Was wünschen Sie?« fragte der Kassierer.

»Das Geld«, antwortete ich wahrheitsgemäß.

»Bitte sehr«, sagte der Kassierer, öffnete den Safe und holte alle Banknotenbündel heraus.

»Was soll das?« fragte ich.

»Ich tue, was Sie wollen. Bei bewaffneten Banküberfällen leiste ich keinen Widerstand.«

Das schallende Gelächter, in das ich daraufhin ausbrach, verblüffte ihn offenbar.

»Ha, ha, ha«, äffte er mich nach. »Sehr komisch, was? Das ist mein fünfter Überfall in diesem Monat.«

Ich versuchte ihm zu erklären, daß ich keine Waffe bei mir hatte und nur mein Geld haben wollte.

»Herr Singer!« rief der Kassierer einem anderen Beamten zu. »Bitte kommen Sie einen Augenblick her. Wir haben es mit einem leicht verwirrten Bankräuber zu tun.«

»Sofort.«

Herr Singer kam mit einem Stapel Banknoten herüber. »Mehr ist heute leider nicht im Safe. Erst wieder am Freitag, wenn die Supermärkte einzahlen. Übrigens, warum tragen Sie keinen Strumpf überm Kopf?«

»Weil das kitzelt.«

Es war eine etwas merkwürdige Situation. Rings um mich drängten sich Neugierige, schnitten Gesichter und redeten durcheinander. Einer stürzte zur Tür, wo seine Frau wartete:

»Hol die Kinder, schnell! Hier gibt's einen Banküberfall.«

Immer noch lagen die Banknotenbündel vor mir, immer noch versuchte ich Herrn Singer klarzumachen, daß ich sie nicht nehmen würde.

»Nehmen Sie nur, nehmen Sie nur«, ermunterte mich Herr Singer. »Wir sind versichert.«

Wie ich erfuhr, hatten erst in der Vorwoche zwei kleine Mädchen mit einem Schraubenzieher die Bankfiliale in Jaffa ausgeraubt, und der dortige Filialleiter hatte ihn gewarnt, daß er als nächster drankäme. Seither hielt Singer immer eine größere Menge Bargeld bereit. »Das gehört zum Kundenservice der israelischen Banken«, sagte er nicht ohne Stolz. »Wir haben inzwischen gewisse Verhaltensmaßregeln erarbeitet, nach denen sich auch unsere Kunden richten. Es läuft wie am Schnürchen.«

Tatsächlich, die Besucher waren mittlerweile in Deckung gegangen, lagen flach auf dem Boden und wurden dort von den Beamten bedient. Nachher krochen sie auf allen vieren zum Ausgang. Andere kamen auf allen vieren herein.

»Früher einmal«, fuhr Herr Singer fort, »liefen Banküberfälle noch nach dem klassischen Muster ab. Die Verbrecher waren maskiert, gaben Schreckschüsse ab, brüllten und drohten. Heute geht das alles viel zivilisierter vor sich, und die israelischen Banken sind sehr dankbar dafür. Erst vor wenigen Tagen wurde die Barkley-Bank von zwei Männern, die nur mit einer Fahrradpumpe bewaffnet waren, um 100 000 Pfund erleichtert, und bei der Leumi-Bank wurde dem Schalterbeamten nur noch ein Eislutscher vorgehalten. Hat funktioniert. Gestern erschien eine Anzeige der Diskont-Bank in Haifa mit der Aufforderung an Bankräuber, während der Sommermonate Überfälle nur Montag, Mittwoch und Donnerstag durchzuführen.«

»Nieder mit der Bürokratie«, warf ich ein.

»Sie sehen das falsch«, entgegnete Singer. »Es ist eine Situation, von der Theodor Herzl nicht zu träumen gewagt hätte. Jetzt haben auch wir unsere Kriminellen. Jetzt sind wir endlich ein normales Volk. Batja«, wandte er sich an seine Sekretärin, »haben Sie die Polizei angerufen?«

»Ja«, antwortete Batja Kaugummi kauend. »Aber die Nummer ist besetzt.«

»Dann lassen Sie's«, sagte Singer.

Während ich das Geld zählte, erkundigte ich mich bei Singer, wieso es hier keine Alarmanlage gäbe. Wegen des Lärms, erklärte mir Singer. In der benachbarten Bank hatte neulich während des Raubüberfalls die Alarmglocke eine volle Stunde lang geläutet, und der Lärm hatte zu Nervenzusammenbrüchen unter den Angestellten geführt.

»Und wo sind Ihre bewaffneten Wächter?« fragte ich weiter.

»Irgendwo draußen. Um diese Zeit führt unser Generaldirektor seine Hunde spazieren. Dabei muß er natürlich bewacht werden.«

Inzwischen hatte der Kassierer die Notenbündel in zwei kleinen Köfferchen verstaut und fragte mich, wo ich mein gestohlenes Fluchtauto geparkt hätte.

Auf der Straße umringten mich wartende Passanten, die Schnappschüsse machen wollten. Sie baten mich, wenigstens ein Taschentuch vors Gesicht zu halten und nicht so dumm zu grinsen.

Ich verteilte noch rasch ein paar Autogramme und unternahm einen letzten Versuch, der Bank die beiden Koffer mit dem Geld aufzudrängen. Singer wehrte sich heftig.

»Nicht nötig, nicht nötig. Wir haben bereits die Zentrale und die Versicherung benachrichtigt. Nur keine Komplikationen. Bleiben Sie lieber noch, bis die Leute vom Fernsehen kommen.«

Dazu hatte ich leider keine Zeit, verabschiedete mich von Singer mit einem herzlichen Händedruck und fuhr zur nächsten Tankstelle.

»Wieviel?« fragte der Tankwart.

»Auffüllen«, sagte ich.

Der Tankwart öffnete meinen Kofferraum und warf alles Geld hinein, das er hatte.

»Brauchen Sie eine Empfangsbestätigung?« fragte ich.

»Danke nein. Ich bin versichert.«

Wie schade, dachte ich auf der Heimfahrt, wie schade, daß wir gerade jetzt eine Inflation im Land haben. Wo wir doch endlich ein normales Volk geworden sind.

Kettenreaktion

Die Inflation arbeitet nach dem bekannten Prinzip der Kettenreaktion: Der Preis von irgendwas geht rauf, deswegen verlangt irgendwer einen höheren Lohn, was dazu führt, daß der Preis von irgendwas wiederum steigt und irgendwer das zum Anlaß nimmt zu streiken, um noch höheren Lohn zu erhalten.

Das sind die Spielregeln, die eine eskalierende Aktion erfordern, wie beim Tennis. Deswegen ist auch der Preis von Tennisschlägern vorgestern hinaufgegangen. Genau wie der Preis der Ketten.

Sand im Getriebe

Was«, so wandte sich der Finanzminister an diesem denkwürdigen Abend an seinen Kabinettschef, »was wurde heute teurer?«

»Mmh«, antwortete der Kabinettschef ausweichend, »heute, mmh, heute nichts.«

»Hör zu, KC«, der Minister wurde ungeduldig, »für billige Witze ist meine Zeit zu kostbar.«

»Das ist kein Witz«, erwiderte der KC. »Heute ist kein einziger Preis gestiegen. Ich habe keine Ahnung, wie das passieren konnte. Die Preise sind seit gestern eingefroren. Irgendwo muß Sand ins Getriebe gekommen sein. Aber wenn es nötig wird, übernehme ich die persönliche Verantwortung dafür. Deshalb bitte ich den Herrn Minister, meinen Rücktritt zu akzeptieren.«

Der Minister wurde blaß. Einen Moment lang saß er da, starr wie der Preisindex, dann schlug er mit der Faust auf die Schreibtischplatte.

»Verdammt noch mal! Und das sagen Sie mir erst jetzt, kurz vor Feierabend?«

»Wir haben alle bis zur letzten Minute gehofft, daß irgendein Preis steigen würde«, wand sich der Kabinettschef.

Der Minister hob mit zittriger Hand den Telefonhörer. »Hallo, Handelsministerium? Was ist mit den Zigaretten?«

»Wir bedauern«, wurde ihm bedeutet, »die Erhöhungen kommen immer am Wochenende.«

»Was ist mit dem Salz?«

»Morgen.«

»Kartoffeln?«

»Wurden vorgestern erhöht.«

»Hühneraugenpflaster?«

»Vor fünf Tagen.«

»Schwimmunterricht?«

Der Minister wartete die Antwort gar nicht mehr ab. In panischem Schrecken sah er auf die Uhr und schrie: »Nur noch eine halbe Stunde Zeit!«, stürzte aus dem Haus, warf sich in seinen Dienstwagen und raste mit Blaulicht und Sirene ins Postministerium.

»Ich flehe euch an, erhöht irgend etwas. Telefongespräche, Briefporto, was immer euch einfällt. Es geht um Leben und Tod.«

»Gerne«, antwortete man ihm, »aber für heute ist es leider zu spät.«

»Heute leider nicht«, lautete auch das Urteil im Elektrizitätswerk. »Der Ölpreis wurde eben um 8 Cent gesenkt.«

Auch im Textilmuseum schüttelte man nur den Kopf. »Nichts zu machen, Exzellenz. Wenn Sie nach dem Monatsersten wiederkommen ...«

Der Minister war in dieser halben Stunde um Jahre gealtert. Er fuhr zurück in sein Büro und ließ den Kabinettschef antreten.

»Melden Sie sofort der Presse«, befahl er, »daß in Anbetracht der steigenden Rohstoffpreise einerseits und infolge der Auswirkungen auf die Produktionskosten andererseits wir gezwungen sind, die Preise irgendeines Produktes um 14 $1/2$ Prozent zu erhöhen. Näheres wird in Kürze bekanntgegeben.«

Der Kabinettschef eilte in sein Büro, um die Presse zu unterrichten, während der Minister sich erleichtert in seinem Sessel zurücklehnte:»Geschafft«, atmete er auf.»Wenigstens haben wir eine Panik in der Bevölkerung verhindert.«

Vollbeschäftigung

Angesichts der derzeitigen Überproduktion von Steuern, Zöllen, Darlehenszinsen, Abzügen, Zuschlägen, Aufschlägen und neuen Zöllen müssen die Israelis mehr arbeiten, um sich zusätzliche Einnahmequellen zu schaffen. Hier ein Querschnitt durch die Recherchen eines privaten Marktforschungsinstitutes:

R. L. Hauptberuf: städtischer Ingenieur. Verkauft in seiner Freizeit Lotterielose. Seine Frau stopft berufsmäßig Strümpfe. Während der Mittagspause singt er im Rundfunkchor.

K. N. Hauptberuf: Kassierer. Seit 37 Jahren in derselben Firma beschäftigt. Arbeitet bis Mitternacht als Akrobat, von Mitternacht bis 8 Uhr früh als Nachtwächter. Entschuldigt sich von Zeit zu Zeit mit Magenkrämpfen von seiner Büroarbeit und näht zu Hause Hemden.

A. P. Hauptberuf: Bibelexperte. Arbeitet nachmittags als Testpilot. Hat zwei Söhne und eine Tochter an Missionare verkauft. Tanzt bei Hochzeiten. Studiert Panzerschrankknacken.

T. A. bekleidet eine hohe Stelle im Finanzamt (Gehaltsklasse I). Ist an den Abenden als Liftboy beschäftigt. Unterrichtet an Sonn- und Feiertagen »Qi Gong für alle«. Schraubt in seinen Amtsräumen elektrische Birnen aus und verkauft sie. Urlaubsbeschäftigung: Spionage für eine fremde Macht.

Wirtschaftswunder

Die Überlegung eines verantwortlichen Staatsmannes lautet so:

»Ich bin noch nicht 60 Jahre alt, also ein junger Politiker«, sagt sich der Mann im Parlament. »Wenn nichts dazwischenkommt, kann ich mein hohes Amt noch gute 15 Jahre lang bekleiden. Nach den Berechnungen der Sachverständigen bricht die Wirtschaft meines Landes erst dann zusammen, wenn die Staatsschuld, inklusive Zinsen und Zinseszinsen, die Höhe von 45 Milliarden Dollar erreicht hat. Das bedeutet, daß ich, während meiner restlichen fünfzehnjährigen Amtszeit, bei den Banken, bei den Amerikanern und bei Baron Rothschild jährlich drei Milliarden ausborgen kann, um sie in meine Popularität zu investieren. Demnach wird die Wirtschaft meines Landes frühestens zwei Minuten nach Abschluß meiner erfolgreichen Regierungszeit, also erst nach der Amtsübernahme durch meinen idiotischen Nachfolger, mit ohrenbetäubendem Krach zusammenbrechen.«

Ein Bürger sieht rot

An einem besonders heißen Sommertag lag ich flach in der Badewanne und träumte von Eisbären. Die Türglocke beendete meine Polarexpedition. Da die beste Ehefrau von allen wieder einmal im vollklimatisierten Supermarkt einkaufen war, mußte ich meine subtropische Trägheit überwinden und selbst öffnen.

Vor meiner Tür stand ein überdimensionaler Schiffscontainer. Daneben ein kleiner, ausgemergelter Mann, der auch schon bessere Tage gesehen hatte, der arme Teufel.

»Guten Tag«, sagte der arme Teufel, »wünschen Sie eine Tomate?«

Davon war nämlich der Container randvoll. Mit wunderschönen, reifen Tomaten. Das heißt, dem Geruch nach waren sie sogar schon ein bißchen überreif.

»Sie sind sicher überrascht, daß ich Ihnen Tomaten anbiete«, reagierte der arme Teufel auf meine gerümpfte Nase, »noch dazu jetzt, wo Tomaten tonnenweise auf den Mülldeponien verfaulen. Aber damit beweisen Sie nur, daß Sie unsere Marktpolitik nicht begriffen haben.«

»Das müssen Sie mir näher erklären.«

»Gerne, mein Herr. Sehen Sie, Sie glauben sicherlich, daß man in diesem Jahr unbegrenzte Mengen Tomaten kaufen kann, weil die Bauern viel zu viele angebaut haben. Doch jeder, der fähig ist zu denken, wird sich vor dem nächsten Jahr grauen.«

»Wieso?«

»Können Sie sich auch nur einen einzigen Bauern vorstellen, der nach dieser katastrophalen Überproduktion in der nächsten Saison Tomaten anpflanzen wird? Ich nicht. Nicht für Geld und nicht für gute Worte wird es im kommenden Jahr Tomaten geben. Für eine einzige dieser herrlichen Früchte wird man sich gegenseitig die Schädel einschlagen. Aber Sie und Ihre kleine Familie werden in beneidenswertem Glück und persönlicher Zufriedenheit schwelgen, sozusagen in Noahs Vitamin-Arche, denn Sie haben genügend Vorräte des roten Goldes auf die Seite gelegt. Mensch, kapieren Sie nicht, was Fortuna Ihnen anbietet? Sicherheit! Ein Leben in Überfluß! Hormonales Gleichgewicht! Das reinste Paradies. Ihre werte Frau Gemahlin wird Ihnen bis zu Ihrem letzten Atemzug dankbar sein. Also, was ist?«

Er hatte mich tatsächlich nachdenklich gemacht.

»Tut mir leid«, besann ich mich noch rechtzeitig, »geben Sie mir ein Kilo, aber von den schönsten.«

»Tut mir leid«, antwortete der arme Teufel, »ich kann Ihnen nur ein halbes Kilo geben. Ich muß auch an meine anderen Kunden denken.«

In diesem schicksalhaften Augenblick ging mein Selbsterhaltungstrieb mit mir durch. Die Zeiten der Nächstenliebe sind vorbei. Sollen doch die anderen sehen, wo sie bleiben.

Mir geht meine Familie über alles.

»Ich kaufe den ganzen Container«, stieß ich heiser hervor. »Geld spielt keine Rolle.«

»Macht 2000 Pfund«, sagte der arme Teufel und kippte den ganzen Inhalt in den Rosengarten vor unserem Haus. Die obersten Tomaten erreichten gerade den ersten Stock. Ich zahlte bar, und der Marktpsychologe fuhr mit dem leeren Container davon.

Kurz darauf kam meine Frau nach Hause und ließ sich scheiden.

Die Freuden der Wechseljahre

Israelische Frauen verabscheuen nichts so sehr wie ihre Haushaltspflichten, wegen der Hitze, der Arbeit und überhaupt. Selbst Mütter ziehen es vor, schlecht bezahlte, anstrengende Jobs zu übernehmen und für das verdiente Geld eine Haushälterin zu engagieren, nur damit sie selbst mit ihrem Haushalt nichts zu tun haben. Die beste Lösung ist natürlich, wenn immer je zwei Ehefrauen vereinbaren, für das gleiche Geld ihre Haushalte gegenseitig zu betreuen.

Wie baut man Luftschlösser?

Ausnahmsweise saß ich allein in unserem Stammcafé. Nach einiger Zeit erschien Jossele, sichtlich in Eile.

»Möchtest du dich an einer geschäftlichen Transaktion beteiligen?« fragte er, ohne sich hinzusetzen.

Ich bejahte instinktiv und wollte Näheres wissen.

»Darüber sprechen wir noch«, antwortete Jossele. »Ruf mich in einer Viertelstunde an, und wir setzen uns in einem anderen Lokal zusammen.«

Nach einer Viertelstunde rief ich an, und weitere zehn Minuten später traf ich ihn in einem anderen Lokal. Er versicherte mir, die richtigen Leute wären mit der Durchführung dieser Transaktion betraut und der Geldgeber hätte keinen Zweifel am Erfolg. Nur noch ein paar Kleinigkeiten wären zu klären, und da habe man eben an mich gedacht. Wir sollten, meinte Jossele, möglichst bald wieder zusammenkommen, um das alles genau zu besprechen. Er erwarte meinen Anruf.

Ich war nicht nur interessiert, ich war aufgeregt. So eine Gelegenheit kommt nicht jeden Tag. Lustige Geschichten für die Zeitungen schreiben, das ist schön und gut. Aber wenn einmal die richtigen Leute eine richtige Sache aufziehen, hat man endlich die Chance, das große Geld zu machen, und da muß man einsteigen. Nach meinem nächsten Anruf bei Jossele wurde ein Treffen aller Partner in Bennys Bar vereinbart.

In Bennys Bar machte mich Jossele mit dem Rechtsanwalt Dr. Tschapsky und einem Geschäftsmann namens Kinneret bekannt. Das Gespräch steuerte direkt auf den Kern der Sache zu.

»Wir dürfen nicht zu lange zögern«, stellte Dr. Tschapsky fest. »Sonst versäumen wir den Anschluß. Die Voraussetzungen für eine solche Transaktion sind in Israel gerade jetzt sehr günstig. Man weiß ja nie, wie sich der Markt entwickelt.«

»Sie haben recht«, bestätigte ich. »Wovon sprechen wir?«

Bereitwillig gab mir Herr Kinneret Auskunft.

»Wir sprechen von einer geschäftlichen Angelegenheit größeren Umfangs, die sorgfältig geplant werden muß, weil sie, wie jedes Geschäft, mit einem gewissen Risiko verbunden ist. Deshalb würde ich vorschlagen, daß wir zunächst einmal die personellen Aspekte überprüfen. Dann können wir sofort anfangen.«

»Womit?« fragte ich.

»Mit der geplanten Transaktion. Wer von den Herren übernimmt die Aufgabe?«

Jossele erklärte meine Bereitschaft. Die anderen waren einverstanden. Ich sollte mich gründlich umsehen und Jossele über das Ergebnis informieren. Einer neuerlichen Besprechung stünde dann nichts mehr im Wege.

Ich machte mich sofort auf den Weg, sprach mit verschiedenen Leuten und fragte sie, was sie von der Sache hielten. Sie meinten, daß es zur Zeit im Grunde auch noch einige andere aussichtsreiche Projekte gäbe. Man müßte sich einmal zu einer unverbindlichen Aussprache zusammensetzen, meinten sie.

Ich telefonierte mit Jossele, und wir vereinbarten eine interne Konferenz in der Halle eines der großen Hotels.

Unsere Partner wollten als erstes meine Eindrücke hören.

»Es sieht nicht schlecht aus«, berichtete ich. »Um die Sache zu konkretisieren, müssen wir uns allerdings darüber klarwerden, was wir wollen. Was wollen wir?«

»Wir wollen«, sagte Jossele, »vor allem die nötigen Bewilligungen einholen. Das ist wichtig.«

Dr. Tschapsky unterstützte ihn.

»Stimmt. Und wie die Dinge liegen, kann ich nur sagen: je früher, desto besser.«

Herr Kinneret fragte mich nach meiner Meinung über die unmittelbaren Aussichten unseres Vorhabens. Ich sagte, daß wir alle Möglichkeiten bedenken sollten, um uns abzusichern.

Dr. Tschapsky nickte.

»Das halte ich tatsächlich für das beste. Nur nichts überstürzen.«

»Ganz meine Meinung«, bekräftigte Jossele.

»Dann können wir unsere heutige Sitzung als abgeschlossen betrachten«, sagte Herr Kinneret.

»Und um was handelt es sich?« fragte ich.

Aber ich bekam keine Antwort mehr. In aller Eile wurde Lindas Strandcafé als Ort der nächsten Sitzung gewählt, und falls bis dahin etwas Unerwartetes geschähe, würden wir einander telefonisch verständigen. Jedenfalls aber sollte ich Jossele anrufen. Ich rief ihn nicht mehr an. Meine Nerven versagten mir den Dienst.

x

Gestern abend sah ich Jossele in Gustis Café an einem anderen Tisch sitzen. Er unterhielt sich angeregt mit einigen Unbekannten, kam aber sofort zu mir.

»Wo steckst du denn, zum Teufel? Du kannst doch nicht mitten in einer Transaktion abspringen? Warum bist du nicht zu der Besprechung ins Strandcafé gekommen?«

»Was soll's, Jossele«, entgegnete ich müde. »Wozu wäre das gut gewesen.«

»Wozu? Das kann ich dir sagen. Damals wurde der Gewinn für jeden von uns auf 4000 Pfund fixiert.«

»Die Gewinnquote wovon?«

»Von unserer Transaktion.«

»Um was geht es bei dieser Transaktion?«

»So weit sind wir noch nicht«, fauchte Jossele. »Das wird sich rechtzeitig herausstellen. Hauptsache, die Sache läuft.«

Ich erhob mich wortlos, ging zur Telefonzelle und rief das Hadassa-Hospiz an. Unsere Wirtschaft sei krank, meldete ich. Das wüßten sie, erwiderte das Hospiz. Aber sie hätten im Augenblick keine Ambulanz frei.

Monogamie der Schrauben

Jedes Land hat bestimmte Produktionsmethoden mit bestimmten Charakteristika. Zweckmäßige Verpackung kennzeichnet die amerikanischen Produkte, Präzisionsarbeit ist typisch für die Schweiz, am niedrigen Preis erkennt man die Koreaner.

In Israel hingegen gibt es eine Produktionserscheinung, die sich so formulieren läßt:

»Der israelische Handwerker ist physisch und geistig außerstande, etwa im Baugewerbe, jene Anzahl von Schrauben anzubringen, die mit der Anzahl der Löcher übereinstimmt, welche zur Anbringung von Schrauben vorgesehen sind.«

Mit anderen Worten: Seit Bestehen des Staates Israel hat noch kein israelischer Handwerker jemals die jeweils vorgeschriebene Anzahl von Schrauben eingeschraubt. Statt dreier Schrauben nimmt er zwei oder vielleicht auch nur eine.

Warum?

Internationale Fachleute sehen die Ursache in einem übersteigerten Selbstbewußtsein des organisierten israelischen Arbeiters, der davon überzeugt ist, daß zwei jüdische Schrauben so gut sind wie drei nichtjüdische. Die Tiefseelenforscher, besonders die Anhänger Jungs, führen das Zwei-Schrauben-Mysterium auf den »Ewigen Juden« zurück, das heißt auf die tiefe Skepsis unserer stets verfolgten, immer wieder zur Wanderschaft gezwungenen Vorväter, die nicht an die Dauer materieller Güter glaubten.

Wie auch immer – die fehlende Schraube ist meist die mittlere. Das Muster sieht ungefähr so aus:

Es tritt am häufigsten bei hebräischen Türangeln auf, und zwar sowohl bei Zimmer- wie bei Schranktüren. Man kann ihm eine gewisse Symmetrie und dekorative Ausgeglichenheit nicht absprechen. Da deutet seine rechte Abweichung entschieden auf seelische Labilität hin:

Man findet es häufig unter Radioapparaten, CD-Playern und an der Wand zu befestigenden Küchengeräten.

Eine dritte Form wird von der jungen israelischen Kraftwagenindustrie gepflegt, und zwar an den mit bloßem Auge nicht sichtbaren Motorteilen, wo sie nur dem geübten Ohr durch das rhythmische Klappern loser Metallplatten auffällt, meistens auf einsamen Landstraßen. Man bezeichnet diese Form als »Mono-Schraubismus«:

Gründliche, mit staatlicher Unterstützung durchgeführte Untersuchungen haben keinen einzigen Fall von drei Schraubenlöchern ergeben, die mit allen drei dazugehörigen Schrauben ausgestattet gewesen wären. Vor kurzem wurde in einer Waffenfabrik im oberen Galiläa ein feindlicher Spion entdeckt, der sich dadurch verraten hatte, daß er in alle Schraubenlöcher Schrauben montiert hatte. Ich selbst habe in einer Tischlerei in Jaffa ein aufschlußreiches Experiment durchgeführt. Ich beobachtete den Besitzer bei der Montage von zwei Schrauben anstelle der vorgesehenen drei an einem Hängeregal, das ich bestellt hatte.

»Warum nehmen Sie keine dritte Schraube?« fragte ich.

»Weil das überflüssig ist«, antwortete Kadmon. »Zwei tun's auch.«

»Wozu sind dann drei Schraubenlöcher da?«

»Wollen Sie ein Regal haben, oder wollen Sie mit mir streiten?« fragte Kadmon zurück.

Als ich ihn schließlich überredet hatte, doch noch die dritte Schraube zu nehmen, machte er sich fluchend an die Arbeit. Nicht ohne anzudeuten, daß bei mir eine Schraube locker sei.

Hochtechnologie

Was den technischen Fortschritt betrifft, so hält der winzige Fleck, der auf der Landkarte des Nahen Ostens den Staat Israel repräsentiert, natürlich keinen Vergleich mit dem hochindustrialisierten Westen aus. Man wird daher verstehen, wie stolz wir waren, als eine israelische Elektronikfirma das ausgefeilteste Diebstahlsicherungsalarmsystem entwickelte, das jemals auf dem Weltmarkt angeboten wurde. Kurz darauf fielen die Konstruktionspläne direkt unter der Nase des Alarmsystems nächtlichen Einbrechern in die Hände. Die Fabrik zog umgehend die nötigen Konsequenzen, stellte einen alten Beduinen als Nachtwächter ein und verkauft seither ihr ausgefeiltes Produkt nur noch auf dem israelischen Markt.

Das Schweigen der Bügeleisen

Vorigen Dienstag erkrankte unser Bügeleisen und verschied kurz danach. Da sämtliche Haushaltsgeräte, die auch nur im entferntesten mit Elektrizität zu tun haben, mir unterstehen, machte ich mich auf den Weg zu unserem Elektrogeschäft.

Der Besitzer bediente mich persönlich. Er schleppte eine Anzahl von Bügeleisen in den verschiedensten Farbschattierungen an und versicherte mir mit patriotischem Stolz, er führe nur einheimische Ware, denn diese sei robuster in der Ausführung und daher weit zuverlässiger als der ganze importierte Schrott. Ich wählte ein zinnoberrotes Modell, um es auszuprobieren. Der Fachmann meinte, daß dies eigentlich nicht nötig sei, da das Bügeleisen bereits im Werk geprüft worden sei. Aber wenn mir so viel daran läge, hätte er nichts gegen eine kurze Vorführung. Er tat den Stecker in die Dose und sagte: »Nun, was habe ich Ihnen gesagt? Ich würde niemals etwas verkaufen, das nicht hundertprozentig ...«

In diesem Augenblick gab das rote Ding ein seltsames Geräusch von sich, das an das Jaulen eines jungen Hundes erinnerte. Gleich darauf entwich ihm eine Rauchwolke, und das Bügeleisen begann zu donnern und zu blitzen. Mein Patriot warf die stinkende Leiche hinter die Ladentheke.

»Sie sind recht wählerisch«, bemerkte er und steckte ein grünes Bügeleisen an.

Wir warteten fünfundzwanzig Minuten und tatsächlich, es rauchte nicht und stank nicht. Kein Blitz, kein Donner. Es wurde auch nicht heiß. Nicht einmal lauwarm. Es blieb teilnahmslos, sozusagen mausetot. Der Elektrofachmann schenkte mir einen vorwurfsvollen Blick, warf das grüne Eisen dem roten nach und versuchte sich an einem rosafarbenen. »Dieses hier ist ganz sicher in Ordnung«, zischte er mich an. »Es besitzt eine gültige Fabriksgarantie.«

Das Rosafarbene begann wie eine Zeitbombe zu ticken. Wir warfen uns blitzschnell zu Boden, steckten die Finger in die Ohren und waren auf das Schlimmste gefaßt. Nach einer knappen Minute ertönte ein lauter Knall, und das einheimische Qualitätsprodukt gab seinen Geist auf.

Da brüllte mich der Fachmann an:

»Das hier ist ein Elektrogeschäft, mein Herr, und keine öffentliche Versuchsanstalt! Wenn Sie nicht die Absicht haben, etwas zu kaufen, warum vergeuden Sie dann meine Zeit?«

Ich verließ fluchtartig den Laden und hörte noch, wie er mir nachrief:

»Von Ihnen lasse ich mich nicht noch einmal schikanieren!«

Ohne Disziplin geht's nicht

Zu den hervorragendsten Nationaleigenschaften meiner Landsleute gehört die Disziplin, eine alles umfassende Disziplin und dennoch keine, der man blind folgt.

Wenn wir zum Beispiel eine Telefonzelle mit der Tafel »Außer Betrieb« sehen, so überkommt uns sofort der heftige Wunsch, gerade hier zu telefonieren, und in neun von zehn Fällen tun wir das auch.

Werden wir aufgefordert: »Bitte das Geld sofort nachzählen, spätere Reklamationen werden nicht berücksichtigt«, gehen wir sofort nach Hause, zählen das Geld später nach und schlagen Krach, weil man uns offensichtlich betrogen hat.

Wenn allerdings auf einer Tür »Eintritt verboten« steht, treten wir wirklich nicht ein. Außer wir müssen. Oder um nachzusehen, was eigentlich hinter der Tür los ist.

Nur so. Wir folgen eben einer absolut individuellen Disziplin.

Geld spielt keine Rolle

Direktor Schultheiß, bevor wir mit dem Verhör beginnen, weisen wir Sie darauf hin, daß Sie nicht aussagen müssen. Der parlamentarische Finanzausschuß, vor dem Sie stehen, kann Sie nicht dazu zwingen.«

»Vielen Dank für den Hinweis, Herr Vorsitzender.«

»Bitte.«

»Kann ich jetzt gehen?«

»Gewiß. Wir hätten uns allerdings sehr gerne mit Ihnen über die Verluste Ihrer Investitionsgesellschaft unterhalten, die ja schließlich von der Regierung unterstützt wird.«

»Woher wissen Sie, daß wir Verluste hatten?«

»Aus den Zeitungen, Herr Schultheiß.«

»Sie glauben, was in den Zeitungen steht? Die haben zuerst geschrieben, daß sich unsere Verluste auf 20 Millionen belaufen, dann sollten es 40 Millionen und schließlich 70 gewesen sein. Über eine solche Berichterstattung kann ich doch nur lachen.«

»Und wie hoch sind Ihre Verluste wirklich?«

»Mindestens doppelt so hoch.«

»Wie sind Ihre Verluste zustande gekommen?«

»Das werden wir erst feststellen können, wenn wir alle Subventionen von der Regierung erhalten haben. Ich plädiere dafür, daß wir vorläufig von einem kontrollierten Profitdefizit sprechen.«

»Aber für ein Profitdefizit muß es doch Ursachen geben?«

»Natürlich.«

»Also? Woran liegt's?«

»Zumeist an den Umständen. Gelegentlich auch daran, wie sich die Dinge entwickeln. Es ist eine sehr komplizierte Angelegenheit, meine Herren.«

»Erläutern Sie das bitte an einem Beispiel.«

»Mit Vergnügen. Nehmen wir zum Beispiel das Staudammprojekt in Sansibar. Ein vielversprechender Auftrag. Wir hatten gigantische Bauvorrichtungen installiert, hatten die waghalsigsten Konstruktionsprobleme gelöst, hatten sogar alle Sprachschwierigkeiten überwunden – und dann kam eine Springflut, die alle unsere Berechnungen wegschwemmte.«

»Bauvorrichtungen welcher Art?«

»Abwehrdämme und Ablenkungskanäle für Springfluten. Es war ein hochinteressantes Projekt.«

»Wie haben Sie denn den Auftrag bekommen?«

»Wir arbeiten mit Vermittlern, wie alle anderen regierungsgeförderten Unternehmen auch. Unsere Kalkulationen sind stets konservativ. Von den Gesamtkosten eines Projekts ziehen wir zunächst die voraussichtlichen Verluste unserer Gesellschaft ab ...«

»In welcher Höhe?«

»In möglichst geringer Höhe. Gewöhnlich rechnen wir mit höchstens 15 bis 30 Prozent Verlust. Da sind aber die Bestechungsgelder noch nicht drin.«

»Warum nicht?«

»Weil wir zwischenmenschliche Beziehungen nicht mit zu harten Geschäftspraktiken belasten wollen. Deshalb werden die Bestechungen in unseren Büchern gesondert aufgeführt.«

»Wo genau?«

»In meinem kleinen schwarzen Notizbuch. Hier, sehen Sie: ›An Muki 750 000 für Käfigzug.‹ Steht alles drin.«

»Was heißt Käfigzug?«

»Das weiß ich nicht mehr. Aber es war ein hochinteressantes Projekt. Oder hier: Aga Khan 903 705 – nein, das ist seine Telefonnummer, entschuldigen Sie.«

»Stimmt es, daß Sie über 20 Millionen für Bestechungen ausgegeben haben.«

»Das ist eine besonders komplizierte Angelegenheit.«

»Wir wollen aber hören, wie das vor sich ging.«

»Sehr diskret. Unser Vertrauensmann begibt sich mit einem schwarzen Köfferchen voller Banknoten ins Ausland, zahlt an irgend jemanden irgendeine Summe, kommt zurück und meldet: ›Alles in Ordnung.‹ Das wichtigste ist, daß es keine Zeugen gibt und daß die ganze Sache still und taktvoll abgewickelt wird. In den meisten Fällen wissen wir nicht einmal, wer das Geld bekommen hat und wo. Nehmen wir den Fall des kolumbianischen Innenministers. In einer dunklen Nacht haben wir ihm zwei Millionen durch das offene Fenster zugeworfen, damit er uns den Auftrag für den Bau des kolumbianischen Kanalisationssystems erteilt.«

»Und das hat geklappt?«

»Nein. Wir entdeckten zu spät, daß in diesem Haus nicht der Innenminister wohnt, sondern ein Innenarchitekt, der einige Monate zuvor gestorben war. Wer kennt sich schon in einem kolumbianischen Telefonbuch aus.«

»Wie wurde der Verlust gebucht?«

»Unter dem Kennwort ›Höhere Gewalt‹. Unsere Gesellschaft arbeitet mit einer sogenannten Mono-Balance-Buchhaltung. Auf der einen Seite werden die Ausgaben verbucht, und für die Einnahmen haben wir einen Stempel ›Keine Sorge!‹. Das System hat sich sehr bewährt.«

»Bleibt immer noch zu klären, wen oder was Sie für Ihr Defizit verantwortlich machen.«

»Das Schicksal. Es hat viele unserer Pläne vereitelt. Vielleicht nicht mit Absicht, aber doch. Ich denke da etwa an die Auffüllung der nicaraguanischen Küste.«

»Was war das?«

»Ein hochinteressantes Projekt. Wir hatten uns mit der Regierung von Nicaragua auf 60 Millionen Cordobas geeinigt, zu einem Wechselkurs von 1 Cordoba = 1 Israelisches Pfund. Im letzten Augenblick wurde die lokale Währung abgewertet und sank auf 10 Cordoba = 1 Israelisches Pfund.«

136

»Warum haben Sie keine Abwertungsklausel in Ihrem Vertrag gehabt?«

»Das war die Bedingung der nicaraguanischen Regierung. Sonst hätten wir den Auftrag für dieses Projekt nicht bekommen.«

»Bitte sagen Sie nicht immer ›Projekt‹ Herr Schultheiß. Der Ausdruck macht uns nervös.«

»Wie Sie wünschen. Es ist jedenfalls eine sehr komplizierte Angelegenheit.«

»Wurden Sie von der Regierung nie über Ihre Verluste befragt?«

»Ununterbrochen. Mindestens einmal im Monat erkundigte sich das Wirtschaftsministerium nach dem Stand der Dinge, und meine Antwort lautete immer: ›Klopfen Sie auf Holz.‹ Ich habe diesen Vorschlag auch mehrmals schriftlich gemacht.«

»Aber auf die Dauer muß es doch zwischen den Regierungsbehörden und Ihnen zu Reibereien gekommen sein?«

»Und ob. Als wir den Dalai Lama bestachen, um an der tibetischen Agrarreform beteiligt zu werden, luden wir ihn zum Mittagessen ein, und das Finanzministerium weigerte sich, die Rechnung zu übernehmen. Sie bewilligten uns nur acht Pfund, und auch das nur unter der Voraussetzung, daß das Restaurant nicht weiter als acht Kilometer vom Palast des Dalai Lama entfernt wäre. Es kam zu einer stürmischen Auseinandersetzung. Schließlich appellierten wir an den Obersten Gerichtshof und erreichten eine Vergütung in Höhe von 9.50 Pfund. Ich frage Sie, meine Herren, wie soll man unter solchen Umständen effektiv arbeiten.«

»Das ist in der Tat nicht ganz leicht.«

»Noch dazu bekommen wir weder Spesengelder noch Diäten. Was bleibt uns übrig, als Darlehen aufzunehmen? Allein die Zinsen für diese Darlehen betragen eine Viertelmillion Pfund in der Woche. Seit Beginn dieses Gesprächs haben wir bereits 20 000 Pfund verplaudert. Ich beantrage Schluß der Debatte.«

»Noch eine Frage, Herr Schultheiß. Wer bezahlt das alles?«

»Ich, meine Herren. Ich und die anderen Bürger unseres Landes. Ich komme meinen Bürgerpflichten nach. Ich zahle meine Steuern, um das Finanzamt mit dem Geld zu versorgen, das zur Deckung der uns zugestandenen Garantien benötigt wird.«

»Wer, Herr Schultheiß, hat Ihrer Gesellschaft diese Garantien zugestanden?«

»Sie.«

»Wir?«

»Jawohl, Sie. Der parlamentarische Finanzausschuß.«

»Es ist spät geworden, finden Sie nicht?«

»Allerdings.«

»Das Ganze ist wirklich eine sehr komplizierte Angelegenheit.«

»Ganz meine Meinung, Herr Vorsitzender.«

»Wir danken Ihnen für Ihre Mühe, Herr Schultheiß. Nach den Wahlen reden wir weiter.«

»Sehr gerne.«

David im Wunderland

Wenn der Finanzminister irgendeines anderen Landes in einer Kabinettssitzung verkündet: »Meine Herren, nur ein Wunder kann uns retten«, so bedeutet das, daß die betreffende Regierung, oder vielleicht das ganze Land, vor einer Katastrophe steht. In Israel bedeutet es nichts weiter, als daß das betreffende Wunder in den nächsten zwei, drei Tagen geschehen wird.

Wo die Gerüchte blühen

Elazar Weinreb ist zweifellos ein Meister im Geldverdienen. Der Grund dafür ist sein unerschütterlicher Glaube an die Macht von Gerüchten. Er glaubt nun einmal an jedes kursierende Gerücht, als käme es von Gott persönlich. Und obwohl er dank dieser angeborenen Gabe steinreich geworden ist, findet seine Seele keinen Frieden.

Es begann noch vor der Abwertung des Pfund. Die Regierung, so hieß es aus unzuverlässiger Quelle, werde den Kurs ändern und US-Dollar-Aktien wären die einzige Lösung. Aber so einfach konnte es doch wirklich nicht sein, zu Wohlstand zu kommen. Das hätte schließlich bedeutet, daß jeder Dummkopf nur US-Dollar-Aktien hätte kaufen müssen, um im Handumdrehen ein wohlhabender Mann zu werden.

»Das klingt zu schön, um wahr zu sein«, hieß es allgemein, »unsere Politiker sind doch keine Kindsköpfe.«

»Und was für Kindsköpfe«, seufzte Elazar Weinreb, begab sich zur Bank, kaufte US-Dollar-Aktien, war im Handumdrehen ein wohlhabender Mann und zögerte keinen Augenblick, seinen Gewinn in Wohnungen zu investieren, weil er gehört hatte, die Mieten würden steigen. Und tatsächlich, kurz darauf stiegen sie.

Elazar Weinreb traut einzig und allein Gerüchten. Als zum Beispiel niemand die läppische Information glaubte, daß die Steuern für Auslandsreisen empfindlich erhöht würden, sprang Elazar in ein Taxi, raste ins erstbeste Reisebüro und buchte eine Weltreise. Er verließ das Land am Tag der Einführung der neuen Steuer. Es hieß sogar, daß die Küstenwache seinem Schiff hinterherschoß, aber er befand sich bereits außerhalb der israelischen Steuerhoheit.

Während seines Parisaufenthaltes flatterte ihm eine hebräische Zeitung in die Hände. Darin las Elazar, daß die Regierung scharf gegen das Gerücht vorging, die Mehrwertsteuer auf Grundstücke würde eingeführt. Er buchte die nächste Maschine, stieg um 9 Uhr 30 aus dem Flugzeug, verkaufte um 11 Uhr seine Immobilien, und um 12 Uhr trat die Mehrwertsteuer in Kraft.

Natürlich ist es zermürbend, der Regierung ständig einen Schritt voraus zu sein. Darum ist Elazar nur noch ein einziges, von Gerüchten gehetztes Nervenbündel. Sitzt er einmal seelenruhig in einem Kaffeehaus, schlendern doch gleich zwei junge Männer vorbei, von denen einer zum andern sagt: »Sollten die Zigaretten wirklich teurer werden …«

»Kellner, die Rechnung!« schreit Elazar Weinreb und kauft innerhalb der nächsten Viertelstunde den gesamten Zigarettenbestand am gegenüberliegenden Kiosk auf. Noch am gleichen Abend kann er die Zigaretten mit beträchtlichem Gewinn abstoßen, da mittlerweile ihr Preis gestiegen ist. So wurde er auch seine amerikanischen Wertpapiere los, nachdem er das dumme Gequatsche über ihren möglichen Verfall gehört hatte.

Zur Zeit nennt Elazar Weinreb dreißig Autos sein eigen. Es stand ja schließlich in der Boulevardpresse, daß »am Sonntag der Kaufpreis für Pkws im Durchschnitt um 2500 Pfund steigen könnte«.

»2500 mal 30 ergibt 75 000«, überlegte Elazar, »kein schlechtes Geschäft«, kaufte noch am Freitag die Autos, und am Sonntag stiegen die Autopreise. Er ist immer auf der Lauer, dieser Elazar Weinreb. Er schläft mit offenen Augen und einer Uhr in der Hand, heißt es.

Nur in einer einzigen Schlacht hat er bisher versagt. Den Herzinfarkt hat er vor der neuen Erbschaftssteuer nicht mehr bekommen.

Aber keine Angst, es wird schon noch werden.

Diebe unter sich

Der Talmud, die Sammlung jüdischer Weisheiten und Interpretation religiöser Gesetze aus dem Alten Testament, hält einige Überraschungen bereit. Unter anderem erklärt er, daß ein Dieb, der einen anderen Dieb bestiehlt, nicht bestraft werden darf.

Das ist sicher ein begrüßenswertes Vorhaben, aber wenn man es verwirklicht, wird die Untersuchung staatlicher Korruption praktisch unmöglich.

Nur nicht den Kopf verlieren

Eines Abends läutete es Sturm an der Haustür, und der berühmte Schultheiß stolperte herein, Panik im Gesicht. Ich drückte ihn in den Schaukelstuhl auf unserer Terrasse und wartete, bis er zu sich kam. Noch immer schwer atmend überreichte er mir die Zeitung vom Tage.

»Lies!« stieß er heiser hervor.

»Schultheiß, das korrupte Schwein, stiehlt 400 000 Pfund aus der Gemeindekasse!« las ich. Unter dieser Schlagzeile stand ein ausführlicher Artikel über Jeheskel Schultheiß. Angeblich hatte er als Beamter der Stadtverwaltung ein Bruttogehalt von nur 2983,65 Pfund bezogen. Trotzdem hatte man ihn vor zwei Monaten dabei beobachtet, wie er sich einen funkelnagelneuen Rolls-Royce für 236 000 Pfund anschaffte.

»Woher hat der Beamte die Mittel für dieses Luxusauto?« fragte der Verfasser des Berichts, um sich gleich selbst die Antwort zu geben. »Dieser Parasit bediente sich einfach aus der Sozialkasse seiner Abteilung und entnahm daraus 300 000 Pfund in bar. Der Schuft deponierte statt dessen gefälschte Quittungen über Sozialhilfe für imaginäre Witwen und Waisen in der Kasse und stopfte Mitwissern mit Zehntausenden von Pfund den Mund. Einen seiner Verbündeten, der die Beute zurückwies, da sie ihm nicht üppig genug war, beseitigte Schultheiß mit Zyankali, das er bei einem früheren Einbruch in die Lagerräume der Krankenversicherung erbeutet hatte. Schultheiß erfreut sich nach wie vor bester Gesundheit. Wie lange wird die korrupte Ratte ihren Rolls-Royce noch fahren?«

Mit gemischten Gefühlen gab ich Jeheskel die Zeitung zurück.

»Nun ja«, bemerkte ich. »Wann reichen Sie Verleumdungsklage ein?«

»Es wird keine geben«, erwiderte mein Gast. »Mein Anwalt hat mir geraten, auf die Provokation nicht vorschnell zu reagieren, vor allem jetzt, so kurz vor der Olympiade. In derartigen Fällen muß man sich strategisch verhalten, einen kühlen Kopf bewahren und die Zähne zusammenbeißen, so schwer es auch fällt.«

»Wieso denn das?«

»Man wartet doch nur darauf, daß meine Nerven außer Kontrolle geraten, aber ich werde doch nicht auch noch Propaganda für diese Lügner machen. Schließlich unterscheidet sich ein echter Mann von einem Waschlappen dadurch, daß er, der echte Mann, Herr über seine Triebe ist, selbst wenn er im stillen die Fäuste ballt.«

»Alle Achtung, Jeheskel«, voller Bewunderung schüttelte ich seine beiden Hände. »Ich kann mir lebhaft vorstellen, wie schwer Ihnen das fällt.«

»Manchmal muß man auch positiv denken«, sagte Schultheiß, stieg in seinen Rolls-Royce und fuhr nach Hause.

Das Geheimnis des Bauchladens

Vor drei Jahren erschien der Hausierer zum ersten Mal. Er klingelte an allen Wohnungstüren und hob, wenn eine Tür sich öffnete, seinen kleinen Handkoffer ein wenig hoch.

»Seife? Rasierklingen?«

»Nein, danke«, lautete die regelmäßige Antwort.

»Zahnbürsten?«

»Danke, nein.«

»Kämme?«

»Nein!«

»Toilettenpapier?«

Hier schlug ich ihm die Tür vor der Nase zu. Gestern klingelte er wieder.

»Seife? Rasierklingen?«

Mich packte die Abenteuerlust.

»Ja. Geben Sie mir eine Rasierklinge.«

»Zahnbürsten?«

»Ich wollte eine Rasierklinge haben.«

»Kämme?«

»Eine Rasierklinge!«

Grenzenlose Verblüffung zeigte sich auf seinem Gesicht.

»Toilette …«, wimmerte er. »Toilettenpapier?«

Ich riß ihm den Koffer aus der Hand und öffnete ihn. Der Koffer war leer. Vollkommen leer.

»Was soll das?«

»Was soll das, was soll das?« rief der Hausierer zornig. »Noch nie hat jemand etwas von mir gekauft. Wozu also das ganze Zeug herumschleppen?«

»Ich verstehe«, lenkte ich ein. »Aber warum steigen Sie dann die vielen Stiegen hinauf und klingeln an jeder Tür?«

»Man muß sich ja irgendwie seinen Lebensunterhalt verdienen.«

Aktion Superton

Anfangs war es nicht mehr als ein Gedankenblitz des Präsidenten des Dachverbandes jüdischer Sammelaktionen, Direktor Lipowitz. Anläßlich seiner alljährlichen Rundreise durch Israel besuchte er unter anderem auch die südlichste Lagerstätte der »Gesellschaft zur Kultivierung reiner Tonerde GmbH« in der Negevwüste. Dort erblickte er einige Arbeiter, die gerade einen Lastwagen mit Säcken voll Tonscherben beluden.

»Sensationell, dieser herrliche Ton«, begeisterte sich Direktor Lipowitz, und seine Augen leuchteten bedrohlich. »Ich habe eine Idee«, verkündete er seinen Begleitern. »Wie stehen unsere Sammelergebnisse in Boston?«

Der persönliche Referent nahm eine Landkarte der Vereinigten Staaten aus seiner Aktentasche.

»Rekordspenden«, sagte er eifrig, »im vergangenen Jahr waren es über zehn Millionen Dollar.«

»Nicht schlecht«, sagte Direktor Lipowitz, »aber es könnte noch besser werden. Was halten Sie davon, meine Herren, wenn wir morgen dem weltberühmten philharmonischen Orchester von Boston einen Sack von diesem herrlichen Ton überreichen. Ein symbolischeres Geschenk, mit musikalischem Bezug und noch dazu aus dem Heiligen Land, hat ein Orchester vermutlich nie erhalten.«

Die Herren waren überwältigt. Der Propaganda-Effekt unter jüdischen Musikliebhabern in den USA könnte Wunder wirken. Die Freude der weltberühmten Bostoner Philharmoniker angesichts des Postboten mit dem Sack voll Ton würde überwältigend sein.

»Postbote?« Lipowitz runzelte die Stirn. »Glauben Sie wirklich, meine Herren, daß ich so ein Geschenk mit der Post schicke?«

Die Herren duckten sich schuldbewußt.

Lipowitz war nicht mehr zu bremsen. »Dieser Sack soll im Konzertsaal der Stadt Boston von einem echt israelischen Lastenträger in Nationaltracht überreicht werden!«

Und noch bevor die Herren in Begeisterungsstürme ausbrechen konnten, wies der Direktor auf einen ausgemergelten Arbeiter orientalischer Herkunft.

»Er wird das Geschenk überreichen.«

»Wann?«

»Morgen! Ich gebe der ganzen Aktion insgesamt zwei Tage!«

Direktor Lipowitz ist nicht nur ein Mann des Geistes, sondern auch der Tat. Schon fünfundzwanzig Minuten später war Sallah Schabati, der auserwählte Lastenträger, mit Reisepaß, Ausreisegenehmigung, Devisenkontingent, Visum sowie einigen guten Ratschlägen versorgt.

»Herr Schabati«, wurde ihm verkündet, »wir beglückwünschen Sie sowohl in unserem Namen als auch im Namen des musikbegeisterten Judentums in aller Welt. Sie werden sofort nach Boston reisen, um dem Chefdirigenten diesen Ton zu überreichen.«

»Warum ich?« fragte Schabati in panischem Schrecken. »Was habe ich getan?«

»Nichts, lieber Freund, machen Sie sich keine Sorgen. Sie haben einen langen Weg vor sich. Wir werden, um den Propaganda-Effekt unserer Aktion noch zu erhöhen, auf dem Weg nach Boston über Washington fliegen.«

Sallah Schabati bestand darauf, zu Hause sein stark gepfeffertes Abendessen einzunehmen, um seine treusorgende Gattin nicht zu beunruhigen. Das mußte natürlich verhindert werden. Also zerrte man den wild um sich schlagenden Lastenträger in ein Auto, wo sich sofort zwei fette Beamte auf ihn setzten.

Danach verlief die Aktion ohne weitere Zwischenfälle. Kurz vor dem Flughafen warf jemand während der rasenden Fahrt aus dem Lieferwagen eines renommierten Modehauses eine reichbestickte weißblaue Nationaltracht für Schabati durch das Wagenfenster.

An der Gangway angelangt – die Motoren heulten bereits auf vollen Touren –, bestieg ein festlich gekleideter Sallah Schabati das Flugzeug, eskortiert von Direktor Lipowitz und dreizehn Beamten im Laufschritt.

»Jede Minute zählt«, bemerkte Direktor Lipowitz und wandte sich an den Piloten. »Und jetzt mit Vollgas nach Washington!«

Nach Zwischenlandungen in Athen, Singapur, Manila und Tokio überquerte man den Stillen Ozean. Der Flug verlief relativ ruhig, nur Sallah Schabati kauerte stöhnend auf dem Boden und verlangte nach Wasser. Die Pockenimpfung, die ihm einer der beiden Vertreter des Gesundheitsministeriums über Istanbul verpaßt hatte, verursachte hohes Fieber.

Direktor Lipowitz saß mit der Uhr in der Hand neben dem Piloten und ermahnte ihn immer wieder, schneller zu fliegen.

Nach der Landung in Los Angeles bestieg Direktor Lipowitz mit seinen Begleitern eine große Limousine, und die Delegation setzte sich in Bewegung, um recht bald die amerikanische Bundeshauptstadt zu erreichen.

Sallah Schabati lief locker und entspannt mit dem Geschenksack auf den Schultern nebenher. Nach einigen Kilometern wandte er sich um und fragte:

»Sind wir bald in Haifa?«

»Lauf weiter bis nach Washington«, befahl Lipowitz und lehnte sich bequem zurück. Ein Beobachter der Kultus-Gemeinde von Los Angeles, der beauftragt wurde, die Delegation zu begleiten, wandte sich an ihn.

»Von welchem Washington ist hier eigentlich die Rede?«

»Blöde Frage!« antwortete Lipowitz herablassend. »Natürlich von der Bundeshauptstadt.«

Der Beobachter erschrak. »Die Bundeshauptstadt liegt in der Nähe der Westküste. Hier am Stillen Ozean gibt es den Staat Washington. Die Stadt, die Sie meinen, liegt am Atlantik, dreitausend Meilen entfernt.«

Lipowitz schluckte kurz. »Na und?« sagte er. »Dann werden wir eben einen dreitausend Meilen langen Triumphzug durch die Vereinigten Staaten unternehmen. Je mehr Amerikaner von unserem geistvollen Geschenk erfahren, desto besser!« Dann wandte er sich an Schabati. »Lauf schneller, Mann, sonst kommen wir zu spät.«

Der Triumphzug wurde zu einem ungeheuren Erfolg. Fast in jeder Stadt mußte haltgemacht werden, um der jüdischen Bevölkerung eine kleine Feier zu ermöglichen. Immer mehr freiwillige Funktionäre schlossen sich mit ihren Fahrzeugen der Kolonne an. In Las Vegas war es bereits ein Konvoi von 17 Wagen, die Sallah auf seinem langen Marsch begleiteten.

Irgendwo beim Durchqueren des Grand Canyon ging Schabati ganz plötzlich verloren. Er hatte seinen wertvollen Sack kurz abgestellt, um sich hinter einem Riesenkaktus zu erleichtern. Und das war das letzte, was man von ihm hörte.

Direktor Lipowitz, ein Mann der schnellen Entschlüsse, engagierte flugs einen stämmigen Indianer, der zufällig vorbeistreunte, und beauftragte ihn mit dem Transport des Sackes. Nach Durchqueren des Death Valley kam man endlich in Salt Lake City an, wo die ansässige Ortsgruppe aus dem Stegreif ein kleines Passionsspiel improvisierte.

In Denver, Colorado, war der Konvoi bereis auf 47 Fahrzeuge angewachsen. Das Fest, das nach Volkstänzen und

Rundgesang noch ein biblisches Kabarett zu bieten hatte, dauerte drei Tage lang. Als es vorbei war, konnte man den Indianer mit den Tonscherben nirgends auftreiben. Der unerschütterliche Lipowitz machte sich mit einem weiteren Träger erneut auf den Weg. In Ermangelung eines Indianers mußte man mit einem Schwarzen, der am Hauptbahnhof als Kofferträger wirkte, vorliebnehmen.

Nach einigen Wochen waren die Staaten Idaho, Montana und North-Dakota durchquert. Die Kolonne war inzwischen auf 623 Fahrzeuge angewachsen. In dieser Phase des Siegeszuges hatten die Kosten die 15-Millionen-Dollar-Grenze noch nicht überschritten.

Dank größter gemeinsamer Anstrengungen aller Beteiligten erreichte die Fahrzeug-Schlange nach weiteren 21 Tagen den städtischen Konzertsaal von Boston.

Direktor Lipowitz, der sich während des fünftägigen unvergeßlichen Besuchs in der Hauptsynagoge von Washington, D. C., einen echten schwarzen polnischen Kaftan sowie den dazugehörigen pelzverbrämten Hut ausgeborgt hatte, trug den Sack mit dem herrlichen Ton höchstpersönlich den letzten Absatz der Freitreppe empor und läutete am Tor des Konzerthauses.

Niemand öffnete.

»Anscheinend ist das Orchester nicht zu Hause«, teilte Lipowitz seiner eintausendsiebenundsiebzigköpfigen Eskorte mit. »Schade. Na schön, versuchen wir es eben ein anderes Mal.«

Plötzlich ging das Tor doch noch auf.

»Herr Chefdirigent?« fragte Lipowitz.

»Nein«, erwiderte das schwarze Dienstmädchen. »Der Herr Chefdirigent ist seit drei Wochen mit dem Orchester auf Tournee.«

»Wo?«

»In Israel.«

»Aha«, erwiderte Lipowitz und leerte den Inhalt des Sackes vor die Füße des erstaunten Dienstmädchens. »Das ist für ihn. Schalom.«

So liegt hier also wieder einmal der überzeugende Beweis klar auf der Hand, daß eine wohlorganisierte, konsequente und sparsame Propaganda-Aktion früher oder später von Erfolg gekrönt sein wird. Wie üblich.

Fristlose Entschuldigung

In Israel gibt es keine Kündigung, denn wir sind ein sozialistischer Staat. Unsere Firmen werden von Arbeiter-Komitees geleitet, und wenn es zu Meinungsverschiedenheiten mit dem Boß kommt, wird ein Schiedsgericht eingesetzt. Das Schiedsgericht besteht aus drei Vertretern des Arbeiter-Komitees, zwei Gewerkschaftsvertretern und dem Boß als Beisitzer ohne Stimme.

Die letzte Kündigung in Israel gab es im Jahre 1932, als ein Zitruspacker namens Sprotzek den Besitzer der Plantage im Verlauf eines Wortwechsels totgeschlagen hatte. Das Schiedsgericht sprach sich zwar gegen die Entlassung Sprotzeks aus, entschuldigte sich aber bei der Witwe.

Ein Königreich für einen Botenjungen

Gottes unerforschlicher Ratschluß hatte entschieden, daß auch unser Kühlschrank streiken sollte. Mich beunruhigte das keineswegs, denn ich hatte einen Garantieschein und mußte ihn nur ausgefüllt an die Firma schicken. Dann lehnte ich mich entspannt zurück und wartete.

Nach einigen Tagen begannen die Nahrungsmittel im einstigen Kühlschrank zu gären. Ich rief bei der Firma an.

»Sie sind nicht der einzige, mein Herr«, teilte mir der Manager bedauernd mit. »Wir bekommen schon seit drei Tagen keine Post mehr.«

»Warum denn das?«

»Unser Botenjunge ist nicht gekommen.«

Ich erfuhr, daß Tuwal, der vierzehnjährige Botenjunge, der am Morgen immer die Post holte, seit Sonntag nicht mehr gekommen war und dadurch den ganzen Betrieb lahmgelegt hatte. Das Postamt ist ziemlich weit vom Firmengebäude entfernt, und Tuwal hatte ein Fahrrad.

»Wir wissen nicht, was mit ihm los ist«, fuhr der Manager fort. »Er hat uns noch nie sitzenlassen. Vielleicht ist er krank.«

Da unser Kühlschrank weiter vor sich hin gärte, rief ich zwei Tage später nochmals an.

»Nichts Neues«, sagte er bereitwillig. »Bei uns geht's drunter und drüber. Rechnungen, Bestellscheine und alle möglichen Briefe, die schon längst unterwegs sein sollten, häufen sich auf meinem Schreibtisch, und ich habe keinen Botenjungen, der sie befördert. Versuchen Sie sich das Chaos vorzustellen. Wir sind bekanntlich Armeelieferanten.«

Mir kam der rettende Gedanke.

»Könnten Sie sich nicht erkundigen, was mit Tuwal geschehen ist?«

»Daran haben wir auch schon gedacht. Aber er wohnt weit außerhalb der Stadt, und wir haben keinen Botenjungen.«

Um diese Zeit stank es aus unserem Kühlschrank schon so erbärmlich, daß man ihn nicht mehr zu öffnen wagte. Ich erkundigte mich dreimal täglich. Er war immer noch nicht erschienen. Eine typisch israelische Tragödie: Wenn feststünde, daß Tuwal nicht mehr zurückkäme, erklärte mir der

Manager, würde man das Firmengebäude schließen oder eines näher beim Postamt bauen. Aber so? Das Direktorium hatte das Problem bereits dem Verteidigungsminister unterbreitet. Auf den Fließbändern herrschte die reinste Anarchie, denn es gab keinen Botenjungen, der die Anweisungen und Entwürfe ausgetragen hätte. Auch die Buchhaltung stand vor dem Zusammenbruch.

»Haben Sie«, erkundigte ich mich vorsichtig, »schon daran gedacht, einen anderen Botenjungen zu suchen?«

»Unmöglich. Diese Bengel wollen ja nicht arbeiten. Sie lassen sich das Geld für zehn Busfahrten geben und verschwinden. Aber Tuwal hat ein Fahrrad. Wir müssen auf ihn warten.«

An der Börse fielen die Aktien der Gesellschaft um vier Prozentpunkte, als bekannt wurde, daß ihr Botenjunge sie verlassen hatte. Daran waren schon größere Unternehmen zugrunde gegangen.

Wo steckte Tuwal? Warum kam er nicht?

Wir schoben den Kühlschrank auf den Balkon hinaus und versperrten die Tür. In den Zeitungen lasen wir von Unruhen an der syrischen Grenze. Sollten die Syrer vorhaben, Tuwals Erkrankung zu nützen?

Als ich gestern den Manager sprechen wollte, meldete sich an seinem Apparat der Konkursverwalter, der zu retten versuchte, was noch zu retten war. Angeblich hat der Handelsminister einen genauen Bericht über den Hergang des Bankrotts angefordert. Der Bericht ist seit Tagen fertig, kann aber nicht zugestellt werden, weil kein Botenjunge da ist.

In seiner nächsten Sitzung wird sich der Ministerrat mit der Angelegenheit beschäftigen.

Halali!

Der Schlamassel begann mit dem epochalen Projekt »Jetzt hauen wir auf die Pauke 98«.

Der Tourismus-Gigant »Supertours GmbH« hatte diese neuntägige Kreuzfahrt an Bord des legendären griechischen Passagierschiffes »Santanos« ausgeschrieben. Höhepunkt dieses epochalen Erlebnisses sollte ein Live-Stierkampf auf hoher See sein, mit einem Star-Torero und Export-Stieren. Darüber hinaus werden »erotische Filme nonstop« und täglich um Mitternacht ein »epochales Getränk vom Hause« versprochen.

Das epochale Projekt fiel leider ins Wasser. Eine Woche vor der Kreuzfahrt beantragte der Staatsanwalt eine Einstweilige Verfügung gegen »Supertours GmbH« gemäß einer ottomanischen Vorschrift, welche »die Inbetriebnahme schwimmender Schlachthäuser« untersagt. Der Aufsichtsrat von »Supertours GmbH« legte Widerspruch ein und kündigte an, Betonpfeiler unter der »Santanos« zu montieren, wodurch das Passagierschiff zu einer künstlichen Insel würde. Danach häuften sich jedoch die wirtschaftlichen Probleme des Tourismus-Giganten, und das epochale Projekt wurde endgültig abgesagt. Angeblich wäre »Jetzt hauen wir auf die Pauke 98« für die Gesellschafter erst ab 8000 Passagieren rentabel gewesen. Es waren jedoch nur 7961 israelische Touristen bereit gewesen, 11 650 Dollar für einen Live-Stierkampf auf hoher See hinzublättern.

»Es war ein eklatanter Fehler, den Reisetermin auf Ende Januar zu setzen«, gab der Supertours-Präsident Kalman »Kalmi« Grienspan bei der Pressekonferenz, wenn auch nur ungern, zu. »Wir hätten bedenken müssen, daß ein Großteil unserer potentiellen Kunden am Monatsende knapp bei Kasse ist.«

Der Präsident beruhigte die Gesellschafter jedoch mit der

Nachricht, von nun an werde seine Firma fest auf dem Boden der katastrophalen wirtschaftlichen Tatsachen des Landes bleiben.

»In diesem Sinne präsentiere ich Ihnen unser jüngstes Angebot«, freute sich Kalman »Kalmi« Grienspan. »Anfang März organisieren wir, auf vielfachen Wunsch unserer Kunden, eine epochale Fuchsjagd mit Boris Becker in den Wäldern Galiläas.«

Schon am nächsten Morgen verkündeten großformatige Anzeigen in der Tagespresse:

GESTRESST? FIX UND FERTIG? PLEITE?
ENTSPANNEN SIE SICH MIT UNSEREM
EPOCHALEN ANGEBOT
FANG DEN FUCHS!
ENGLISCHE FUCHSJAGD (»FOX HUNTING«)
EIN EPOCHALES ERLEBNIS IM NORDEN!
HALALI!

Galoppieren Sie im roten Frack mit dem epochalen Boris Becker durch die immergrünen Wälder Galiläas, umgeben von einer bellenden Hundemeute, auf den Spuren des Fuchses »Fox«, unter der Leitung eines schottischen Experten und in Begleitung eines international renommierten britischen Hornisten, der das Start-Signal blasen wird: Halali!

In den Pausen unterhält Sie Rockstar Joe Hunter mit seiner Band »The Crazy Foxes«.

Gesamtpreis des epochalen Erlebnisses, heute bis 15 Uhr 30 nur 15 000 Dollar. Sichern Sie sich rechtzeitig Ihren Platz!

Das Projekt »Halali!« schlug alle Rekorde. Bereits wenige Stunden nach Erscheinen der Anzeigen belagerten rund

153

400 Jagdfans, darunter Touristen aus den USA, prominente Steuerberater aus der Umgebung und ein paar Arbeitslose, die mit Kreditkarten bezahlten, die Büros von »Supertours«. Nach zwei Tagen mußte die Firma mitteilen, »Fox Hunting« sei ausgebucht. Es gäbe nur noch vereinzelte Stehplätze für zusätzliche Jagdausflüge im April und Mai.

Auch die Organisation des Projekts klappte wie am Schnürchen. Jeder Teilnehmer erhielt bei der Anmeldung eine gestempelte Urkunde mit Seidenband, die ihn als diplomierten Fuchsjäger (»Fox Hunter«) auswies, und ein italienischer Frack-Designer nahm die individuellen Körpermaße. Mit der Fertigung des traditionellen roten Outfits wurde ein renommiertes Bauunternehmen im Süden des Landes beauftragt. Darüber hinaus erhielt jeder Teilnehmer ein Pferd und zwei persönliche Hunde zugeteilt.

Die vier erfahrenen Jagdfüchse, eine freundliche Leihgabe des Tel Aviver Zoos für die Dauer der Jagdsaison, wurden unterdessen in den nördlichen Wäldern trainiert. Zwar entpuppte sich der »international renommierte britische Hornist« aus Bukarest als Xylophon-Virtuose, und die »Halali«-Signale würden über einen galoppierenden CD-Player erklingen, aber ansonsten klappte alles wie am Schnürchen.

Nach ersten vorsichtigen Schätzungen erwartete »Supertours GmbH« von »Fox-Hunting« einen Reingewinn von 7,5 Millionen Dollar, vor und nach Steuern.

Das erste Problem ergab sich ausgerechnet im landwirtschaftlichen Bereich. Das Schrottunternehmen mußte nämlich 15 Arbeiter entlassen, woraufhin der Personalrat die Fabrik in Brand steckte. Bei Zusammenstößen mit der Polizei beschlagnahmten die Streikenden die 3000 halbzugeschnittenen Fracks von »Supertours GmbH«. Die Firmenanwälte forderten zwar unverzüglich beim Obersten Gerichtshof die Freigabe des unverzichtbaren Bekleidungsstückes. Die Eingabe gelangte jedoch aufgrund des eskalierenden Postbotenstreiks nicht an ihr Ziel.

Auch die Zusammenstellung der Hundemeute stieß auf unerwartete Schwierigkeiten, zum einen wegen des Begriffs »Meute«, der den meisten israelischen Hundezüchtern unbekannt war, zum anderen wegen des Beamtenstreiks bei der Bahn, Post, Telekom und im öffentlichen Dienst.

»Wer heutzutage im Nahen Osten ein ›Fox Hunting‹ organisiert, ist ein Naivling«, schimpfte Kalman »Kalmi« Grienspan in privaten Gesprächen mit seinen engsten Mitarbeitern. »Man will den Arbeitern ein wenig Lebensfreude bereiten, und was ist der Dank dafür? Auf Schritt und Tritt werfen sie einem Prügel zwischen die Beine.«

Zu diesem Zeitpunkt wußte »Kalmi« noch nicht, daß der Kibbuz an der syrischen Grenze, mit dem er einen Vertrag über die Lieferung von 300 gebrauchten Pferden gegen einen beträchtlichen Vorschuß abgeschlossen hatte, eine Woche zuvor aufgrund des Crashs an der Tel Aviver Wertpapierbörse Konkurs angemeldet hatte.

Einen weiteren Höhepunkt erreichte die Krise sodann völlig unerwartet in den nördlichen Wäldern. Das Expertenteam der »Supertours GmbH«, das die vier Leihfüchse ausbilden sollte, verspätete sich, da die arbeitslosen Gewerkschafter mit ihren Zweitwägen die Umgehungsstraßen blockierten. Als es dem Team endlich gelungen war, sich in die Wälder vorzuarbeiten, war bereits einer der Füchse bei einem Schußwechsel zwischen der Grenzpolizei und arabischen Terroristen von einem Querschläger getötet worden, woraufhin ein weiterer Fuchs nach Jordanien entfloh. Die zwei restlichen erfahrenen Jagdfüchse wurden am nächsten Tag während einer Steuerrazzia von Beamten in den örtlichen Gasthäusern konfisziert.

Danach traf die recht unerfreuliche Nachricht ein, daß von den 48 Treibern, die mit den Hunden beim Klang des CD-

»Halali« durch die Wälder hetzen sollten, 36 an akuter Unterernährung litten und in stationäre Behandlung mußten.

»Man könnte ein paar Dutzend philippinische Treiber importieren«, schlug Kalman »Kalmi« Grienspan auf einer Krisensitzung der »Supertours GmbH« vor und stellte dann bekümmert fest, daß die Firma mittlerweile in den roten Zahlen war. Die Gesellschafter hätten in vollem Vertrauen auf den Finanzminister ihre Kalkulation auf die Grundlage einer jährlichen Inflationsrate von 2 Prozent brutto gestellt und seien nun durch eine tatsächliche Inflation von 82 Prozent in ein ernsthaftes Cashflow-Problem geraten. Auch die Regierung sei unterdessen zurückgetreten und ein Generalstreik ausgerufen worden.

Die eigentliche Hiobsbotschaft aber kam von Boris Becker. Er sagte mit der fadenscheinigen Ausrede ab, er stehe auf der Seite der Füchse. Der Vorstand habe sich sofort mit Steffi Graf in Verbindung gesetzt, aber er, »Kalmi«, habe nun endgültig die Nase voll.

»Mir reicht's«, erklärte er, »in Israel kann man nicht arbeiten.«

Sein allerletzter Vorschlag wäre: »Eine epochale Nilpferd-Safari in zehn Etappen auf Holzflößen auf dem Toten Meer. 18 gut gefütterte Nilpferde sind bereits beim Wildpark von Kenia per Fax angefordert worden. Die Flöße sind selbstverständlich mit digitalen Roulettetischen ausgestattet und werden von Kaiser Franz Beckenbauer bedient. Die einzige offene Frage: die epochalen Nilpferde gelten beim Zoll als Fleischimport, und »Supertours GmbH« muß nach Gewicht bezahlen.

Die Anmeldung hat begonnen.

Blumenreich

Die israelische Sprache ist reich an blumigen Wendungen und Hintergründigkeiten. »Seien Sie unbesorgt!« kündigt eine Katastrophe an, »Vertrauen Sie mir!« einen verlorenen Rechtsfall. »Sofort!« bedeutet zwei Stunden, »Ein paar Tage« bedeutet ein Jahr, »Nach den Feiertagen« bedeutet nie.

Kostbares Naß

In der vergangenen Woche stieg ich morgens als vollberechtigter Bürger der Stadt Tel Aviv aus meinem Bett, ging ins Badezimmer und drehte den Wasserhahn auf. Dieser gab ein Geräusch von sich, das sich etwa so anhörte: »Frrrrrskl.«

Wasser kam keines heraus. Ich stand ein Weilchen mit der Zahnbürste im Mund da und wartete auf ein Wunder. Es ereignete sich nicht. In der ganzen Wohnung gab es keinen einzigen Tropfen Wasser mehr, außer in den Blumenvasen, deren Inhalt jedoch recht stenglig schmeckte. Die beste Ehefrau tobte.

»Leben wir denn in der Wüste?« fragte sie mich. »Will man uns umbringen?«

»Vielleicht ja, vielleicht nein«, verteidigte ich die Behörden, »sie haben vermutlich das Wasser gesperrt.«

Die Morgenzeitungen bestätigten meine Hellsicht. Die Wasserversorgungsbehörde hatte nämlich festgestellt, daß die Einwohner von Tel Aviv mit dem lebenswichtigen Naß zu verschwenderisch umgingen und pro Durchschnittsfamilie fast drei Kubikmeter täglich durch die Leitungen jagten. Daher wurden drastische Sparmaßnahmen beschlossen und der Wasserdruck in der Sündenstadt drastisch gesenkt. Ich und die beste Ehefrau von allen hätten die Maßnahme mit demokratischem Gleichmut hingenommen, wenn wir Parterre gewohnt hätten.

»Tu etwas, in Gottes Namen«, fauchte die Beste an der Zahnpasta kauend.

Anfangs wollte ich eine einstweilige Verfügung gegen den Gesundheitsminister erwirken, doch dann sandte ich unsere betagte Putzfrau in das bodennahe Paradies, um dort zu schmarotzen. Aber auch da tobte bereits die städtische Dürre. Im ersten Stock, in der Wohnung des Bezirksvorstands, entdeckte unsere Wasserträgerin einen stark tropfenden Hahn auf Kniehöhe, doch darunter lagen bereits Haus- und Putzfrauen aus allen benachbarten Häusern. Erst im Keller wurde sie fündig.

»Dieses kümmerliche Naß ist nichts für dich«, beschloß die beste Ehefrau von allen, »damit wird aufgewischt.«

Zum Mittagessen gingen wir in ein tiefgelegenes Restaurant, und hinter uns die Sintflut. Womit ich andeuten will, daß wir aus dem Restaurant aufsteigend ein gewaltiges Rauschen vernahmen. Es war Wasser, das sich aus allen inzwischen voll aufgedrehten Hähnen ergoß.

Dieses Mal sorgten wir vor. Die Badewanne wurde abgedichtet und bis zum Rand gefüllt, ebenso Waschbecken, Töpfe, Schüsseln und Flaschen, selbst das Plastikplanschbecken unserer Tochter faßte leicht eine Reserve von rund sechs Kubikmetern. Mit dem herrlichen Gefühl, gute zwanzig Kubikmeter Wasser auf die hohe Kante gelegt zu haben, gingen wir zu Bett.

Aber der Mensch denkt, und Gott lenkt.

Am nächsten Morgen sprudelten die Hähne reichlich Wasser. Wir atmeten auf und ließen das überflüssige Grundwasser abfließen. Gleichzeitig hörte man aus allen anderen Wohnungen des Hauses ähnliches Gluckern und Rauschen, das Erinnerungen an die Niagarafälle weckte.

Aber, wie gesagt. Der Mensch denkt, und Gott lenkt.

Mittags ließ der Wasserdruck plötzlich nach und stieg erst zwei Stunden später wieder an. Sofort ließen wir Badewanne, Waschbecken und alles andere vollaufen. Abends kam der Druck wieder, und wir entleerten. Das Wasser. Morgens gab es kein Wasser.

An dieser Stelle wurden die Wassersparmaßnahmen für die Bewohner Tel Avivs eingestellt, da bei einer Fortsetzung das gesamte Land innerhalb von zwei Tagen völlig ausgetrocknet wäre.

Kalk ist ein ganz besonderer Stoff

Vergeßlichkeit wird im allgemeinen als Altersleiden bezeichnet: Das Gehirn wird weicher, je härter die Arterien werden, oder so ähnlich. In unserem durchorganisierten Land hat sich die Vergeßlichkeit jedoch zu einer liebgewordenen Gewohnheit entwickelt, man könnte fast sagen, zu einem Nationalsport. Vor einiger Zeit wurde eine Gruppe renommierter Psychiater damit beauftragt, eine Untersuchung über Ursache und Wirkung dieses Phänomens durchzuführen, doch die Sache geriet irgendwie in Vergessenheit, ich erinnere mich nicht mehr warum.

Weinrebs Schienbein

Ich traf Weinreb vor der Oper. Ich stürzte sofort auf ihn zu und erinnerte ihn daran, sich unbedingt morgen früh mit dem Rechtsanwalt in Verbindung zu setzen.

»Mach ich«, sagte Weinreb. »Wenn ich's nicht vergesse.«

»Was heißt, wenn ich's nicht vergesse?« fragte ich fassungslos. »Sie wissen genausogut wie ich, wie ungeheuer wichtig es ist.«

»Weiß ich«, entgegnete Weinreb beschwichtigend. »Aber ich habe in letzter Zeit so viel um die Ohren, daß ich es bis morgen längst wieder vergessen habe. Das beste wird sein, Sie rufen mich morgen früh um sechs Uhr an und erinnern mich daran.«

»Um sechs dusche ich, könnten Sie sich nicht selbst erinnern?«

»Versuchen kann ich es, aber ich kann nichts versprechen. Ich bin so früh am Morgen immer noch im Halbschlaf und weiß nicht, wo ich bin und wer ich bin, bevor ich meine erste Tasse Kaffee getrunken habe.«

»Und wie ist es nach dem Kaffee?«

»Da weiß ich, wo ich bin.«

»Und setzen sich mit dem Rechtsanwalt in Verbindung.«

»Gut, daß Sie mich erinnern. Ich hab' ihn vollkommen vergessen. Hören Sie, es hat keinen Zweck.«

»Was tun wir also?«

»Keine Ahnung.«

Wir gingen bedrückt nebeneinander her. Mir kamen die abenteuerlichsten Ideen.

»Ich hab' es, Weinreb«, rief ich triumphierend. »Wie wäre es mit einem Knoten in Ihrem Taschentuch?«

Weinreb sah zu mir auf. Sein müdes Lächeln rührte mich.

»Und wer«, fragte er, »bitte wer erinnert mich, was der Knoten zu bedeuten hat? Nein, die einzige Lösung ist leider die: Sie rufen mich um sechs Uhr früh an.«

»Also gut, vielleicht.«

»Wieso vielleicht?«

»Weil ich den Anruf vielleicht vergesse. Sie glauben nicht, wie auch mein Gedächtnis in diesem Sommer nachgelassen hat. Wissen Sie was? Es ist alles kein Problem, wenn Sie mich morgen früh um zehn vor sechs anrufen und mich erinnern, Sie anzurufen.«

»Gern. Nur, ich werde es vergessen.«

Da hob ich meinen rechten Fuß und trat ihm zielgenau gegen das Schienbein.

»Jetzt können Sie keinen Schritt mehr machen, ohne zu humpeln. Sie werden beim Humpeln ständig daran denken, warum Sie humpeln. Und warum? Weil Sie mich um zehn vor sechs anrufen müssen.«

»Das wird nicht klappen«, seufzte Weinreb, während er sich das Schienbein rieb. »Wie ich mich kenne, werde ich auch das Humpeln vergessen. Deshalb wäre es das beste, wenn Sie mich morgen früh, sagen wir um fünf Uhr vierzig, anrufen würden, um mich ans Humpeln zu erinnern. Okay?«

»Okay. Wenn ich's nicht vergesse.«

Chronik eines Tisches

7. April

Heute brach unser Tisch unter der Last des festlichen Mahls endlich zusammen. Meine Frau war darüber sehr froh. Sie hatte das wackelige Möbelstück ohnehin schon lange loswerden wollen. Ich zersägte es freudig, und wir machten einen schönen Scheiterhaufen daraus.

Meine Frau behauptet, daß man in Jaffa Tische direkt beim Hersteller kaufen kann. Das geht rascher und ist billiger.

8. April

Der Hersteller, bei dem wir den Tisch bestellt haben, heißt Josef Nebenzahl. Er machte auf uns einen besseren Eindruck als seine Konkurrenten. Er ist ein ehrlicher, aufrechter Mann von sympathischem Äußeren. Als wir bei ihm erschienen, steckte er bis über beide Ohren in der Arbeit. Sein gewaltiger

Brustkorb hob und senkte sich mit imposanter Regelmäßigkeit, während er Brett um Brett zersägte, und die tadellosen Maschinen stampften den Takt dazu. Für den Tisch verlangte er 360 Pfund Anzahlung. Meine Frau versuchte zu handeln, hatte aber kein Glück.

»Madame«, sagte Josef Nebenzahl und sah ihr mit festem Blick ins Auge, »Josef Nebenzahl leistet ganze Arbeit und weiß, was sie wert ist. Er verlangt nicht einen Piaster mehr und nicht einen Piaster weniger!«

So ist's recht, dachten wir. Das ist die Rede eines ehrlichen Mannes.

Ich fragte, wann der Tisch fertig wäre. Nebenzahl zog ein kleines Notizbuch aus seiner Hosentasche: Montag mittag. Meine Frau schilderte ihm lebhaft, wie es ohne Tisch bei uns zuginge, daß wir stehend essen müßten und daß unser Leben kein Leben sei. Nebenzahl ging in die Nebenwerkstatt, um sich mit seinem Partner zu beraten, kam zurück und sagte: »Sonntag abend.« Aber wir müßten den Transport bezahlen. Nachdem ich die Hälfte der Transportkosten bezahlt hatte, nahmen wir Abschied. Nebenzahl schüttelte uns kräftig die Hand und sah uns mit festem Blick in die Augen: Mir könnt ihr vertrauen.

14. April

Bis Mitternacht haben wir auf den Tisch gewartet. Er kam nicht. Heute früh rief ich Nebenzahl an. Sein Partner sagte mir, Nebenzahl hätte auswärts zu tun, und er wüßte nichts von einem Tisch. Aber sobald Nebenzahl zurückkäme, würde er uns anrufen. Nebenzahl rief uns nicht an. Unsere Mahlzeiten nehmen wir auf dem Teppich ein.

15. April

Ich fuhr nach Jaffa, um Krach zu schlagen. Nebenzahl steckte bis über beide Ohren in der Arbeit. Die Kreissäge, die er mit mächtiger Hand bediente, warf Fontänen von Sägespänen um sich. Ich mußte mich vorstellen, da er sich nicht mehr an mich erinnerte. Dann erklärte er mir, daß sein bester Arbeiter vorzeitig zum Militärdienst eingezogen worden sei, und versprach mir den Tisch für morgen vier Uhr nachmittag. Wir einigten uns auf 3.30 Uhr.

»Nebenzahl ist wie ein Präzisionsuhrwerk«, sagte Nebenzahl. »Keine Sekunde früher und keine Sekunde später.«

17. April
Nichts. Ich rief an. Nebenzahl, so erfuhr ich von seinem Kompagnon, hatte sich in die Hand geschnitten, so daß der Tisch erst morgen zugestellt werden könnte. Nun, ein Tag mehr oder weniger spielte wirklich keine Rolle.

18. April
Der Tisch kam nicht. Meine Frau behauptet, das von Anfang an gewußt zu haben. Nebenzahls schiefer, betrügerischer Blick hätte ihr sofort mißfallen. Dann rief sie in Jaffa an. Nebenzahl selbst war am Telefon und fand überzeugende Trostworte. Das Tischholz hätte unvorhergesehene Schwellungen entwickelt, jetzt aber sei es im Druckrahmen, und der Tisch so gut wie fertig. Außerdem seien die Beine noch nicht eingesetzt, aber das würde nicht länger als drei Tage dauern, und das Polieren nicht länger als zwei.

Wir haben bereits große Übung im Sitzen mit untergeschlagenen Beinen. Die Japaner, ein altes Kulturvolk, nehmen ihre Mahlzeiten schließlich seit Jahrtausenden so ein.

21. April
Nebenzahls Partner rief uns von sich aus an, um uns mitzuteilen, daß der Polierer Mumps bekommen hätte. Meine Frau erlitt einen hysterischen Anfall. »Madame«, sagte Nebenzahls Partner, »wir könnten den Tisch im Handumdre-

hen fertigmachen, aber wir wollen Ihnen doch eine erstklassige Handwerksarbeit liefern. Morgen um zwei Uhr bringen wir Ihnen den Tisch und trinken zusammen eine Flasche Bier.«

22. April

Sie brachten den Tisch weder um zwei Uhr noch danach. Ich rief an. Nebenzahl kam ans Telefon und wußte von nichts, versprach uns aber einen Anruf seines Partners.

23. April

Ich fuhr mit dem Bus nach Jaffa. Nebenzahl steckte bis über beide Ohren in der Arbeit. Als er mich sah, fuhr er mich unbeherrscht an, ich sollte ihn nicht unentwegt stören, unter solchem Druck könne er seine Verpflichtungen nicht erfüllen. Der Tisch sei in Arbeit. Was wollte ich also noch? Er zeigte mir die Bretter. Erste Qualität. Stahlhart. Wann? Ende nächster Woche. Sonntag vormittag.

5. Mai

Selbst diesen strahlenden Sonntag mußte mir meine Frau durch ihre Unkenrufe verderben. »Sie werden nicht liefern«, sagte sie mit typisch weiblicher Hartnäckigkeit. »Du wirst schon sehen. Die Säge ist gebrochen.«

Zu Mittag rief ich an. Nebenzahl teilte mir mit, daß sie noch an der Arbeit wären. Sie hätten im Holz ein paar kleinere Sprünge entdeckt und wollten keine zweitklassige Handwerksarbeit abliefern.

Meine Frau hatte wieder einmal unrecht gehabt. Es war nicht die Säge, es waren Sprünge im Holz. Ende nächster Woche.

12. Mai

Nichts. Meine Frau hat sich bereits damit abgefunden, daß wir noch mindestens einen Monat warten müßten. Höchstens vierzehn Tage, sage ich.

Ich rief an. Der Kompagnon teilte mir mit, daß Nebenzahl seit vorgestern abwesend sei. Irgendwelche Geschichten am Zollamt. Wir brauchten gar nicht mehr anzurufen, pünktlich am Morgen des 3. Juni würde der Tisch vor unserem Haus abgeladen.

»Siehst du«, wandte ich mich an meine Frau. »Du hast von einem Monat gesprochen, ich von vierzehn Tagen. Drei Wochen sind ein schöner Kompromiß.«

Wir essen liegend, wie die Römer. Sehr reizvoll.

3. Juni

Nichts. Kein Anruf, keine Antwort. Meine Frau: Mitte August. Ich: Ende Juli. Fuhr mit dem Bus nach Jaffa. An der Endstation hielt gerade ein Taxi, der Fahrer steckte den Kopf heraus und rief: »Nebenzahl, Nebenzahl!« Sofort stiegen zwei weitere Passagiere ein. Einer von ihnen hatte seit sechs Monaten Präsenzdienst bei Nebenzahl, wegen einer Sesselgarnitur. Der andere, ein Physikprofessor, wartete erst seit zwei Monaten auf seinen Arbeitstisch. Unterwegs freundeten wir uns herzlich an. In Nebenzahls Werkstatt fanden wir nur den Kompagnon. Alles würde sich bestens regeln, sagte er. Ich warf einen Blick in die Werkstatt. Die stahlharten Bretter waren verschwunden.

Auf dem Rückweg diskutierten wir über Nebenzahls Persönlichkeit, über die Arbeit, die ihn so sehr in Anspruch nimmt, und über seinen Wunsch, es allen recht zu machen. Daran wird er noch zugrunde gehen. Schon jetzt sieht er aus wie ein gehetztes Wild. Wir beschlossen, uns nächste Woche wieder an der Nebenzahl-Linie zu treffen.

Meine Frau leugnet, sich jemals auf Ende August festgelegt zu haben. Ich verlangte, daß von jetzt an alles schriftlich niedergelegt werden müßte.

30. Juli

Ich wette fünf Pfund auf den Termin Laubhüttenfest, das heuer in die erste Oktoberfesthälfte fällt. Meine Frau konterte mit dem Jahresende nach dem gregorianischen Kalender. Ihre Begründung: Geburt eines Sohnes bei Nebenzahls. Meine Begründung: Kurzschluß. Alles schriftlich festgehalten.

An der Haltestelle stieß ein weiterer Nebenzahl-Fan zu uns, ein älteres Mitglied des Obersten Gerichtshofs mit Büchergestell, zwei Jahre. Der Konvoi rollte nach Jaffa. Nebenzahl steckte bis über beide Ohren in der Arbeit. Durch Fontänen von Sägespänen und das Dröhnen der Maschinen rief er uns zu, daß er unmöglich mit jedem einzelnen von uns sprechen könne. Ich wurde zum Sprecher der Gruppe bestimmt. Nebenzahl versprach diesmal feierlich, daß Ende November alles geliefert sein würde, mein Tisch sogar etwas früher, um das jüdische Neujahr herum. Warum so spät? Weil Nebenzahls eine Tochter erwarten. Der Physikprofessor schlug vor, daß wir auch untereinander Wetten abschließen sollten. In der gleichen Straße befände sich ein Buchdrucker, Schaukelstuhl, 18 Monate, der uns die nötigen Quiz-Formulare drucken würde. Gründung eines Nebenzahl-Klubs.

21. August

Diesmal fand die Klubsitzung bei uns statt. 31 Teilnehmer. Das Mitglied des Obersten Gerichtshofs brachte die endgültigen Statuten des Nebenzahl-Klubs mit. Wer ordentliches Mitglied werden will, muß mindestens drei Monate gewartet haben. Mit geringerer Wartezeit wird man nur Kandidat. Genehmigung der Wettformulare. Es sind jeweils drei Sparten auszufüllen: a) versprochenes Datum der Fertigstellung, b) Ausrede, c) tatsächliches Datum der Lieferung (Tag, Monat, Jahr). Mit großer Mehrheit wurde beschlossen, ein Porträt in Auftrag zu geben: Josef Nebenzahl, bis über beide Ohren in Arbeit steckend und dem Besucher mit festem Blick in die Augen sehend.

Die Klubmitglieder sind ungewöhnlich nette Leute, ohne Ausnahme. Wir bilden eine einzige, große, glückliche Familie. Alle essen auf dem Fußboden.

2. Januar

Heute war ich an der Reihe, bei Nebenzahl vorzusprechen. Er entschuldigte sich für die Verspätung. Zeugenaussage vor Gericht. Zeitverlust. Dann zog er das kleine Notizbuch aus seiner Hosentasche, blätterte, überlegte angestrengt und versprach mir in die Hand, übermorgen nachmittag mit der Arbeit an unserem Tisch zu beginnen. Wir füllten sofort die Formulare aus. Meine Frau: 1. Juni. Ich: 7. Januar nächsten Jahres.

1. Februar

Festversammlung des Nebenzahl-Klubs. Ständiges Anwachsen der Mitgliederzahl. Am Quiz beteiligen sich bereits 104 Personen. Die Inhaberin eines Schönheitssalons hatte 50 Pfund auf die Lieferung einer Ersatzschublade gewettet, 15. Januar, Grippe, 7. Juli, und gewann 500 Pfund, da sie sowohl die beiden Daten als auch die Ausrede richtig erraten hatte. Die Festsitzung wurde durch ein Konzert unseres Kammerquartetts eröffnet, drei Stühle, eine Gartenbank. Im Rahmen des Kulturprogrammes hielt der Prorektor des Technikums in Haifa einen Vortrag über das Thema »Der Tisch, ein überflüssiges Möbel«. Seine farbigen Schilderungen über die Speisegewohnheiten des frühen Neandertalers fanden größtes Interesse. Nach dem Bankett erfolgte in drei Bussen die traditionelle Pilgerfahrt nach Jaffa. Nebenzahl steckte bis über beide Ohren in der Arbeit. Er versprach, bis

Freitag nachmittag alles fertigzustellen. Die Verzögerung sei auf eine unangenehme Affäre in seiner Familie zurückzuführen.

4. September

Unser Exekutivkomitee bereitet die Einrichtung eines medizinischen Hilfsfonds für Nebenzahl-Kunden vor. Ferner wurde eine Monatszeitschrift mit dem Titel »Ewigkeit« beschlossen, die sich mit aktuellen Fragen beschäftigen soll: Beschreibung neuer Maschinen in den Nebenzahl-Werkstätten, mit Fotos, Namenslisten, Lehrlinge und Gehilfen, Resultate des Nebenzahl-Quiz, Führungen durch Jaffa, eine ständige Rubrik »Neues aus der Tischlerei« und anderes mehr. Das Training unserer Basketballmannschaft findet jetzt zweimal wöchentlich statt. Wir machen gute Fortschritte. Das Geld für den Bau eines Nebenzahl-Klubhauses soll durch Anleihen aufgebracht werden. Nach Schluß der Sitzung wurde der in den Statuten vorgeschriebene Anruf nach Jaffa durchgeführt. Nur der Kompagnon war da. Nebenzahl befindet sich auf Hochzeitsreise. Der Kompagnon versprach, für beschleunigte Abwicklung zu sorgen. Meine Frau setzte 300 Pfund auf den 17. August in drei Jahren.

10. Januar

Etwas vollkommen Unerklärliches ist geschehen. Heute vormittag erschien Josef Nebenzahl vor unserem Haus und zog eine Art von Tisch hinter sich her. Wir fragten uns, was er wohl vorhätte. Nebenzahl erinnerte uns, daß wir vor einiger Zeit, er wüßte nicht mehr genau, wann, bei ihm einen Tisch bestellt hätten, und der wäre jetzt also fertig. Offenbar handelte er in geistiger Umnachtung. Seine Augen flackerten. »Nebenzahl verspricht, Nebenzahl liefert«, sagte er. »Bitte zahlen Sie den Transport.«

Es war ein fürchterlicher Schlag für uns. Adieu Nebenzahl-Klub, adieu Vorstandssitzungen, Kulturprogramm und Wetten. Aus und vorbei. Und das Schlimmste ist: Wir wissen nicht, was wir mit dem Tisch machen sollen. Wir können längst nicht mehr im Sitzen essen. Meine Frau meint, wir sollten uns nach den Mahlzeiten unter dem Tisch zur Ruhe legen.

Hürdenlauf der Propheten

Sprachtalent

Juden reden gerne. Und wenn ich »reden« sage, meine ich reden. Sie reden, solange sie können, und sie können sehr, sehr lange reden und dann in mindestens dreißig Sprachen, und das noch gleichzeitig.

Perpetuum mobile

Es ist ein Problem, das uns alle betrifft, zumeist unter freiem Himmel: Der israelische Mann-auf-der-Straße bleibt an der Ecke stehen und wechselt ein paar Worte mit einem dort bereits stehengebliebenen Mitmann-auf-der-Straße. Wie geht's, danke, wie immer, freu' mich Sie zu sehen, man kann ja mit niemandem mehr reden, scheußliches Wetter, na und die politische Lage, und die Preise sind auch schon wieder gestiegen, dafür sinkt die öffentliche Moral, was macht die Familie, Ihre liebe Gattin, so ist das Leben, etwas anderes war ja nicht zu erwarten, was Sie nicht sagen, und was sagen Sie zu Pavarotti, und wer hätte das gedacht und so weiter und so fort und so lange, bis wir beide, Mitmann und ich, alles besprochen haben, was uns zu Hause und in der Welt auf die Nerven geht, innen und außen, oben und unten, und dann sind wir so erschöpft, daß wir kaum noch stehen können, und halten uns unter dem Vorwand eines Händedrucks aneinander fest und murmeln, daß wir bald einmal zusammenkommen sollten, und grüßen Sie zu Hause, und ich werde Sie anrufen und jetzt, da es nichts mehr zu sagen gibt, wirklich nichts mehr, sagt Mitmann, seine Hand noch in der meinen: »Und wie geht's Ihnen sonst?«

Genau das sagt er. Mit ebendiesen Worten. Er will wissen, wie es mir »sonst« geht. Was soll ich darauf antworten? Gerade habe ich ihm des langen und breiten erklärt, wie es mir geht, ich habe nichts ausgelassen, er weiß alles, bis ins kleinste Detail, und fragt: »Wie geht es Ihnen sonst?«

Wieso »sonst«?

Was meint er mit »sonst«?

Es gäbe eine einzige Antwort auf diese Frage: wortlos kehrtmachen und verschwinden. Aber wer bringt das schon über sich? Ich nicht. Ich stehe da, scharre mit den Füßen, schüttle immer noch Mitmanns Hand und denke über eine geeignete Antwort nach. »Soso lala« ist nicht genug. »Gut« ist nicht wahr. »Wie immer« hatten wir schon, was bleibt?

Angenommen, ich brumme etwas Unverbindliches, etwa, daß ich in der letzten Zeit keinen Menschen gesehen hätte. Dann kommt Mitmann sofort auf Avizohars Scheidung zu sprechen, die wir doch schon ausführlich besprochen haben, Avizohar ist vollkommen fertig, warten Sie, das muß ich Ihnen noch erzählen, ich begleite Sie nach Hause, also die Anwälte hätten sich ja geeinigt, aber vor dem entscheidenden Gespräch ist seine Frau mit diesem Architekten nach Australien durchgebrannt, Avigdor ist vollkommen fertig, kein Wunder, man muß sich das vorstellen – und als Avigdor zum vierten Mal vollkommen fertig ist, stehen wir endlich vor meinem Haus, und während ich mich bemühe, Mitmanns letzten Händedruck abzuschütteln, sage ich, man glaubt es nicht, aber ich höre mich ganz deutlich: »Und wie geht's Ihnen sonst?«

Das läßt sich ein Mitmann natürlich nicht zweimal fragen.

Denn da ist die Sache mit der Gewerkschaft, und so können sie ihn nicht behandeln, ihn nicht, er ist kein Waschlappen, und bevor ich mir das alles noch einmal anhöre, frage ich lieber nach Avigdor. Vielleicht ist seine Frau inzwischen aus Australien zurückgekommen, oder es gibt sonst etwas Neues ... Es gibt nichts sonst.

Ich erinnere mich an den tragischen Fall meines Nachbarn Felix Seelig, der mit seinem Mitmann neun Stunden lang vor dem Haus stand, sie konnten zu Ende nicht kommen, weil sie einander immer wieder nach ihrem sonstigen Ergehen fragten, und als sie die Sache mit Avigdor und die Sache mit der Gewerkschaft je fünfmal abgehandelt hatten, lehnten sie keuchend an der Hauswand und schnappten nach Luft und hörten erst auf, als Felix bewußtlos zu Boden glitt. Sein letztes Wort, so behauptet Mitmann, war ein kaum hörbar geflüstertes »... und ... sonst ...«.

Gestern fragte mich ein anderer Mitmann, wie es mir sonst geht. Ich informierte ihn, daß meine Antwort auf schriftlichem Wege erfolgen würde. Das ist hiermit geschehen.

Ein Schuh geht auf Reisen

Das ganze Unglück begann damit, daß ich mir amerikanische Schuhe, ihrer Gummisohlen wegen »Rubber Soles« genannt, kaufen wollte.

»Herr Leicht«, sagte ich zum Besitzer des von mir bevorzugten Schuhgeschäftes am Mograbi Square, »ich möchte ein Paar echte Rubber Soles, sämisch, mit amerikanischen Spitzen.«

»Einen Augenblick«, sagte Herr Leicht, begann seine Regale zu durchstöbern und fand keine. Also schickte er einen,

Botenjungen in sein Filialgeschäft gegenüber der Hauptpost. »In ein paar Minuten haben Sie Ihre Schuhe«, sagte er und winkte den Jungen heran, einen kleinen Jemeniten von etwa vierzehn Jahren.

»Höre, Achimaaz«, sagte Herr Leicht langsam und deutlich. »Du gehst jetzt in unser Zweiggeschäft gegenüber vom Hauptpostamt und verlangst dort ein Paar Rubber Soles, sämisch, amerikanisch, Nummer 7. Die bringst du her. Hast du verstanden?«

»Wozu?« antwortete Achimaaz.

»Na ja.« Herr Leicht wandte sich entschuldigend an mich. »Es ist vielleicht besser, wenn wir dem kleinen Schwachkopf einen Schuh mitgeben, sonst bringt er die falsche Größe.«

Ich zog meinen linken Schuh aus, den Herr Leicht dem Botenjungen übergab.

»Also, Achimaaz, Rubber Soles, sämisch, amerikanisch, Nummer 7. Wirst du dir das merken? Ja? Dann lauf.«

»Herr Leicht«, stammelte Achimaaz, »ich weiß nicht, wohin ich gehen soll, Herr Leicht.«

»Du weißt doch, wo die Hauptpost ist?«

»Ja, das weiß ich.«

»Also. Worauf wartest du noch? Es eilt.«

Nach zwei Stunden und zwanzig Minuten wußten weder Herr Leicht noch ich, worüber wir noch sprechen sollten. Alle gängigen Konversationsthemen vom Wachstum Tel Avivs bis zur herrschenden Tropenhitze hatten wir durch. Endlich wurde die Tür aufgerissen und Achimaaz trat ein, vollkommen atemlos und mit vollkommen leeren Händen.

Herr Leicht sprang auf ihn zu. »Wo sind die Schuhe?«

»Mit Luftpost abgegangen«, sagte Achimaaz stolz.

Unsere Nachforschungen ergaben schließlich: Achimaaz war, wie befohlen, direkt aufs Hauptpostamt gerannt und hatte sich dort in die Schlange vor Schalter 4 eingereiht, weil sie die längste war. Er kam nur langsam voran, denn an Schalter 4 werden Einschreiben abgefertigt und ein Bote des Postministeriums hatte 200 mitgebracht. Endlich aber war Achimaaz an der Reihe.

Erlöst schob er dem Beamten die Schachtel mit meinem alten Schuh unter die Nase und sagte brav das Auswendiggelernte auf.

»Rubber Soles Sämisch Amerika Nummer 7.«

»Schalter 8«, sagte der Beamte. »Bitte weitergehen.«

Achimaaz wechselte zur Schlange vor Schalter 8 und wiederholte sein Sprüchlein.

»Rubber Soles Sämisch Amerika Nummer 7.«

»Du hast keinen Brief«, sagte der Beamte. »Das ist ein Paket.«

»Macht nichts«, sagte Achimaaz. »Herr Leicht will es so.«

»Na schön.« Der Beamte zuckte die Schultern und legte die Schachtel auf die Waage. »Das wird ein Vermögen kosten. Wohin soll's gehen?«

»Rubber Soles Sämisch Amerika Nummer 7.«

»Macht nach Amerika drei Pfund zehn Piaster«, sagte der Beamte. »Mit Eilzustellung?«

»Warum eil?«

»Ist es eilig?«

»Sehr eilig.«

»Macht achtundfünfzig Piaster mehr. Hast du so viel Geld bei dir, Junge?«

»Ich glaube schon.«

Erst jetzt merkte der Beamte, daß auf der Schachtel keine Adresse stand.

»Was soll das? Warum hast du keine Adresse geschrieben?«

»Ich kann nicht sehr gut schreiben«, entschuldigte sich Achimaaz und wurde knallrot. »Wir sind acht Kinder. Mein ältester Bruder ist im Kibbuz.«

»Schon gut«, unterbrach ihn der Beamte, griff selbst nach einem Stift. »An wen geht das also?«

»Rabbi Sols Sämisch Amerika Nummer 7«, flüsterte Achimaaz.

»Rabbi Sol Sämisch, USA«, schrieb der Beamte auf das Paket und knurrte etwas von diesen amerikanischen Juden, die sogar ihre biblischen Vornamen abkürzen und statt »Solomon« nur »Sol« sagen. »Welche Stadt, zum Teufel? Welche Straße?«

»Herr Leicht hat gesagt, gegenüber vom Hauptpostamt.«

»Das genügt nicht.«

»Rabbi Sols Sämisch Amerika Nummer 7«, wiederholte Achimaaz tapfer. »Mehr hat Herr Leicht nicht gesagt.«

»Wirklich ein starkes Stück.« Der Beamte schüttelte den Kopf und vervollständigte die Adresse: Postfach No. 7, Brooklyn, N. Y., USA. »Wer ist der Absender?«

»Herr Leicht.«

»Wo wohnt Herr Leicht?«

»Ich weiß nicht. Sein Geschäft ist auf dem Mograbi Square.«

Als ich vor einigen Tagen wieder am Schuhgeschäft Leicht vorbeikam, winkte mich Herr Leicht in den Laden und zeigte mir stolz einen Brief von Rabbi Sämisch aus Hartford, Connecticut. Die falsche Brooklyner Adresse war offensichtlich von der findigen amerikanischen Post richtiggestellt worden. Rabbi Sämisch bedankte sich herzlich für das hübsche Geschenk, bemerkte jedoch, daß er im allgemeinen neue Schuhe vorzöge und wenn möglich einen rechten und einen linken gemeinsam. Im übrigen hätte ihn die kleine Aufmerksamkeit, obwohl er sich seit jeher lebhaft für die zionistische Bewegung interessierte, doch ein wenig überrascht.

Touristenparadies

Im Zeitalter grassierender Wirtschaftskrisen gibt es nur eine Methode, schnell und sicher zu Devisen zu kommen: Man importiert Touristen. Das gilt besonders für ein Land, in dem Moses, Jesus und Mohammed nur durch eine kleine Zeitdifferenz daran gehindert wurden, sich zu einem Symposium über das Thema »Der Monotheismus und sein Einfluß auf den Fremdenverkehr« zusammenzusetzen.

Von Mäusen und Menschen

»Kellner! Herr Ober!«

»Jawohl, Herr Sternberg.«

»Frühstück für zwei, bitte.«

»Jawohl. Zweimal Frühstück. Sofort. Ich möchte Sie nur noch rasch etwas fragen, Herr Sternberg. Sind Sie der berühmte amerikanische Schriftsteller, über den man jetzt so viel in den Zeitungen liest?«

»Mein Name ist John Steinbeck, mein Freund.«

»Aha. Erst gestern habe ich ein Bild von Ihnen in der Zeitung gesehen. Aber da hatten Sie einen Bart, scheint mir. Es war auch ein Artikel dabei, daß Sie einen Monat hierbleiben wollen und daß Sie inkognito sind, damit man Sie nicht belästigt. Ist das Ihre Frau?«

»Ja, das ist Frau Steinbeck.«

»Schaut aber viel jünger aus als Sie.«

»Ich habe das Frühstück bestellt.«

»Sofort, Herr Steinberg. Sie müssen wissen, daß alle möglichen Schriftsteller in dieses Hotel kommen. Erst vorige Woche hatten wir einen hier, der ›Exodus‹ geschrieben hat. Haben Sie ›Exodus‹ gelesen?«

»Nein.«

»Ich auch nicht. So ein dickes Buch. Aber ›Alexis Sorbas‹ habe ich in unserem Kino gesehen. Wann haben Sie ›Alexis Sorbas‹ geschrieben?«

»Ich habe ›Alexis Sorbas‹ nicht geschrieben.«

»Hat mir großartig gefallen, der Film. An einer Stelle wäre ich vor Lachen fast geplatzt. Wissen Sie, wo?«

»Ich hätte zum Frühstück gerne Kaffee. Und Tee für meine Frau.«

»Sie haben ›Alexis Sorbas‹ nicht geschrieben?«

»Nein. Das sagte ich Ihnen ja schon.«

»Wofür hat man Ihnen dann den Nobelpreis verliehen?«

»Für ›Früchte des Zorns‹.«

»Also Kaffee und Tee, richtig?«

»Richtig.«

»Sagen Sie, Herr Steinberg, wieviel bekommt man für so einen Preis? Stimmt es, daß er eine Million Dollar einbringt?«

»Könnten wir dieses Gespräch nicht nach dem Frühstück fortsetzen?«

»Da hab' ich leider keine Zeit mehr. Warum sind Sie eigentlich hergekommen, Herr Steinberg?«

»Mein Name ist Steinbeck.«

»Sie sind aber kein Jude, nicht wahr?«

»Nein.«

»Hab' ich mir gleich gedacht. Amerikanische Juden geben kein Trinkgeld. Schade, daß Sie ausgerechnet jetzt gekommen sind, wo es fortwährend regnet. Jetzt gibt es hier nichts zu sehen. Oder sind Sie in Israel an etwas ganz Speziellem interessiert?«

»Ich möchte ein weichgekochtes Ei.«

»Drei Minuten?«

»Ja.«

»Sofort. Ich weiß, Herr Steinberg, in Amerika ist man es nicht gewöhnt, sich mit Kellnern so ungezwungen zu unterhalten. In Israel ist das anders. Wir haben Atmosphäre. Übrigens war ich nicht immer Kellner. Ich habe Orthopädie studiert, zwei Jahre lang. Leider braucht man hierzulande Protektion, sonst kommt man nicht weiter.«

»Bitte bringen Sie uns das Frühstück, mit einem weichen Ei.«

»Drei Minuten, Herr Steinberg, ich weiß. Aber dieser ›Alexis Sorbas‹, das war vielleicht ein Film. Auch wenn Sie gegen Schluß ein wenig dick aufgetragen haben. Unser Koch hat mir gesagt, daß es von Ihnen auch noch andere Filme gibt. Ist das wahr?«

»Ja.«

»Was, zum Beispiel?«

»Zum Beispiel ›Jenseits von Eden‹.«

»Hab' ich gesehn! Mein Ehrenwort, das hab' ich gesehn. Zum Brüllen komisch. Besonders diese Szene, wo sie versuchen, die Bäume aus dem Wald zu transportieren ...«

»Das kommt in ›Alexis Sorbas‹ vor.«

»Ja, richtig. Da haben Sie recht. Also was schreiben Sie sonst?«

»›Von Mäusen und Menschen‹.«

»Mickymaus?«

»Wenn ich nicht bald das Frühstück bekomme, muß ich verhungern, mein Freund.«

»Sofort. Nur noch eine Sekunde. Mäuse, haben Sie gesagt. Das ist doch die Geschichte, wo die Batja Lacet mit diesem Idioten ins Bett gehen will.«

»Wie bitte?«

»Und das ist so ein dicker Kerl, der Idiot, das heißt, in Wirklichkeit ist er gar nicht so dick, aber sie stopfen ihm lauter Kissen unter die Kleider, damit er dick aussieht, und sein Freund neben ihm ist ganz mager, und der dicke Kerl will immer Mäuse fangen und, wieso wissen Sie das eigentlich nicht?«

»Ich kenne den Inhalt meiner Stücke.«

»Natürlich. Jedenfalls muß man auf diesen dicken Idioten immer aufpassen, damit er die Leute nicht verprügelt, aber wie der Sohn vom Boß dann mit der Batja Lacet frech wird, steht er ganz ruhig auf und geht zu ihm hinüber und ...«

»Kann ich mit dem Geschäftsführer sprechen?«

»Nicht nötig, Herr Steinberg. Es wird alles sofort dasein. Aber diese Mäuse haben mir wirklich gefallen. Nur der Schluß der Geschichte, entschuldigen Sie, also der hat mich enttäuscht. Da hätte ich von Ihnen wirklich etwas Besseres erwartet. Warum müssen Sie diesen dicken Kerl sterben lassen? Nur weil er ein bißchen schwach im Kopf ist? Deshalb bringt man einen Menschen nicht um, das muß ich Ihnen schon sagen.«

»Gut, ich werde das Stück umschreiben. Nur bringen Sie uns jetzt endlich ...«

»Wenn Sie wollen, lese ich's mir noch einmal durch und sage Ihnen dann alles, was falsch ist. Das kostet Sie nichts, Herr Steinberg, haben Sie keine Angst. Vielleicht komme ich einmal nach Amerika und besuche Sie. Ich hätte viel mit Ihnen zu reden. Privat, meine ich. Aber das geht jetzt nicht. Ich habe viel zu tun. Wenn Sie wüßten, was ich erlebt habe. Daneben ist ›Alexis Sorbas‹ ein Anfänger.«

»Bekomme ich ein weiches Ei oder nicht?«

»Bedaure, am Sabbat servieren wir keine Eier. Aber wenn ich Ihnen einmal meine Lebensgeschichte erzählte, Herr Steinberg, dann können Sie damit ein Vermögen verdienen. Ich könnte sie natürlich auch selbst aufschreiben, jeder sagt mir, ich bin verrückt, daß ich nicht einen Roman schreibe oder eine Oper oder was Ähnliches. Keiner weiß, wie müde ich am Abend bin. Hab' ich ihnen allen gesagt, sie sollen mich in Ruh' lassen und ich geb's dem Steinberg. Was sagen Sie dazu?«

»Das Frühstück ...«

»Zum Beispiel vor zwei Jahren. Im Sommer, als ich mit

meiner Frau nach Sodom gefahren bin. Plötzlich bleibt das
Auto stehen, der Chauffeur steigt aus, hebt die Kühlerhau-
be, schaut hinein, und wissen Sie, was er gesagt hat?«

»Lassen Sie gefälligst meinen Bart los. Loslassen!«

»Er hat gesagt: ›Der Vergaser ist hin.‹ Stellen Sie sich das
vor. Mitten auf dem Weg nach Sodom ist der Vergaser hin.
Sie werden vielleicht glauben, ich hab' das erfunden? Es ist
die reine Wahrheit. Der Vergaser war hin. Die ganze Nacht
mußten wir im Wagen sitzen. Und es war eine kalte Nacht,
eine sehr kalte Nacht. Sie werden das schon richtig beschrei-
ben, Steinberg. Sie werden schon einen Bestseller draus machen. Ich sage Ihnen: Es war eine Nacht, in der nicht einmal
Alexis Sorbas ... He, wohin gehen Sie, ich bin noch nicht fertig. Ich habe noch eine ganze Menge Geschichten für Sie. Wie
lange bleiben Sie eigentlich?«

»Ich fliege mit dem nächsten Flugzeug ab.«

»Herr Steinberg! So warten Sie doch, Herr Steinberg! Und
zuerst hat er gesagt, daß er einen ganzen Monat bleiben will.
So eine Nervensäge.«

Endstation Plonski

Vor ein paar Tagen erwarteten wir Besuch aus Amerika. Es
handelte sich um eine angesehene Persönlichkeit und einen
glühenden Bewunderer des Heiligen Landes. Unser Bekannter, wir wollen ihn Bob nennen, unter anderem deshalb, weil
er ohnehin so heißt, taumelte zitternd und blaß in unser
Wohnzimmer und erzählte uns, er hätte im Bus Plonski ge-
troffen.

»Normalerweise nehme ich ja immer ein Taxi«, fuhr Bob
fort, nachdem er sich mit einem Drink gestärkt hatte. »Aber
heute fuhr ich mit dem Bus. Mit der Hand am Puls der Be-

völkerung reisen, wenn Sie wissen, was ich meine. Also, da kam ein Bus daher, und ich fragte einen Mann, wohin dieser Bus fahre. Der Mann war Plonski.«

»Ein Bekannter von Ihnen?«

»Ach wo. Ich habe ihn noch nie im Leben gesehen. Er stand zufällig neben mir an der Bushaltestelle und schien ein harmloser Bürger zu sein. Es stellte sich ziemlich bald heraus, daß er lieber nur Jiddisch sprach, aber denselben Weg hatte wie ich. Also blieben wir zusammen und setzten uns gemeinsam auf die hinterste Bank.

Nach zwei Haltestellen legte Plonski plötzlich den Kopf an meine Schulter und begann zu weinen. Es war rührend, wenn auch recht peinlich. Ich fragte ihn, was er hatte, und er erzählte, daß ihn seine heißgeliebte Frau, diese billige Nutte, verlassen hätte. Sie lebe jetzt in New York, und ob ich sie nicht zufällig kenne. Ich versuchte ihn zu trösten, sagte ihm, es seien schon viel schlimmere Dinge auf der Welt passiert, und erkundigte mich ganz nebenbei nach seinem Namen. Plonski sagte mir, daß er Plonski heiße, und seine Frau Rivka, aber mit ef. Ich versicherte ihm, es täte mir leid, aber die Dame sei mir nicht bekannt, New York ist schließlich kein Provinznest. Da begann Plonski zu jammern und zu betteln, ich möge doch seine Frau in New York anrufen und ihr ausrichten, sie möge unbedingt wieder nach Israel zurückkehren. Ich versprach ihm, mein Bestes zu tun, und schrieb die Adresse der Dame, mit ef, in mein Notizbuch. Plonski war außer sich vor Freude. Er fiel mir um den Hals, küßte mich ab und versicherte mir, ich sei ein Engel. Nach zwei weiteren Stationen aber wurden seine Augen plötzlich schmal, und er fragte mißtrauisch: ›Sagen Sie mal, wie kommen Sie eigentlich dazu, meine Frau einfach anzurufen?‹ Ich fragte völlig verwirrt zurück, was er damit sagen wolle und ob ich seine Frau nun etwa nicht anrufen solle, obwohl er mich doch eben darum angefleht hätte. Da packte er mich am Hals ...«

»War er stark?«

»Stark nicht, aber zornig. Jedenfalls packte er mich an der Gurgel, schüttelte mich und begann zu schreien: ›Ich bringe dich um, wenn du an meine Frau auch nur einen Gedanken verlierst, du elender Schuft. Ich kenne euch amerikanische Touristen, ich bin nicht von gestern!‹ Die Passagiere drehten sich nach uns um und ließen einige abfällige Bemerkungen über New Yorker Juden fallen, die glaubten, sie könnten für ihre schmutzigen Dollars alles kaufen. Hoch und heilig schwor ich Plonski, Frau Rivka nicht anzurufen, nicht für alles Geld der Welt, aber er gab meine Gurgel erst frei, nachdem ich mein Notizbuch in tausend kleine Fetzen zerrissen hatte. An der nächsten Haltestelle stieg ich aus. Plonski würdigte mich keines Blickes und murmelte vor sich hin, er hätte eigentlich wissen sollen, daß man diesen Lumpen von Ausländern nicht über den Weg trauen dürfe.«

»Man kann so etwas nicht verallgemeinern«, meinte ich. »An Ihrer Stelle wurde ich einfach seltener Bus fahren.«

Gratisurlaub

Alljährlich, wenn der Frühling kommt, empfehlen Ehefrauen und Zahnärzte den Kibbuz als ideale Erholung von den täglichen Bröseln, als einzig möglichen Ort, einen langweiligen Cousin zweiten Grades oder jemand ähnlichen zu treffen, am Busen der Natur zu ruhen, kuhwarme Milch zu trinken, sich im frischen grünen Gras zu wälzen und für dieses ganze Glück nicht einen lumpigen Groschen zu zahlen.

Die gekaufte Braut

Mein langweiliger Cousin Schimon konnte sich vor Freude über meine Ankunft nicht fassen, denn er war gerade an diesem Tag in ein neues Zimmer übersiedelt, sein kleiner Junge lag mit den Masern im Bett, seine Frau spielte Hebamme bei einer widerstrebenden Kuh, und er selbst mußte dringend in den Speisesaal, wo eine Vollversammlung über den Fall eines Kibbuzmitgliedes beraten sollte. Dieses Mitglied hörte auf den Namen »Ricki der Verrückte« und verlangte aus der Kibbuzkasse schon seit Wochen eine Summe von 4400 Pfund.

»Wozu braucht ein Kibbuznik Geld?« fragte ich meinen Cousin, während ich hinter ihm zum Speisesaal rannte. Schimon, der Schatzmeister des Kibbuz war, antwortete: »Er will eine Frau kaufen.«

Vor einiger Zeit war nämlich Ricki der Verrückte mit der Funktion eines »Einkäufers« betraut worden, hatte in einer von Jemeniten bewohnten Nachbarsiedlung zu tun gehabt und sich dort Hals über Kopf in ein jemenitisches Mädchen namens Chefzibah verliebt. Daß Rickis Familienname Kraus war und Chefzibas Familienname Habifel, störte ihn nicht.

Papa Habifel erteilte sofort seine Zustimmung. Mehr als das, wegen der Jugendlichkeit des Bräutigams verlangte er für seine Tochter nur 4400 Pfund in bar.

Herrn Habifels Forderung verblüffte Ricki, aber der alte Mann erklärte ihm mit patriarchalischer Geduld, daß er als Vater Anspruch darauf hätte, die in seine Tochter investierten Spesen zurückzubekommen. Ricki der Verrückte mußte einsehen, daß es sich hier um eine uralte, unabänderliche jüdische Sitte handle.

Was tut ein normaler Stadtbewohner unter solchen Umständen? Er nimmt ein Darlehen bei einer Bank auf, verkauft den Familienschmuck seiner Großmutter, veruntreut Firmengelder oder macht Überstunden. Ein Kibbuznik hat aber keine Großmutter mit Familienschmuck, keine Bank und keine Firmenkasse. Er hat nichts zu verkaufen, außer seinem reinen Gewissen, und dafür bekäme er höchstens fünfzig bis sechzig Pfund. Er kann also nur von der Kibbuzverwaltung das Geld zum Kauf einer Gattin verlangen.

Die Kibbuzverwaltung lehnte den Wunsch Rickis des Verrückten nach kurzer Debatte ab, und zwar aus drei Gründen: 1. Man kauft keine Frau für bares Geld. 2. Wir leben nicht mehr in der Steinzeit. 3. Hat man so etwas je gehört?

Das Sekretariat bot jedoch an, mit dem alten Herrn Habifel zu verhandeln. Und so begaben sich der Kibbuzsekretär und die Vorsitzende des Sozialausschusses in die jemenitische Nachbarsiedlung. Nach zwei Tagen kamen sie zurück und berichteten der Vollversammlung, daß schließlich und endlich, bei nüchterner Betrachtung der jemenitischen Lebensformen, daß also, kurz und gut und im Grunde, gegen die Forderung von Herrn Habifel nichts einzuwenden sei. 4400 Pfund sei aber ein exorbitant hoher Preis, den man unmöglich zahlen könne. Für 400 Pfund bekäme man ja schon eine Kuh oder eine Dieselpumpe.

Ricki der Verrückte schlug Krach, daß die Wände zitterten. Er verwahrte sich dagegen, daß man seine Chefzibah mit einer Kuh vergliche, noch dazu geringer einschätze, verlangte auf der Stelle des Geld, sonst würde er sofort aus dem Kibbuz austreten.

In der darauf folgenden Vollversammlung herrschte gespannte Stimmung. In den ersten Reihen saßen die Funktionäre, dahinter die übrigen männlichen Kibbuzmitglieder. Die weiblichen saßen an den Wänden und strickten warme Pullover. Die Kinder standen an den Fenstern und gingen trotz wiederholter Strafandrohungen nicht schlafen.

»Genossen«, begann der Kibbuzsekretär. »Wir stehen vor einem völlig neuen Problem. Wir alle kennen und lieben unseren Ricki. Er ist ein alter Kibbuznik und ein guter Arbeiter. Deshalb schlage ich vor, daß wir die Hälfte des Brautpreises bezahlen und ihm für die andere Hälfte einen in zwanzig Jahren rückzahlbaren Kredit geben.«

»Ich brauche keine Gefälligkeiten von euch«, schrie Ricki der Verrückte aufgebracht. »Heiraten ist eine biologische Notwendigkeit. Ihr könnt mich also, wenn ihr wollt, krank schreiben lassen und die 4400 Pfund für meine Heilung bewilligen.«

Der Vorsitzende wollte wissen, von welchem Budget man eigentlich die 200 Pfund nehmen wollte?

»Von unserem Erziehungsbudget abzweigen«, schlug ein friedfertiger Kibbuznik vor, aber der Protest war einhellig.

»Was fällt dir überhaupt ein? Sollen unsere Kinder darunter leiden, daß Ricki verrückt ist?«

»Und was ist mit meinen Kindern?« brüllte Ricki. »Haben sie kein Recht, geboren zu werden?!«

»Wir müssen eine Lösung finden.« Der Sekretär bat um Ruhe. »Mißversteh mich nicht, Ricki, vielleicht könnten wir das Geld aus dem Viehbestandsbudget freimachen. Wir haben nämlich, unterbrich mich nicht, Ricki, wir wollten nämlich gerade eine Kuh kaufen.«

»Mörder!« klang es im Chor der entfesselten Mütter. »Du spielst mit dem Leben unserer Kinder! Milch für unsere Kleinen! Milch! Milch! Milch!«

Die Diskussion eskalierte. Ricki der Verrückte bat ums Schlußwort. Bis morgen Mittag, so sagte er mit zitternder Stimme, hätte das Geld zur Stelle zu sein, auch wenn man zu diesem Zweck einige Kibbuzmädchen verkaufen müßte. Wenn nicht, würde es dem ganzen Kibbuz noch sehr, sehr leid tun.

In die Stille meldete sich abermals Schimon, mein langweiliger Cousin oder so. Wie wäre es mit einem »Heiratsfonds«, in den künftig jeder Junggeselle zwischen fünfundzwanzig und fünfzig Pfund pro Braut einzuzahlen hätte, je nach Gewicht und anderen besonderen Merkmalen?

Erlöst schloß der Vorsitzende die Versammlung.

»Genossen«, sagte er, »das ist ein sehr vernünftiger Vorschlag. Ich möchte nur noch unseren Junggesellen raten, ihre Bräute möglichst unter den Kibbuzmädchen zu wählen. Oder wenn es schon unbedingt eine Braut von auswärts sein muß, dann wenigstens keine überbezahlte Schlampe.«

Hüte dich vor Gründervätern

Als Ministerpräsident Ben Gurion seinerzeit demissionierte und sich in den Kibbuz Sde Boker zurückzog, brachte er die ganze Organisation ins Wanken, weil er jede Bevorzugung ablehnte. Er wollte entsprechend der kollektiven Ideologie des Kibbuz genauso behandelt werden wie alle anderen Mitglieder. Infolgedessen mußten alle anderen Mitglieder eine salzlose, proteinarme Diät zu sich nehmen. Etwas später wurden für alle Kibbuzmitglieder zwangsweise Griechischkurse eingeführt, weil unser Expremier, der bekanntlich ein großer Platoverehrer ist, die Lehren dieses klassischen Denkers nicht allein in sich aufnehmen durfte.

»Der Kollektivismus ist eine gewaltige Idee, die nur den einen Nachteil hat, daß sie sich verwirklichen läßt«, bemerkte einmal ein geistreicher Zeitgenosse, und wie recht hatte ich doch.

Armut kommt teuer

Herr Habifel?«

»Der bin ich. Treten Sie ein, und nehmen Sie Platz. Ja, dort in der Ecke. Auf der zerbrochenen Kiste.«

»Vielen Dank.«

»Wenn Ihnen die Kinder im Weg sind, kann ich sie erwürgen.«

»Das wird nicht nötig sein.«

»Gut, dann sperre ich sie ins Badezimmer. Marsch hinein. So. Schreiben Sie für eine Tageszeitung oder für eine Zeitschrift?«

»Für eine Tageszeitung.«

»Wochenendbeilage?«

»Ja, Herr Habifel. Ich habe Ihr Inserat in unserem Blatt gelesen: ›Slum-Fam. m. 13 Kind. zur Verfüg. d. Massenmedien.‹ Haben Sie jetzt Zeit für mich?«

»Eine Stunde fünfzehn Minuten. Heute vormittag hatte ich ein Rundfunkinterview, und nach Ihnen kommt ein Fernsehteam, aber jetzt können wir sprechen.«

»Danke, Herr Habifel. Meine erste Frage ...«

»Nicht so schnell, nicht so schnell. Was zahlen Sie?«

»Wie bitte?«

»Ich will wissen, wie hoch mein Honorar ist. Oder glauben Sie, daß ich zum Vergnügen in dieser Bruchbude sitze und daß ich mit meiner Familie von der staatlichen Unterstützung leben kann? Von 1930 Pfund im Monat?«

»Das hatte ich nicht bedacht.«

»Aber ich. Die katastrophale Situation der orientalischen Einwanderer hat heute einen ziemlich hohen Marktwert. Daran müssen doch auch diejenigen partizipieren, denen man diese Situation verdankt. Nehmen wir an, Sie schreiben eine schöne Geschichte mit viel Arme-Leute-Geruch und Mangel an Hygiene und so. Das erregt Aufsehen, das ist gut für den Verkauf Ihrer Zeitung und gut für Ihr Honorar. Außerdem verschafft es Ihnen den Ruf eines gesellschaftskritischen Journalisten. Ich helfe Ihnen dabei. Sie bekommen von mir eine herzerweichende Schilderung meines Jammers, meiner Enttäuschung, meiner Bitterkeit, meiner ... «

»Wieviel verlangen Sie?«

»Mein üblicher Tarif ist 300 Pfund die Stunde zuzüglich Mehrwertsteuer. Mit Photos 30 Prozent mehr. Bar. Keine Schecks. Keine Quittung.«

»300 Pfund für eine Stunde?!«

»Davon muß ich ja noch meinen Manager bezahlen. Das ist er aber wert. Im Jemenitenviertel finden Sie vielleicht schon für 150 Pfund Verzweiflung, aber wie sieht die aus? Höchstens elf Kinder, alle gut genährt, und eine Wohlfahrtsrente von 2680 Pfund monatlich. Bei mir haben Sie eine neunzehnköpfige Familie auf 55 Quadratmetern Wohnraum. Mit drei Großmüttern.«

»Wo ist Ihre Frau?«

»Wird oben auf dem Dach fotografiert. Hängt gerade die Wäsche auf an unserer Fernsehantenne. Schwanger ist sie auch.«

»Da müßten Sie ja eine Zulage zur staatlichen Unterstützung beziehen.«

»Ich habe auf beides verzichtet. Meine Position auf dem Elendsmarkt könnte darunter leiden. Interviews sind einträglicher. Demnächst ziehen wir in eine noch kleinere, baufällige Hütte um. Wahrscheinlich nehme ich auch eine Ziege mit hinein. Wo bleibt Ihr Fotograf?«

»Er kommt gleich.«

»Was die Aufmachung betrifft: Ich möchte eine Doppelseite, Headline durchlaufend.«

»Machen Sie sich keine Sorgen, Herr Habifel. Wir werden alle Ihre Forderungen in gehöriger Weise berücksichtigen.«

»Gut. Fangen Sie an.«

»Meine erste Frage: Fühlen Sie sich in Israel schlecht behandelt, Herr Habifel?«

»Warum sollte ich? Ich bin meinen Landsleuten aufrichtig dankbar. Sie haben ein goldenes Herz. Gewiß, sie machen keine besonderen Anstrengungen zur Bekämpfung der Armut, und niemand kümmert sich um die Slums. Andererseits nimmt die Öffentlichkeit lebhaften Anteil und ist immer tief betroffen, wenn unser Elend im Fernsehen gezeigt wird. Man muß nur hören, wie sich dann alle diese Professoren und Soziologen aufregen. Ihre Reden sind ein wirklicher Genuß. Und der Bedarf der Massenmedien an Elendsgeschichten steigt ständig, so daß der Lebensstandard von uns Unterprivilegierten steigt und steigt. Man kann ruhig sagen, Israel ist das erste Land der Welt, das seine sozialen Probleme durch Interviews löst.«

Erfolg ist ansteckend

Soweit ich in den letzten fünfzig Jahren gehört habe, existiert nirgends auf der Welt ein Volk, das aus neunzig verschiedenen, aus allen Ecken der Erde zusammengekratzten Nationalitäten besteht, mit Ausnahme der Vereinigten Staaten von Amerika, die ohnehin eine mißlungene Kopie Israels sind.

A Star is Born

»In Amerika«, sprach meine Tante Trude, als wir eines Abends durch Brooklyn schlenderten, »in Amerika kann ein Israeli ohne Publicity keine Karriere machen.«

»Ich weiß«, antwortete ich kleinlaut. »Aber wie soll ich das anfangen?«

»Du mußt im Fernsehen auftreten. Das wäre das beste. Oder etwas Ähnliches. Glücklicherweise habe ich ausgezeichnete persönliche Verbindungen sowohl zum Rundfunk wie zum Fernsehen. Im Rundfunk wird es leichter sein, weil ich im Fernsehen niemanden kenne.«

Der Rest war ein Kinderspiel. Meine Tante trifft bei ihrem Friseur gelegentlich Frau Perl Traubman, die seit vierzig Jahren in einem jiddischen Radiosender New Yorks die beliebte »Fanny-Swing-Show« leitet. Ja mehr als das, Frau Traubman ist Fanny Swing und hat sowohl in Brooklyn wie in der Bronx viele Fans, besonders unter den jüdischen Hausfrauen.

Schon wenige Tage später kam Tante Trude vom Friseur nach Hause, ihr Gesicht unter den frisch gelegten Dauerwellen strahlte.

»Perl Traubman erwartet dich morgen um 7 Uhr 30 in Studio 203. Ich habe ihr gesagt, daß du Beat-Lyrik schreibst und Oberst bei den israelischen Fallschirmjägern bist, und sie war sehr beeindruckt. Du bist auf dem besten Weg zu einer amerikanischen Karriere.«

Frau Traubman-Swing ist eine freundliche Dame von Anfang Sechzig und sieht auch nicht viel älter aus, wenn man sich ihre knallblond gefärbten Haare und ihre grellrot geschminkten Lippen wegdenkt. Ich mußte im Studio 203 eine halbe Stunde auf sie warten, dann begrüßte sie mich mit der Frage: »In welcher Synagoge singen Sie, Herr Friedmann?«

Ich stellte mich als der lyrische Oberst von Tante Trudes Friseursalon vor.

»Richtig, richtig.« Frau Traubman blätterte gedankenvoll

in den vor ihr liegenden Papieren. »Kantor Friedmann kommt ja erst nächste Woche. Schön, wir können anfangen.«

Ein rotes Lämpchen flammte auf, ein mürrischer Glatzkopf schlurfte herein, rief dreimal »Fanny« ins Mikrofon, setzte sich zu uns, und es ging los. Frau Traubmans Stimme nahm das schwelgerische Timbre einer verliebten Nachtigall an.

»Guten Morgen, Freunde. Sie hören Ihre Freundin Fanny Swing aus New York. Draußen regnet es, aber wenigstens ist es nicht feucht, sondern kühl. Sollte der Winter gekommen sein? Und weil wir schon von ›gekommen‹ sprechen, in unser Studio ist heute ein sehr lieber Besuch gekommen, ein guter alter Freund, dessen Name Ihnen allen bekannt ist, besonders den Besuchern der Or-Kabuki-Synagoge ...« – hier machte ich mich mit einer Handbewegung bemerkbar, die Frau Traubman sofort kapierte – »... aber auch alle anderen werden den großen israelischen Dichter kennen, der soeben eine kurze Inspektionsreise durch die Vereinigten Staaten unternimmt. Er ist aktiver Oberst in der israelischen Luftwaffe und Reserve-Astronaut. Wie geht es Ihnen, Herr Kitschen?«

»Danke«, antwortete ich. »Sehr gut.«

»Das freut mich. Wie gefällt Ihnen New York?«

»Sehr gut, danke.«

»Waren Sie schon im Theater?«

»Noch nicht, aber was mein eigenes Off-Broadway-Stück angeht ...«

»Jakobovskys Speiseöl kocht von allein«, bemerkte Frau Traubman freundlich. »Für eine leicht verdauliche und dennoch nahrhafte Mahlzeit, für Sirup und Salat, für Gebäck und Gemüse, nur Jakobovskys Speiseöl. Was meinst du, Max?«

Der mürrische Glatzkopf unterbrach seine Zeitungslektüre. Widerwillig beugte er sich zum Mikrofon. Er war, wie ich später erfuhr, der politische Kommentator und Theaterkritiker des Senders, half aber auch bei den Werbespots der »Fanny-Swing-Show« mit.

»Jakobovskys Speiseöl ist das beste koschere Öl der Welt«, bestätigte er. »Nichts schmeckt besser als Jakobovsky!«

Er schmatzte hörbar mit den Lippen und vertiefte sich wieder in seine Zeitung.

»Jakobovskys Speiseöl enthält kein Nitroglyzerin«, resümierte Fanny Swing, und dann war wieder ich an der Reihe. »Sie schreiben Ihre Gedichte selbst, Herr Kitschen?«

»Ja«, antwortete ich, »danke.«

»A schejn git'n Tug«, ließ Fanny sich daraufhin vernehmen. »Mein Großvater hat immer jiddisch gesprochen, wenn er wollte, daß wir Kinder ihn verstehen. Er hat auch Gedichte geschrieben. Nicht jiddisch, sondern russisch. Gott hab ihn selig.«

Ich konnte geradezu spüren, wie mein Ruhm von Minute zu Minute wuchs. Dank dieser grandiosen Sendung würde er demnächst Alaska erreicht haben. Es war ja auch wirklich keine Kleinigkeit, in der »Fanny-Swing-Show« mitzuwirken. Manch einer würde sich das etwas kosten lassen, und ich durfte es ganz umsonst tun. Tante Trude schätzte die jüdische Einschaltquote auf 35 Prozent im Schatten. So etwas will ausgenützt sein.

»Jiddisch und Russisch sind schöne Sprachen«, sagte ich. »Was mich betrifft, so schreibe ich hebräisch.«

»Wie schön.«

»Ja, danke.«

»Ich für meine Person habe keine Sorgen mit dem Essen«, tröstete mich Frau Traubman. »Jakobovskys Speiseöl kocht von allein. Ob Fleisch- oder Teigwaren, ob Braten oder Beilagen, es gibt nichts Besseres als Jakobovskys Speiseöl. Nicht wahr, Liebling?«

»Ich koche nur selten«, antwortete ich, aber Fanny Swing

machte eine nervöse Gebärde zum mürrischen Glatzkopf hin, der die Situation sofort erfaßte.

»Jakobovskys Öl ist koscher bis zum letzten Tropfen. Für mich gibt's nur mit Jakobovskys Öl zubereitete Speisen.«

»Schmackhaft und leicht verdaulich, kein Nitroglyzerin, wenn Öl, dann Jakobovsky«, bekräftigte Fanny, ehe sie sich wieder mir zuwandte.

»Herr Friedmann, wo werden Sie an den Feiertagen singen?«

»Ich habe mich noch nicht entschieden.«

»Wir alle kommen in Ihre Synagoge, um Sie zu hören.«

»Das freut mich.«

»Ich bin sicher, daß Sie großen Erfolg haben werden, Herr Friedmann.«

»Wie sollte ich nicht?« fragte ich. »Mit Jakobovskys Speiseöl gibt's keinen Fehlschlag.«

»Sehr richtig. Es kocht von allein.«

»Jakobovskys Speiseöl ist das beste«, ergänzte ich bereitwillig. »Hab' ich nicht recht, Max?«

»Für mich gibt's nur Jakobovsky«, improvisierte Max. »Koscher, schmackhaft und leicht verdaulich.«

Ich schnalzte mit den Lippen ins Mikrofon.

Frau Traubman-Swing sah nach der Uhr.

»Vielen Dank, Herr Friedmann. Es war schön, Sie als Gast in unserem Studio zu haben und einmal aus wirklich kompetentem Mund etwas über den israelischen Synagogengesang zu hören. A git'n Tug und Schalom.«

»Schalom und Salat«, erwiderte ich. »Und Öl.«

Meine amerikanische Karriere war nicht mehr aufzuhalten.

Fundgrube

Ja, die Bibel ist ein Medienliebling, ein Publikumshit, obwohl das Alte und das Neue Testament trotz des Generationsunterschiedes ihrer Verfasser oft miteinander verwechselt werden.

Unter uns gesagt, keiner kennt in unserer hektischen Konsumgesellschaft die Heilige Schrift wirklich. Man weiß gerade noch, daß die Bibel etwas mit dem lieben Gott zu tun hat, und das ist es dann auch schon. Aber bis heute läßt sich jede Diskussion kinderleicht mit dem Hinweis abwürgen: »Verzeihung, meine Gnädigste, aber das steht bereits in der Bibel.«

Und was tut Gott? Es steht wirklich da. Bis auf das Fernsehen. Der Begriff Fernsehen kommt in der Bibel kein einziges Mal vor.

Kein Wunder, das Buch ist besser als der Film.

Gottes langer Arm

Die Krise brach aus, als in der Druckfarbenfabrik »Blackprint« eine Beschwerde des Hauptrabbinats einging. Darin wurde der Direktor von »Blackprint« aufgefordert, umgehend die Lieferung von Druckerfarben an die Zeitung »Der Morgen« einzustellen. Es sei nämlich bekanntgeworden, daß der Chefredakteur des Blattes unkoschere Wurst esse. Der Direktor von »Blackprint« wurde aufgefordert, der Anordnung des Rabbinats unverzüglich zu folgen, sonst werde man von den Druckfarben seiner Firma den Kocherstempel entfernen, und die Vierfarbbeilagen der Wochenendausgaben würden dann von einer anderen Firma gedruckt.

»Wegen unsittlichen Verhaltens in der Öffentlichkeit«,

hieß es abschließend, »und teuflischer Taten, trotz mehrfacher scharfer Abmahnung, sei die Thora zu preisen und zu verherrlichen, mit heiligem Eid und innigem Schwur, gelobt sei Sein Name in Ewigkeit, Amen.«

»Wenn ihr meint«, sagte der Direktor von »Blackprint«. »Aber was passiert, wenn ich euch nicht folge?«

»Dann werden wir dir die Hölle heiß machen, Freundchen.«

Gesagt, getan. Bereits einige Tage danach gab der Kühlschrank des Direktors seinen Geist auf, und er mußte einen Handwerker bestellen. Aber kein Handwerker wagte, sein Haus zu betreten, denn auch die Gewerkschaft der Kühlschrankinstallateure hatte unterdessen ein Schreiben des Rabbinats erhalten. Darin hieß es, man werde ihre Enkelsöhne nicht mehr beschneiden, wenn einer von ihnen das Haus des sündigen Klecksers betrete. Nur der Installateur Nußbaum, offenbar ein Mann mit etwas labilem Charakter, ließ sich mit ein paar größeren Geldscheinen zur Reparatur hinreißen. Offenbar plagte ihn aber mitten in der Arbeit das Gewissen, er packte sein Werkzeug wieder ein und sah zu, daß er nach Hause kam. Zu spät. Seine Frau ließ ihn nicht mehr in die Wohnung, da inzwischen der Apotheker von nebenan ein Fax des Rabbinats erhalten hatte, es dürfe dem Frevler kein Milchpulver fürs Baby mehr verkauft werden, andernfalls würde der gesamte Vorrat des Apothekers an Aspirin zu unreinen Mottenkugeln erklärt.

Zu guter Letzt wurde die Angelegenheit in einer außerplanmäßigen Regierungsdebatte erörtert, und nach langwierigen Beratungen der Koalitionsparteien fand sich ein Kompromiß: Der Chefredakteur von »Der Morgen« ißt jetzt nur noch koschere Wurst.

Moses' Kolumne

Da ich heute das Alte Testament endlich im Original lesen kann, verstehe ich sehr viel besser, warum die Religionslehrer in meinem Gymnasium so viele Kapitel übersprungen haben, als ständen sie unter Jugendverbot. So etwa das 20. Kapitel der Genesis, wo unser Urvater Abraham seine gesetzlich angetraute Ehefrau Sara als seine Schwester vorstellt, um sie dann an König Abimelech zu einem exorbitanten Preis zu verkaufen. Immerhin blieb das Geld in der Familie. Auch die delikate Geschichte der beiden Töchter Lots, der Nichten Abrahams, ist nicht unbedingt jugendfrei. Die Mädchen und Papa nehmen Gottes Gebot an Noah, »Gehet hin und mehret euch«, in ihrer Notlage etwas zu ernst.

Abrahams Hagar-Affäre ist auch nicht gerade ein Lieblingsstück der Religionslehrer. Als Sarah feststellte, daß sie keine Kinder mehr bekommen kann, hat sie ihren Gemahl zunächst dazu überredet, sein Glück mit der schönen Sklavin Hagar zu versuchen. Als aber Hagar dann den Sohn Ismael gebar, bekam die beste Ehefrau von Abraham einen Wutanfall und schickte das impertinente Flittchen samt Sohn in die Wüste.

Seither hat sich nicht viel verändert. Höchstens die Wüste.

Ein fremder Brauch

Wie bekannt ist auf dem gregorianischen Kalender der 31. Dezember als »Silvester« verzeichnet. An diesem Tag feiern die Nichtjuden die Jahreswende, und zwar mit diversen Partys, Bällen, Strömen von Alkohol und einer Mordsgaudi. So etwas kennt man bei uns überhaupt nicht, da in Israel das

Steuerjahr erst am 31. März mit der Einreichung der Steuererklärung endet.

Das soll natürlich nicht heißen, daß wir an diesem Tag
nicht auch Freunde besuchen könnten. Wir achten allerdings
streng darauf, daß diese Besuche im üblichen Rahmen bleiben. Wir begnügen uns damit, den Gästen ein paar Kanapees
und einen guten Tropfen anzubieten. Und warum die gute
Laune künstlich schmälern, nur weil am gleichen Tag auch
dieses Silvester, oder wie man es nennt, stattfindet. Einfach
lächerlich. Wir lassen uns von den Nichtjüdischen, im Volksmund Gojim genannt, doch nicht vorschreiben, wann und
wie wir Spaß haben. Und wenn wir gerade an diesem Abend
ein paar Gläschen über den Durst trinken, dann trinken wir
eben gerade an diesem Abend ein paar Gläschen über den
Durst. Sollte uns zufällig danach sein, an diesem Abend
nicht ins Bett zu gehen, dann gehen wir halt nicht ins Bett,
sondern singen und tanzen und machen durch bis zum frühen Morgen, lassen Raketen steigen, machen um Mitternacht das Licht aus und fallen uns in die Arme.

Die Gojim machen es genauso. Von mir aus, sollen sie uns
doch ruhig nachmachen.

Die böse Sieben

Vermutlich habe ich schon erwähnt, daß wir ein ungewöhnlich traditionsbewußtes Volk sind. Genauer gesagt, unsere Traditionen haben uns unharmherzig im Griff. Man
braucht nur an jenes Gebot aus dem Buch der Bücher zu denken, welches uns auferlegt, in jedem siebenten Jahr unsere
Sklaven zu befreien und unser Land nicht zu bebauen. Mit
der Sklaverei kommen wir schon irgendwie zurecht, aber
was soll mit den Äckern geschehen? Wenn wir das Land

brachliegen lassen, müssen wir verhungern. Wenn wir es bebauen, rufen wir den Zorn des Allmächtigen auf uns herab. Wie so oft im Leben hilft nur ein Kompromiß.

Etwas stimmt hier nicht

Die himmlischen Regionen lagen in strahlendem Licht. Allüberall herrschte majestätische Ruhe. Gott der Herr saß auf Seinem Wolkenthron und lächelte zufrieden, wie immer, wenn alles nach Seinen Wünschen ging.

Einer der Himmelsbeamten, ein nervöser kleiner Kerl mit schütterem Spitzbart, bat um Gehör.

»Allmächtiger Weltenherr«, begann er. »Bitte verzeih die Störung, aber ...«

»Was gibt's?«

»Es handelt sich schon wieder um Israel.«

»Ich weiß.« Gott machte eine resignierte Handbewegung. »Die unreinen Fleischkonserven aus Argentinien.«

»Wenn es nur das wäre. Aber sie bearbeiten das Land. Auch auf den Kibbuzim der religiösen Parteien.«

»Sollen sie arbeiten. Es wird ihnen nicht schaden.«

»Herr der Welten«, sagte der Beamte beschwörend. »Heuer ist ein Schmitta-Jahr. Ein siebentes Jahr, Herr, ein Jahr, in dem alle Landarbeit zu ruhen hat, auf daß Dein Wille geschehe.«

Der Herr der Welten schloß nachdenklich die Augen. Dann widerhallte Seine Stimme durch den Weltenraum.

»Ich verstehe. Sie bearbeiten das Land, das Ich ihnen gegeben habe, auch im Jahr der Sabbatruhe. Sie mißachten Meine Gebote. Das sieht ihnen ähnlich. Wo ist Bunzl?«

Geschäftiges Durcheinander entstand. Himmlische Boten flogen in alle Richtungen, um Ausschau zu halten nach dem

Vertreter der Orthodoxen Partei Israels im Himmel, Sidor Bunzl, früher Preßburg. Blitze durchzuckten das All. Bunzl kam angerannt. Sein Gebetsmantel flatterte hinter ihm her.

»Warum bebaut ihr euer Land in einem Schmitta-Jahr?« donnerte der Herr. »Anworte.«

Isidor Bunzl senkte demütig den Kopf.

»Adonai Zebaoth, wir bebauen unser Land nicht. Wir besitzen gar kein Land in Israel.«

»Sprich keinen Unsinn. Was ist los mit eurem Land?«

»Es wurde vom Rabbinat verkauft. In ganz Israel befindet sich derzeit kein Land in jüdischen Händen.«

Das Antlitz des Herrn verfinsterte sich.

»Verkauft? Ganz Israel? Wo ist Mein Rechtsberater?«

Im nächsten Augenblick schwebte Dr. Siegbert Krotoschiner herbei.

»Herr der Heerscharen«, begann er, »wir stehen einer rechtlich vollkommen klaren Situation gegenüber. Das Ministerium für religiöse Angelegenheiten hat aufgrund einer Vollmacht, die im Landwirtschaftsministerium erteilt wurde, das gesamte israelische Ackerland für die Dauer eines Jahres an einen Araber verkauft.«

»Und warum verkauft man das Land ausgerechnet in einem Schmitta-Jahr?« Die Stirn des Herrn runzelte sich. »Und ausgerechnet für die Dauer eines Jahres? Alles Land? An einen Araber? Sehr merkwürdig.«

»Die Beteiligten haben den Vertrag ordnungsgemäß gezeichnet und versiegelt und in einem Banksafe deponiert«, erläuterte Dr. Krotoschiner. »Er ist juristisch unanfechtbar.«

»Wurde das Schofar geblasen?« fragte Gott der Herr.

»Selbstverständlich«, beruhigte ihn Isidor Bunzl. Gott der Herr war noch nicht überzeugt. Sturmwolken zogen auf, einige Engel begannen zu zittern.

»Mit gefällt das alles nicht«, sprach der Herr. »Nach Meinem Gebot soll das Land in jedem siebenten Jahr ruhen, und es ruhe auch der, welcher es bebaut. Nie habe Ich gesagt, daß dieses Gebot auf verkauftes Land nicht anzuwenden ist.«

»Verzeih, Allmächtiger.« Isidor Bunzl warf sich dem Herrn zu Füßen. »Schlage mich, wenn Du willst, mit starker Hand, aber in dieser Sache kenne ich mich besser aus als Du. Es steht ausdrücklich geschrieben –«

»Was steht ausdrücklich geschrieben?« unterbrach ihn zürnend der Herr. »Ich möchte das Protokoll sehen.«

»Moses, Moses!« schallte es durch den Raum.

Der Gerufene erschien unter Sphärenklängen, die fünf Protokollbücher unterm Arm. Freundlich nickte der Herr ihm zu.

»Lies Mir die Stelle vor, Mein Freund.«

Schon nach kurzem Blättern hatte Moses die Stelle gefunden.

»In meinem dritten Buch, Kapitel 25, Absatz 2, 3 und 4, heißt es wie folgt. Rede mit den Kindern Israels, und sprich zu ihnen: Wenn ihr in das Land kommt, das ich euch geben werde, so soll das Land dem Herrn die Feier halten.«

»Da habt ihr's.« Gott blickte triumphierend in die Runde. »Ich wußte es doch.«

»Sechs Jahre sollt ihr eure Felder besäen«, fuhr Moses fort, »und eure Weinberge beschneiden und die Früchte einsammeln. Im siebenten Jahre aber soll das Land seine große Feier dem Herrn feiern, und sollt eure Felder nicht besäen noch eure Weinberge beschneiden.«

Moses klappte das Protokollbuch zu. Eine Pause entstand. Dann ergriff Bunzl das Wort.

»Du siehst, König der Könige, es heißt ausdrücklich: eure Felder. Somit bezieht sich Dein Gebot nicht auf fremden Landbesitz.«

»Von Landbesitz ist nirgends die Rede«, widersprach Gott, aber es klang ein wenig unsicher.

202

»Herr der Welten, das Rabbinats-Gremium der Orthodo-xen Partei hat diese Interpretation des Textes auf einer eigens einberufenen Tagung feierlich gebilligt.«

»Wurde das Schofar geblasen?«

»Selbstverständlich.«

»Hm ...«

Der Heilige, gepriesen sei Sein Name, schien sich allmäh-lich mit dem Arrangement abzufinden. Ein erleichtertes Auf-atmen ging durch Sein Gefolge. Aber da verfinsterte sich Gottes Antlitz von neuem, und Seine Stimme erhob sich grol-lend.

»Ihr könnt sagen, was ihr wollt, da stimmt etwas nicht. Ir-gendwo steckt doch ein Betrug.«

»Herr«, flüsterte Isidor Bunzl mit leisem Vorwurf. »Herr, Du willst doch nicht sagen ...«

»Ruhe, Ich bitte mir Ruhe aus. Also wie war das? Das Mi-nisterium für religiöse Angelegenheiten hat eine Vollmacht vom Landwirtschaftsministerium bekommen?«

»Ja, o Herr. Eine schriftliche Vollmacht.«

»Wie darf ein Ministerium sich die Macht anmaßen, Mein Land zu verkaufen? An einen Araber? Für wieviel haben sie es verkauft?«

»Für fünfzig Pfund«, antwortete Dr. Krotoschiner. »Und selbst diese Summe hat man dem arabischen Käufer rücker-stattet.«

»Die Geschichte wird immer undurchsichtiger«, zürnte der Ewige. »Was soll das alles? Ich habe dieses Land, in wel-chem Milch und Honig fließt, den Nachkommen Abrahams zu eigen gegeben für alle Zeiten. Und dann kommt irgend-ein Landwirtschaftsminister und verschleudert es für fünf-zig Pfund?«

»Wir haben das Schofar geblasen«, versuchte Isidor Bunzl zu beschwichtigen, aber auf Gott den Herrn machte das kei-nen Eindruck mehr.

Der Herr erhob sich. Gewaltig dröhnte seine Stimme durch das All, gewaltige Donnerschläge begleiteten sie.

»Ich lege Berufung ein«, sprach der Herr. »Und wenn nötig, bringe Ich den Fall vor das Jüngste Gericht.«

Damit wandte Er sich ab. Aber einige Engel wollen gesehen haben, daß Er in Seinen Bart schmunzelte.

Feinschmecker

Die epochale Erfindung des ersten Exodus war das ungesäuerte Brot, im Volksmund »Mazzes« genannt. Begreiflicherweise hatten unsere Vorfahren auf der Flucht aus Ägypten keine Zeit, sich mit der Zubereitung von Sauerteig zu beschäftigen, und zur Erinnerung daran essen wir noch heute während des achttägigen Passahfestes ausschließlich ungesäuertes Brot.

Falls irgend jemand einmal versucht haben sollte, acht Tage lang von purem Pappendeckel zu leben, wird er begreifen, warum wir für den Rest des Jahres nur noch auf gesäuertes Brot Wert legen.

Hürdenlauf der Propheten

Die Juden sind bekanntlich das Volk des Buches und waren es schon, als die Welt zu bestehen anfing, ein Vorgang, der mit einiger Zuverlässigkeit nur im hebräischen Original geschildert wird. Deshalb legen die Frommen unter uns Wert darauf, daß ihre Kinder die Heilige Schrift auswendig lernen, Vers für Vers, Satz für Satz, Buchstabe für Buchstabe. Außerdem wird in Jerusalem an jedem Unabhängigkeitstag ein Bibel-Quiz abgehalten, um festzustellen, wer das Buch Jeremia am wörtlichsten auswendig kann. Der Prophet selbst würde nie ins Finale kommen.

Volk des Telefonbuches

Der Briefverkehr hat in der Geschichte des Volkes Israel immer schon eine wichtige Rolle gespielt. Denn das Volk Israel lebte die längste Zeit in der Diaspora, und für die zerstreuten Stämme war es lebenswichtig, miteinander Kontakt zu halten. Kein Wunder, daß eine Welle der Begeisterung durch die israelische Öffentlichkeit ging, als das Postministerium in Zusammenarbeit mit dem Ministerium für Kultur und Unterricht ein Nationales Telefon-Quiz ankündigte.

Im ganzen Land wurden Ausscheidungskämpfe abgehalten, aus denen schließlich vier Finalisten hervorgingen. Sie versammelten sich für den Endkampf in der Großen Volkshalle zu Jerusalem. Der Rundfunk hatte seine besten Sprecher aufgeboten, um über den Verlauf des Abends zu berichten, und die Bevölkerung, soweit sie nicht an Ort und Stelle dabeisein konnte, versammelte sich in ihren Häusern vor den Apparaten, die Telefonbücher griffbereit zur Hand.

Auf der Bühne saßen die vier Kandidaten und genossen die Bewunderung des Publikums. Man wußte, welches ungeheure Maß an Wissen, Intelligenz und Orientierungsvermögen diese vier so weit gebracht hatte. Jeder kannte ihre Namen. Da war Towah, Telefonistin in der Fernamtzentrale und Liebling des Publikums, Ing. Glanz, der Computer-Fachmann, Prof. Dr. Birnbaum von der Forschungsstelle für Elektronengehirne und der Dichter Tola'at-Shani, Nachkomme einer langen Reihe von Jongleuren.

Auch ich wollte einen Blick auf die Helden der Nation

werfen. Es herrschte ebenso festliche wie gespannte Stimmung. Der Minister für Post- und Verkehrswesen eröffnete den Abend mit einer kurzen, aber niveauvollen Ansprache.

»Zum ersten Mal seit zweitausend Jahren halten freie Juden ein Telefon-Quiz in ihrer eigenen Volkshalle ab«, begann er und erläuterte sodann den historischen Hintergrund.

Im vergangenen Jahr hatte das Quiz in Anwesenheit zahlreicher Auslandskorrespondenten stattgefunden, weshalb die Jury auch weniger mächtige Fragen zugelassen hatte, wer das Telefon erfunden hatte, wie die Übermittlung funktioniert, wo das erste transatlantische Kabel gelegt wurde und dergleichen Unerheblichkeiten mehr. Dagegen war die heutige Konkurrenz streng regionalen Problemen gewidmet und konzentrierte sich auf wirklich Wesentliches, nämlich auf heimische Telefonnummern.

Da klang die erste Frage durch die atemlose Stille.

»Wie lautet die erste Nummer auf Seite 478, Haifa?«

Ing. Glanz, ein überlegenes Lächeln auf den Lippen, antwortete wie aus der Pistole geschossen.

»Weinstock, Mosche, Tel-Chai-Straße 12, Nummer 40-5-72.«

Lautes Geraschel der Telefonbücher im Zuschauerraum, stürmischer Beifall, als sich die Antwort als richtig herausstellte. Im übrigen dienten die ersten Fragen lediglich dem Aufwärmen der Konkurrenten und wurden von den vier lebenden Nummernverzeichnissen leicht beantwortet. Nur als Towah auf die Frage des Rektors, wie viele Goldenblums im Telefonbuch von Tel Aviv stünden, »sechs« antwortete, bahnte sich eine Sensation an.

»Es tut mir leid«, sagte der Rektor, »ich sehe nur fünf.«

»Der sechste«, belehrte ihn Towah, »steht im Anhang. Goldenblum, Ephraim, Levi-Jitzchak-Straße 22, Nummer 27-9-16.«

Der Rektor griff nach dem Anhang und sagte anerkennend: »Stimmt!«

Noch nie war so viel profundes Wissen auf so engem Raum versammelt gewesen. Da zählte kaum, daß Prof. Dr. Birnbaum die nächste Frage nicht beantworten konnte und daß der Dichter Tola'at-Shani erst im allerletzten Augenblick die richtige Antwort fand.

Dann demonstrierte Towah ihre enorme Sachkenntnis in Fragen der Telefon-Prosa.

»Merkspruch auf Seite 52, Jerusalem?«

»Richtig wählen erleichtert die Verbindung«, antwortete Towah lässig.

Ing. Glanz hingegen war zur allgemeinen Überraschung außerstande, den Inserenten auf Seite 356, Tel Aviv, zu nennen. Jeder bessere Telefonbuch-Amateur hätte gewußt, daß es sich um die Papierhandlung »Josef Pfeffermann« handelte.

Mit der Zeit wirkten alle vier Kandidaten ein wenig erschöpft. Prof. Dr. Birnbaums Zeit lief ab, ehe ihm einfiel, welche Telefonnummer in der Mitte eine Ziffer hatte, die der Differenz zwischen den beiden ersten und den beiden letzten Ziffern entsprach. Er schied aus. Seine Frage wurde nicht ohne Mühe von Ing. Glanz beantwortet.

»Gardosch, Schoschana, Tel Aviv, Seite 180, zweite Spalte, 29. Nummer von oben 2-3-1-6-7.«

Das Publikum tobte. Auch ich klatschte mit, obwohl ich inzwischen ein wenig skeptisch war.

»Wozu soll das eigentlich gut sein«, wandte ich mich an meinen Nachbarn, »jede Nummer im Telefonbuch auswendig zu kennen?«

»Wie meinen Sie das, wozu das gut sein soll?«

»Das Telefonbuch ist ein unentbehrliches Nachschlagewerk, das ist mir klar. Ohne Telefonbuch könnten wir keinen einzigen Tag überleben. Aber wozu muß man es auswendig lernen, wenn man alles nachschlagen kann?«

»Und wenn Sie eines Tages in der Wüste sind und kein Telefonbuch haben?«

»Dann hätte ich ja auch kein Telefon.«

»Nehmen wir an, Sie hätten eines.«

»Dann würde ich die Auskunft anrufen.«

Da mußte ich mir sagen lassen, daß die vier Geistesgiganten oben auf der Bühne schon in frühestem Kindesalter, echt jüdischem Brauch folgend, sich dem Studium jedes Buchstabens, jeder Ziffer, jeden Druckfehlers gewidmet hatten, bis sie zu jenen geistigen Höhen gelangt waren, denen sie jetzt Beifall und Bewunderung aller verdankten.

Auf der Bühne hatte mittlerweile die Endrunde begonnen. Soeben löste Ing. Glanz ein übermenschliches Problem.

»Wenn man eine Nadel durch die dritte Ziffer der vierten Zeile der zweiten Spalte auf Seite 421 steckt, welche Ziffern durchdringt sie auf den folgenden Seiten?«

Ing. Glanz kam bis Petach-Tikwah, Seite 505. Länger war die Nadel nicht.

Das Publikum hielt den Atem an. Als er die letzte richtige Ziffer nannte, brach ein Sturm von Bravorufen los.

Mein Nachbar flüsterte: »Gepriesen sei der Ewige.« Einige Zuschauer weinten, andere fielen in Ohnmacht.

Der Rektor bat um Ruhe. Bevor er die Namen der Sieger bekanntgebe, wolle er noch eine vom Ministerpräsidenten eingesandte Frage stellen. Sie lautete:

»Wie telefoniert man?«

Die vier Champions verfielen in betretenes Schweigen.

Towah murmelte etwas von Tasten, aber es war klar, daß keiner der vier die richtige Antwort wußte. Nach einigem Gemurmel erhob sich der Dichter Tola'at-Shani und reklamierte, daß die Frage über den Rahmen der hier veranstalteten Konkurrenz hinausginge, da sie nicht in Ziffern zu beantworten war. Der Vorsitzende der Jury beschwichtigte das Publikum, indem er Ing. Glanz zum »Telefonbuch-Meister des Jahres 1998« ausrief und Towah mit dem zweiten Preis auszeichnete.

Die Menge stürmte das Podium und trug ihre Idole auf den Schultern hinaus.

Ich wollte zu Hause anrufen, um der besten Ehefrau von allen das Ergebnis mitzuteilen, aber ich hatte meine Nummer vergessen.

Gott ganz privat

Ich befinde mich in einer unmöglichen Situation. Ihr schreibt mir die Erschaffung der Welt zu, ich gelte euch als ein überirdisches Wesen, dessen Werke das menschliche Fassungsvermögen weit übersteigen. Und trotzdem behandelt ihr mich wie einen Schmierenschauspieler, dem der Applaus über alles geht. Jeden Morgen muß ich mir die gleichen unterwürfigen Lobeshymnen anhören: »Herrscher der Welt, unser Vater, der König der Könige, Dem nichts verborgen bleibt, wir preisen Dich in Ehrfurcht, Allmächtiger, der Du entscheidest über Leben und Tod und Dessen Augen alles sehen. Und so weiter und so fort. Ich muß schon sagen.«

DER HERR IN EINEN EXKLUSIV-INTERVIEW

Und wenn ja,
warum nicht?

Esperanto

Die Einwohner Israels schreiben hebräisch, lesen englisch und sprechen russisch.

»Otschi tschornaja«

Lassen Sie mich der erste sein, der Ihnen die gute Nachricht bringt. Eine Sensation.«

»Einwanderung aus Rußland?«

»Ja! Im Rahmen der Familienzusammenführung dürfen ab sofort drei Millionen Personen nach Israel kommen. Man erwartet den ersten Transport bereits für Donnerstag.«

»Endlich! Endlich! Ich möchte Sie am liebsten umarmen.«

»Gott segne Sie. Die Sache lag Ihnen ja schon immer am Herzen.«

»Das kann man sagen. Keine Petition, die ich nicht unterschrieben habe, keine Versammlung, in der ich nicht aufgestanden bin, um die Heimkehr unserer in Rußland schmachtenden Brüder zu fordern.«

»Sie sind russischer Herkunft?«

»Nein. Ich bin ein Sympathisant. Was für wunderbare Menschen das doch sind! Groß, stark, gesund, essen gern, trinken gern, leben gern.«

»Ja, wunderbar.«

»Man muß sie nur tanzen sehen. Oder singen hören. Otschi tschornaja, otschi krasnaja. Und jede Familie hat mindestens drei bis vier Kinder.«

»Unsere Zukunft! Ein fleißiger, disziplinierter Menschenschlag. Da sie unter kommunistischem Regime aufgewachsen sind, haben sie gelernt, in aller Herrgottsfrühe aufzustehen und hart zu arbeiten. Eine neue Pioniergeneration. Die Auswirkungen auf die Entwicklung unseres Landes lassen sich noch gar nicht absehen.«

»Drei Millionen neue Menschen!«

»Und was für Menschen!«

»Grüßen Sie sie von mir.«

»Nun, das können Sie persönlich tun.«

»Leider ist mein Wagen in Reparatur.«

»Kein Wagen nötig. Sie kommen her.«

»Wer kommt her?«

»Die Russen.«

»Zu wem?«

»Zu Ihnen. Natürlich nicht alle drei Millionen. Nur eine Familie.«

»Ich habe keine Familie in Rußland.«

»So ist es nicht gemeint. Jeder israelische Haushalt wird eine russische Familie aufnehmen. Ich bin gekommen, Sie darüber zu informieren.«

»Ist das eine gesetzliche Maßnahme?«

»Vorläufig nicht. Wir versuchen es zuerst auf freiwilliger Basis.«

»Also was heißt dann ›informieren‹? Da müßten Sie mich doch zuerst fragen.«

»Nach Ihrem Freudenausbruch habe ich das eigentlich für überflüssig gehalten.«

»Freudenausbruch, Freudenausbruch. Natürlich freue ich mich. Das ist doch klar. Mich brauchen Sie nicht zu belehren, worüber ich mich freuen soll. Mein Haus steht dem Strom der Sowjetjudenschaft immer offen. Allerdings ...«

»Allerdings?«

»Dworahs Musik.«

»Ich verstehe nicht.«

»Das werde ich Ihnen sofort erklären. Der einzige freie Raum in unserem Haus ist das Gästezimmer. Und im Gästezimmer steht der Flügel. Und meine Tochter Dworah nimmt dort dreimal in der Woche Privatstunden bei Frau Preßburger. Frau Preßburger unterrichtet auch am Konservatorium. Wir haben Jahre gebraucht, bis sie Dworah als Schülerin akzeptierte.«

»Vielleicht läßt sich der Flügel anderswo unterbringen?«

»Daran habe ich auch schon gedacht. Aber wo? Mein Arbeitszimmer ist zu klein, das Speisezimmer ist zu voll, und überhaupt ist es keine Kleinigkeit, einen Konzertflügel zu verrücken.«

»Nur für kurze Zeit ...«

»Wenn Sie früher gekommen wären, bevor Dworah mit den Klavierstunden anfing. Ich hätte gerne etwas für unsere russischen Brüder getan. Aber jetzt ist es zu spät. Haben Sie schon in der Nachbarschaft gefragt?«

»Ja.«

»Und?«

»Ihre Nachbarn sind sehr musikalische Menschen. Alle. Violine. Trompete. Klarinette. Alphorn.«

»Ja, so geht's. Die Leute haben sich eben aus kleinen Anfängen emporgearbeitet. Ich selbst, was hatte ich denn schon, als ich herkam?«

»Eine Dreizimmerwohnung.«

»Nur zweieinhalb Zimmer, bitte. Aber Ihre Russen sind ja an ganz andere Wohnverhältnisse gewöhnt. Sie sind in größter Not und unter ärmlichsten Verhältnissen aufgewachsen, das ist allgemein bekannt.«

»Also nichts zu machen?«

»Das habe ich nicht gesagt. Ich bin immer zu Opfern bereit, wenn es unbedingt nötig ist. Warten Sie. Ich habe doch irgendwo einen Lotterieschein. Der Höchstgewinn ist zwölf Millionen Pfund. Ich verzichte auf ihn. Geben Sie den Schein den Russen.«

»Und bis dahin?«

»Bis dahin möchte ich wenigstens in meinem eigenen Hause Ruhe haben. Diese Menschen stehen in aller Herrgottsfrühe auf und machen einen fürchterlichen Wirbel. Ich kenne sie. Nichts als tanzen, nichts als singen, otschi tschornaja, otschi krasnaja, es ist zum Verrücktwerden. Und alle haben mindestens drei bis vier Kinder. Sie kommen eben aus einer anderen Welt. Glauben Sie mir, da hilft alles nichts.«

»Also was nun?«

»Tja, das ist ein schwieriges Problem. Bekommt man einen Zuschuß, wenn man die Leute aufnimmt?«

»Nein.«

»Ja dann ...«

»Sollen wir sie zurückschicken?«

»Ich weiß nicht.«

»Schade. Wirklich schade.«

»Nur Geduld. In ein paar Jahren wird meine Tochter mit dem Klavierunterricht hoffentlich fertig sein. Oder Frau Preßburger geht in Pension. Da fällt mir ein, Frau Preßburger hat eine riesige Wohnung und lebt, wenn ich richtig informiert bin, ganz allein. Wollen Sie die Telefonnummer?«

Ärzteschlußverkauf

In den neunziger Jahren, als die Einwanderung aus der Sowjetunion ihren Höhepunkt erreichte, herrschte ein solcher Andrang an Ärzten, daß vorsichtige israelische Hausfrauen ein Schild vor die Tür hängten: »Sprechstunden für Ärzte nur nachmittags von 3 bis 4 Uhr.«

Integration

Ich traf den Einwanderer vor einer öffentlichen Telefonzelle. Er trippelte nervös von einem Bein auf das andere und sprach mich nach einer Weile auf jiddisch mit leichtem russischem Akzent an.

»Immer derselbe Mist. Überall lassen sie einen warten.«

»Wer?«

»Alle. Für Neueinwanderer hat man eben keine Zeit. Nur für die verkalkten Siedler.«

»Sie werden auch einmal einer sein.«

»Seien Sie da nicht so sicher. Wenn es nach mir ginge, würde ich sofort mein letztes Hemd für ein Flugticket verkaufen. Egal wohin. Nur weg von hier. Glauben Sie aber ja nicht, daß ich immer so dachte.«

»Nein?«

»Nein, mein Herr. Mein Widerwille gegen dieses Land wurde erst nach und nach geweckt. Als ich hierherkam, war ich noch Idealist. In meiner guten alten Heimat habe ich jede Kritik an Israel vehement abgelehnt. ›Eure Verleumdungen will ich gar nicht erst hören. Ich glaube nur, was ich mit eigenen Augen sehe‹, so sprach ich, bevor ich hierherkam.«

»Und dann?«

»Dann? Dann war ich da, und mein Amoklauf begann. Ich

komme nicht einmal mehr dazu, Luft zu holen. Ich renne, schwitze und rede mich fusselig. Ich bin nur noch ein Schatten meiner selbst. Dabei verlange ich ja gar nicht viel. O nein, mein Herr, ich will nichts weiter als ein Dach, ein kleines Dach über dem Kopf in Tel Aviv und ein bescheidenes Auskommen in meinem Beruf.«

»Was sind Sie denn von Beruf?«

»Ich bin Trainer für Falkenjagd. Ich habe in allen möglichen öffentlichen Ämtern angesucht, aber die Mühe hätte ich mir sparen können. Eventuell würde mir die Regierung einen Kredit geben, aber diese Verrückten erwarten ja allen Ernstes, daß ich ihnen das Geld zurückzahle. Und die Gewerkschaften kümmern sich einen Dreck um einen, solange es genügend Streiks gibt.«

»Wie recht Sie haben.«

»Eben. Man hat mir zu einer Umschulung geraten. Aber ich lasse mir nichts schenken. Zum Teufel mit dieser sogenannten Wohltätigkeit. Die Regierung sollte abdanken. Es wimmelt ja nur so von Idioten im Staatsapparat. Die schreiben dir einen lausigen Empfehlungsbrief, und dann beginnst du dich abzuhetzen. Von morgens früh bis spätnachts, von hier nach dort, hinauf und hinunter, von einem Büro zum andern. Beamte, Beamte, Beamte. Aber was kümmert es diese Verbrecher, daß ein einsamer Einwanderer am Zusammenklappen ist? Die scheren sich doch den Teufel drum, Hauptsache, sie bekommen ihre sicheren Gehälter und Extradiäten. Ich bin es müde, werter Herr, angeekelt bis ins Innerste. Ich bin fix und fertig.«

»Entschuldigen Sie, wann sind Sie eigentlich nach Israel gekommen?«

»Vorgestern.«

Mangelware

Es ist nur natürlich, daß in einem Volk von Pionieren manche Berufe spärlich besetzt sind. Die ersten Siedler im Heiligen Land waren, wie aus den einschlägigen Geschichtsbüchern hervorgeht, Kaufleute, Rabbiner, Dichter oder Abenteurer, von Müllmännern liest man kein Wort.

Kübelwalzer

Wann schläft der Mensch am besten? Nach den neuesten wissenschaftlichen Erkenntnissen bis 5.25 Uhr am Morgen. Um 5.25 Uhr am Morgen fährt der Durchschnittsbürger aus dem besten Schlafe hoch. Der höllische Lärm, der ihn aufrüttelt, klingt nach Fliegeralarm, nach einer stampfenden Büffelherde, nach einem Sturmangriff mit schweren Panzern und nach dem Dschungelschrei eines wildgewordenen Tarzans gleichzeitig.

Um 5.25 Uhr am Morgen.

Die Reaktion der Menschen, die von dieser Naturkatastrophe betroffen werden, ist unterschiedlich. Manche vergraben sich in ihre Kissen und beginnen zu beten. Andere, vor allem die, die vor Schreck aus dem Bett gefallen sind, sausen ziellos zwischen Schlafzimmer und Badezimmer hin und her. Ich werfe mich bei den ersten Donnerschlägen wortlos auf meine neben mir schlummernde Gattin und würge sie so lange, bis sie die Nachttischlampe anknipst und mir vorsichtig beibringt, daß mich niemand ermorden will.

»Wie um des Himmels willen ist es möglich«, fragte mich Nachbar Felix Seelig, als er sich einmal um 5.25 Uhr am Morgen aus dem Fenster beugte, »daß vier Männer einen so ungeheuerlichen Krach machen?«

Wir beobachteten die vier von oben. Es handelte sich um den Fahrer der städtischen Müllabfuhr, um seinen Mitfahrer, der meistens auf dem Trittbrett stand, und um die beiden Kerle, die sich der wartenden Mülltonnen bemächtigten und sie mit Getöse ausleerten. Auf den ersten Blick sehen diese vier wie einfache Statistiker des Gesundheitsamtes aus, aber hinter ihrem unauffälligen Äußeren verbergen sich vier Weltmeister des Höllenlärms. Zum Beispiel benutzt der Fahrer grundsätzlich nur den ersten Gang, um seinen Motor auf höchste Umdrehungszahlen zu bringen, während die beiden Zubringer jede einzelne Tonne polternd über das Pflaster schleifen und dabei so laut und lästerlich fluchen, als wollten sie sich gleich prügeln.

Dabei haben sie keinerlei Streit miteinander. Hört man mit den Restbeständen von Membranen, die einem geblieben sind, genauer hin, so stellt man fest, daß sie sich über ganz alltägliche Dinge unterhalten. Allerdings beginnt die Unterhaltung grundsätzlich dann, wenn der eine mit der schon entleerten Tonne im Hausflur steht und der andere in 20 bis 30 Meter Entfernung seine noch gefüllte auf die Kippe niederkrachen läßt.

»Hey!« brüllt der eine. »Hey! Was hast du gestern abend gemacht gestern abend?«

Darauf antwortet jedoch nicht der andere, sondern der Fahrer steckt den Kopf aus seinem Gehäuse hervor, legt die Hände an den Mund und brüllt: »Hey! Wir sind zu Hause geblieben! Zu Hause! Und du?«

»Hey! Wir waren im Kino! Im Kino waren wir! Bei diesem Wildwestfilm! Großartig! Alle haben sehr gut gespielt haben alle!«

»Hey! Kommen dir diese verdammten Tonnen heute nicht auch verdammt schwer vor?«

»Verdammt schwer heute! Wo es noch dazu so verdammt heiß ist! Verdammt!«

Frau Kalaniot, der das Schicksal ein Schlafzimmer direkt oberhalb des Haustors beschert hat und die daher ständig am Rande eines Nervenzusammenbruchs steht, riß in ihrer Verzweiflung einmal das Fenster auf und rief hinunter: »Bitte Ruhe! Ich flehe Sie an, Ruhe! Müssen Sie denn jede Nacht einen solchen Lärm machen?«

»Nacht? Wieso Nacht?« Der Angeflehte wieherte fröhlich. »Es ist ja schon halb sechs vorbei ist es schon!«

»Wenn Sie mit diesem Lärm nicht aufhören, hole ich die Polizei!« Das war Benzion Ziegler, der sein Fenster gleichfalls aufgerissen hatte. Die vier apokalyptischen Fahrer krümmten sich vor Lachen.

»Polizei! Hohoho! Hol doch einen Polizisten hol ihn doch! Wenn du in der Nacht einen findest! Hohoho!«

Ja, so sind sie, unsere stämmigen, breitschultrigen, von keiner Hemmung belasteten Naturburschen, die neue Generation, die neue Rasse, der neue Mensch. Man hat den Eindruck, daß keine Macht der Welt mit ihnen fertig werden könnte.

Auf dem letzten Protestmeeting unseres Häuserblocks erhielt ich den ehrenvollen Auftrag, vom Städtischen Gesundheitsamt die Einstellung der nächtlichen Erdbebenkatastrophen zu verlangen.

Noch ehe ich begann, unterbrach mich der Beamte.

»Mir brauchen Sie nichts zu erzählen. Ich bekomme das jeden Morgen zu hören. Sie werden verrückt, sagen Sie? Ich werde verrückt ... «

Der Sommer kam, und mit ihm kamen die Nächte, in denen man, wenn überhaupt, nur bei offenem Fenster schlafen kann. Unsere Eingabe an die Behörde war ohne Antwort geblieben. Wäre es nicht am besten, fragten wir uns, mit den Leuten zu reden, von Israeli zu Israeli? Immerhin empfanden wir doch auch Bewunderung für jene vier Aufrechten, die schon im frühen Morgengrauen ihre schwere Arbeit verrichteten, während wir nichtsnutzigen Schmarotzer in unseren weichen, weißen Betten wohlig bis 5.25 Uhr schnarchten, Es wurde beschlossen, die Sache psychologisch anzugehen. Wir mußten zu den Herzen der vier einen Weg finden. Geld sollte keine Rolle spielen.

An einem der nächsten Tage enthielt die allmorgendliche Lärmsendung eine Variante.

»Hey!« dröhnte es vom Trittbrett zu den Kübeln. »Langsam wird's kalt! Kalt wird's langsam!«

»Hey!« donnerte die Antwort. »Kauf dir einen Pullover! Kauf dir einen!«

»Pullover? Sagst du Pullover hast du gesagt? Hey! Wo soll ich einen Pullover hernehmen wo?«

Wir handelten unverzüglich. Wir handelten im Interesse unserer Nachkommen, im Interesse des Friedens im Nahen Osten. Aus den Geldern des neuen »Reinigungs-Fonds« kaufte Frau Kalaniot einen knallroten Pullover, und Felix Seelig begab sich an der Spitze einer Delegation zum Wohnhaus des Trittbrett-Tarzans, der seine Rührung kaum verbergen konnte. Er zeigte volles Verständnis für den vorsichtigen Hinweis, warme Kleider trügen bekanntlich zur Schaffung einer ruhigeren Atmosphäre bei, dankte der Delegation und versprach, auch seine Mitarbeiter entsprechend zu informieren.

Am nächsten Morgen um 5.25 Uhr wurde Frau Kalaniot durch ein Gebrüll von noch nicht dagewesener Unmenschlichkeit aus ihrem Bett geschleudert:

»Hey! Die haben mir diesen Pullover gekauft haben sie! Diesen roten Pullover!«

»Sind nette Leute«, brüllte es zurück. »Nette Leute sind sie wirklich nett!«

Hierauf erfolgte eine Explosion, die alle bisherigen übertraf. In seiner Freude über den roten Pullover schleuderte der Trittbrett-Tarzan einen eben entleerten Kübel so kunstvoll zurück, daß zwei andere Kübel mitgerissen wurden und dreifach niederkrachten.

Seither höre ich schlecht auf dem linken Ohr. Dafür schlafe ich sehr gut auf der rechten Seite. Eine exzellente und im Grunde ganz einfache Lösung. Ich wundere mich, daß ich nicht schon früher darauf gekommen bin.

Massenbewegung

Die »Bevölkerungsexplosion«, von der die Welt mit Recht beunruhigt wird, ist bisher an unserem kleinen Land vorbeigegangen. Bei uns gibt es dank der freundlichen Mithilfe unserer Nachbarstaaten mehr Explosionen als Bevölkerung. Nur bei Fußballspielen und Militärparaden nimmt die Bevölkerungsdichte bedrohliche Ausmaße an.

Jubiläumsinvasion

Am frühen Morgen des Unabhängigkeitstages, kurz nach 5 Uhr, holte mich das schrille Klingeln des Telefons aus dem Bett.

»Hallo Josske«, erklang eine zutrauliche Stimme. »Hab' dich schon lange nicht gesehen. Wie geht's denn immer?«

»Danke, gut«, gähnte ich. »Und wie geht's selbst?«

»Soso lala. Eigentlich eine Schande, daß wir uns nie mehr sehen, Josske.«

»Eigentlich ja. Aber ich heiße gar nicht Josske. Mit wem habe ich das Vergnügen?«

»Das fragst du noch? Hier ist Mischa. Erinnerst du dich nicht? Ich bin mit deinem Bruder in die Schule gegangen!«

Mischa versprach, mich um 10 Uhr 30 zu einem gemütlichen Plausch zu besuchen. Ich bat meine Frau, für den Schulfreund meines Bruders einen kleinen Imbiß vorzubereiten. Sie erfahre erst jetzt, daß ich einen Bruder habe, sagte meine Frau.

Ich war zu verwirrt, um der Sache nachzugehen. Und meine Verwirrung wuchs, als um 6 Uhr die Familie Grünspan aus Beer-Scheba mit allen drei Kindern und deren Spielgefährten vor der Tür stand. Auch das Dienstmädchen hatten sie mitgebracht. Und auch das Dienstmädchen hatte ein Kind.

»Wir wollten euch schon längst einmal besuchen«, erklärte die Familie Grünspan. »Aber es ist immer etwas dazwischengekommen. Heute hat's endlich geklappt.«

Im übrigen wollten sie uns nicht zur Last fallen. Sie wollten nur ein wenig frische Luft schnappen, auf dem Balkon, wo sie es sich entlang dem Geländer bequem machten.

In den folgenden zwei Stunden riefen mich 17 frühere Schulkollegen an und erkundigten sich nach meiner Gesundheit. Langsam verstanden wir, warum die unter uns wohnende Familie Bialazurkewitsch vor zwei Tagen ihre Wohnung verlassen und an der Tür das Schild »Achtung, Malariagefahr!« angebracht hatte.

Um 8 Uhr 30 schalteten wir das Telefon ab.

Bald darauf erschien ein junger Mann mit einem Empfehlungsschreiben von Frau Pomeranz, in dem sie uns bat, ihren Neffen, den sie wie einen Sohn liebte, von unserem Balkon aus die Parade mit ansehen zu lassen. Es war das erste Mal, daß man uns um so etwas bat, und ich empfand es als große Ehre, obwohl ich keine Frau Pomeranz kannte.

Danach beschlossen wir, niemanden mehr hereinzulassen. Mischa konnte natürlich kommen, schon meinem Bruder zuliebe, aber dann war Schluß. Höchstens für unsere Verwandten würden wir noch eine Ausnahme machen. Und für den Besitzer des Fleischerladens mit Frau und Kindern. Von dem waren wir ja in gewissem Sinn abhängig.

Da der Balkon bereits überfüllt war, wurden Tische und Stühle zu den Fenstern geschoben. Ein anhaltendes Surren des ausgeschalteten Telefons zwang mich, abzunehmen.

»Hier der Störungsdienst. Ist etwas mit Ihrem Apparat nicht in Ordnung?«

»Ich habe ihn für den Rest des Tages ausgeschaltet, das ist alles.«

»Wir müssen trotzdem nachprüfen. Bitte sorgen Sie dafür, daß um 10 Uhr 30 jemand zu Hause ist.«

Um 10 Uhr wurde die Tür aufgebrochen. Zahlreiche junge Menschen, die sich als Schulkameraden meines Sohnes bezeichneten, stürzten herein und stellten die restlichen Stühle auf das Klavier. Auf meinen Vorwurf, ob er denn gleich die ganze Schule hätte einladen müssen, antwortete mein Sohn gekränkt, er kenne keinen einzigen. Ich glaubte ihm. Mein Sohn war damals acht Jahre alt, das Durchschnittsalter der Eindringlinge lag bei zwanzig.

Die Situation auf dem Balkon wurde kritisch, als Mischa eine Leiter gegen die Rücken der Familie Grünspan stützte. In dem heftigen Gerangel stürzte der Bruder des Gatten der Grünspanschen Haushaltshilfe, also der Onkel des Kindes, auf den Bialazurkewitsch-Balkon unter uns. Zum Glück blieb er unverletzt, da der Balkon dicht mit Malariakranken besetzt war.

Ein Beamter der Städtischen Behörde für Wohnbausicherheitsfragen brachte mir ein offizielles Warnschreiben, daß der Balkon und der Fußboden bei weiterer Belastung einstürzen würden. Dann fragte er, ob er seine Frau hierlassen könnte.

Schließlich kam der Installateur, den wir im Herbst des Vorjahres zur Reparatur eines tropfenden Wasserhahns bestellt hatten.

Als der rechte Teil des Balkons zu bröckeln begann, verzogen sich die dort Versammelten nach links. Wegen der Risse im Fußboden des Wohnzimmers übersiedelten die Verbliebenen in die Küche, doch das war auch nur eine Übergangslösung.

Einige meiner Gäste hatten Glück und wurden von den Trümmern nur bis zur Brusthöhe begraben, so daß sie noch einen freien Ausblick auf die bezaubernde Militärparade darunter hatten. Ich selbst verfolgte die Parade vom völlig belagerten Fenster des Krankenhauses aus.

Chuzpe

Sollten Sie zum Abschluß eines ereignisreichen Tages ins Kino gehen wollen, dann tun Sie es erst 43 Wochen nach dem Filmstart. Es gibt dann keine Schlangen mehr. Niemand steht vor oder hinter Ihnen, wenn Sie zur Kasse gehen.

Doch da kommt plötzlich ein Bürger in Hemdsärmeln auf Sie zugestürzt und keucht:

»Würden Sie bitte auch für mich eine Karte kaufen? Ich stehe so ungern in der Schlange.«

Sie stehen, wie gesagt, nach wie vor ganz allein vor der Kasse. Gibt es ein zweites Land auf der Welt, in dem einem ähnliches widerfährt?

Selbstkritik

Die Juden sind ein lästiges Volk. Wenn sie allerdings nicht so lästig wären, dann wären sie längst kein Volk mehr.

Königliche Hoheit

Höre, Abdullah, wenn ich dich jemals wieder beim Haschisch-Schmuggel erwische, lasse ich dich in den Jordan werfen.«

»Gnade, Gnade«, winselte der Scheich. »Eure Exzellenz müssen sich eines armen, hilflosen Kuhhirten erbarmen!«

»Nun«, sagte der britische Gouverneur, »du hast unwahrscheinliches Glück, Abdullah. Nach den jüngsten Anweisungen aus London soll ich dich zum König machen.«

»Mich? Zum König?«

»Ich scherze nicht. Ab sofort bist du der König dieses Landes.«

Abdullah richtete sich würdevoll auf.

»Danke, mein Freund«, und hielt dem Gouverneur die Hand zum Kusse hin. »Wollen Sie bitte meinen lieben Vetter, den König von England, aufs herzlichste von mir grüßen.«

Recht und Ordnung

Man kann an unseren Nachbarn manches aussetzen, aber was die Organisation betrifft, machen sie wirklich enorme Fortschritte. Wo vor wenigen Jahren noch heillose Anarchie herrschte, ist heute alles bis zum letzten Attentat sorgfältig geplant.

Ein voller Terminkalender

EIN FIKTIVES INTERVIEW MIT EINEM FIKTIVEN STAATSOBERHAUPT IN EINEM FIKTIVEN LAND IM NAHEN OSTEN

Herr Präsident Abdul Abdel Abdalla, erlauben Sie mir, Ihnen im Namen meiner Zeitung zu Ihrem Amtsantritt zu gratulieren. Dürfte ich etwas über Ihre weiteren Pläne wissen?«

»Ich habe meine Pläne noch nicht im Detail ausgearbeitet, werde aber während der kommenden Monate vor allem mit der Stärkung unserer nationalen Einheit beschäftigt sein. Schon in den nächsten Tagen erlasse ich eine Amnestie für Kommunisten. Damit sind, hoffe ich, alle Hindernisse beseitigt, die der Verwirklichung unserer sozialistischen Ziele noch entgegenstehen.«

»Und auf volkswirtschaftlichem Gebiet, Herr Präsident?«

»Eine bessere Auslastung unserer nationalen Inlandsproduktion ist ebenso dringend erforderlich wie eine Revision unserer Verträge mit den ausländischen Ölgesellschaften. Ein sofortiges Friedensabkommen mit den Kurden sollte das geeignete Klima für die nötigen Reformen unseres Erziehungswesens schaffen. Alle diese Pläne hoffe ich bis Mitte Juni verwirklicht zu haben.«

»Warum gerade bis Mitte Juni, wenn ich fragen darf?«

»Weil ich Mitte Juni das erste Komplott gegen mein Regime aufdecken werde.«

»Offiziere des Generalstabs?«

»Ausnahmsweise nicht. An der Spitze der Verschwörung steht der Garnisonskommandant des Militärdistriktes Nord, einer meiner zuverlässigsten Kampfgefährten, den ich nächste Woche sogar zum Brigadegeneral ernennen werde.«

»Wird die Verschwörung Erfolg haben?«

»Nein. Der Bruder des Garnisonskommandanten läßt der Geheimpolizei rechtzeitig eine Geheiminformation zugehen. Anschließend kommt es zu einer rücksichtslosen Säuberung des Offizierskorps und zu Massenverhaftungen unter Kommunisten. Der Führer der Rebellen wird von mir eigenhändig aufgehängt. Aber das ist vertraulich. Bitte erwähnen Sie in Ihrem Bericht nichts davon.«

»Ganz wie Sie wünschen, Herr Präsident. Wann werden die Säuberungen abgeschlossen sein?«

»Ungefähr Mitte August. Am 20. August fliege ich nach Kairo, um die Vereinigung unserer beiden Schwesterrepubliken und die Befreiung Palästinas zu besprechen. Unglücklicherweise wird gerade auf dem Höhepunkt der Verhandlungen die Nachricht von einer neuen Offensive der jemenitischen Royalisten eintreffen. Das wird mich aber nicht hindern, aus Kairo mit genauen Plänen für eine sofortige Vereinigung unserer beiden Staaten zurückzukehren.«

»Dann werden wir also Ende August mit Ägypten vereinigt sein?«

»Leider nicht. Während meiner Ansprache an die Absolventen der Kadettenschule wird ein Attentat auf mich verübt.«

»Um Allahs willen!«

»Beruhigen Sie sich. Nur der Verteidigungsminister und der Befehlshaber der 6. Infanteriedivision fallen dem Attentat zum Opfer. Ich selbst begnüge mich mit einem Streifschuß an der linken Schulter und richte noch vom Krankenhausbett aus eine Fernsehansprache an mein Volk. Diese Rede, an der ich bereits arbeite, wird von mir in wenigen Tagen auf Band gesprochen, so daß sie unter allen Umständen rechtzeitig verfügbar ist.«

»Darf ich etwas über den Inhalt der Rede erfahren, Herr Präsident?«

»Zunächst danke ich Allah für die Rettung meines Lebens und unseres Landes. Dann kündige ich eine umfassende Säuberung unter den proägyptischen Mitgliedern des Offizierskorps an, die meine Besprechungen in Kairo benutzt haben, um das Attentat zu organisieren.«

»Wissen Sie schon, wer Sie bei dieser Säuberungsaktion unterstützen wird?«

»Der Kommandant der Panzertruppen. Ich ernenne ihn dafür Mitte September zu meinem Stellvertreter, was ich bereits Ende November tief bedauern werde. Aber dann ist es zu spät.«

»Und bis dahin, Herr Präsident?«

»Bis dahin erfolgt die Verstaatlichung der Banken und ein unvorhergesehenes Massaker unter den Anhängern der Linken. Der anschließende Prozeß wird vom Rundfunk übertragen, die anschließenden Hinrichtungen sendet das Fernsehen live. Es werden insgesamt neun Kommunistenführer gehängt.«

»Wieder durch Ihre eigene Hand?«

»Diesmal nicht. Ich halte mich zur betreffenden Zeit in Moskau auf, um über eine neue Waffenlieferung zu verhandeln. Der stellvertretende Generalstabschef wird mich begleiten.«

»Nicht der Generalstabschef selbst, Herr Präsident?«

»Er ist unabkömmlich. Er muß ein Attentat auf mich vorbereiten, das in der ersten Oktoberwoche stattfinden wird.«

»Maschinengewehr?«

»Bomben. Der Kommandant unserer Luftwaffe macht sich die neuen Kurdenunruhen zunutze und bombardiert am Morgen des 6. Oktober meine Privatresidenz.«

»Wird Ihre Leiche unter den Trümmern gefunden, Herr Präsident?«

»Nein. Meinen Plänen zufolge werde ich wie durch ein Wunder gerettet, denn ich befinde mich zufällig im Keller, während die Bomben in mein Arbeitszimmer fallen. Von dem Sessel, auf dem Sie sitzen, und vom Bücherregal zu Ihrer Rechten bleiben nur Holzsplitter übrig.«

»Das wäre also am 6. Oktober, wenn ich recht verstehe?«

»Mit einer Verzögerung von ein bis zwei Tagen muß man natürlich immer rechnen. Aber an meinem Terminkalender wird sich nichts Wesentliches ändern. Hier, in diesem kleinen Notizbuch, ist alles genau aufgezeichnet. Lassen Sie mich nachsehen. Ja. Für Mitte Oktober steht eine umfangreiche Säuberung auf dem Programm, dann folgen umfangreichere Säuberungen, und Ende Oktober wird der Justizminister hingerichtet.«

»Eine Verschwörung?«

»Ein Irrtum. Anschließend Blutbad, allgemeines Ausgehverbot, noch ein Blutbad und Belagerungszustand. Der Gouverneur des Regierungsbezirks Südwest wird verhaftet. Am 1. November trifft eine Goodwill-Mission der Vereinigten Staaten ein und überbringt eine größere Anzahlung auf die soeben bewilligte Entwicklungshilfe sowie einen neuen Waffenlieferungsvertrag, dessen Kosten mit der nächsten Rate der Entwicklungshilfe verrechnet werden. Eine Verschwörung des neuen Verteidigungsministers scheitert.«

»Und für wann, Herr Präsident, ist Ihr eigentlicher Sturz vorgesehen?«

»Er wird plangemäß zwischen dem 8. und 11. November stattfinden.«

»Der stellvertretende Generalstabschef?«

»Ist in die Sache verwickelt. Aber die führende Rolle spielt der Kommandant der Panzertruppen, den ich im September so voreilig zu meinem Stellvertreter gemacht hatte.«

»Ich verstehe. Darf ich fragen, wie das Ganze vor sich gehen wird?«

»Motorisierte Truppen besetzen unter der Vorspiegelung von Routinemanövern das Rundfunkgebäude. Mein Vetter, den ich im Oktober zum Innenminister ernannt haben werde, richtet einen Aufruf an die Nation und nennt mich – warten Sie, auch das muß ich irgendwo haben – richtig. Er nennt mich einen Bluthund mit triefenden Pranken und einen stinkenden Schakal im Dienste ausländischer Hyänen. Zum Schluß appelliert er an die nationale Einheit.«

»Sehr vernünftig, Herr Präsident. Nur noch eine kleine Frage: Warum lassen Sie, da Ihnen ja das genaue Datum des Aufstands bekannt ist, das Rundfunkgebäude nicht in die Luft sprengen, bevor es die Aufständischen besetzen?«

»Ich erteile selbstverständlich einen solchen Befehl. Aber mein zuverlässigster Vertrauensmann, der für den Sender verantwortliche Garnisonskommandant, schlägt sich leider auf die Seite der Rebellen.«

»Schade. Werden Sie kämpfen, Herr Präsident?«

»Nein. Ich fliehe in einem blaugestreiften Pyjama. Nach meinen Berechnungen sollte man mich zwei Tage später gefangennehmen, gerade als ich in Frauenkleidern ein Versteck außerhalb der Hauptstadt zu erreichen versuche. Bald darauf werde ich geköpft.«

»Wird man Ihren Leichnam durch die Straßen schleifen?«

»Selbstverständlich. Zumindest durch die Hauptstraßen.«

»Und Ihre Pläne für die weitere Zukunft, Herr Präsident?«

»Sie enden ungefähr hier. Meine Aufgabe als Führer dieses Landes ist ja um diese Zeit bereits erfüllt.«

»Und wer, wenn Sie gestatten, wird Ihr Nachfolger?«

»In meinem Testament empfehle ich den von mir eingesetzten Garnisonskommandeur, der mich später verraten hat.«

»Was sind seine Pläne?«

»Ich vermute, Stärkung der nationalen Einheit, allgemeine Amnestie für Kommunisten und Befreiung Palästinas. Aber vielleicht fragen Sie besser ihn selbst, so um den 15. November herum. Ich bin nur für meine eigene Planung verantwortlich. Und jetzt entschuldigen Sie mich. Ich muß eine Siegesparade abnehmen.«

Arabeske

»Inschallah« heißt in unserer Umgebung »Mit Gottes Hilfe«.
Es eignet sich aber gar nicht gut für ungarischen Akzent.

Enorm in Form

Ich schäme mich nicht, es zuzugeben. Ich persönlich stand
dieser kessen Mode anfangs eher skeptisch, ja spöttisch gegenüber. Wir haben in dieser Region andere Sorgen,
Ephraim, sagte ich mir. Als dann aber ein Star wie Jane
Fonda ihr Heil darin suchte, die erwachsene Weltbevöl-
kerung zu retten, horchte ich auf. Frau Fonda hat die
Menschheit ja bekanntlich durch »Aerobic« revolutioniert,
eine Gymnastik, die es schon seit Jahrhunderten gibt, aber
bislang noch nie so genannt wurde. Mittlerweile trägt sie
schon wieder einen neuen Namen, einen noch einprägsame-
ren: »Fitneß«.

Ich schmunzelte also wissend in mich hinein, als auch die
israelischen Illustrierten das Thema begierig aufgriffen und
berichteten, daß das rhythmische Gliederschwingen die
Herzen der Millionen Molligen weltweit mit neuer Hoffnung erfüllt. »Fitneß-Übungen werden neues Blut in Ihre
Adern pumpen«, versichern wohlbeleibte Experten. »Schon
nach einigen Wochen wird diese innovative Gymnastik Ihr
hormonelles Gleichgewicht wiederherstellen, und Sie werden sich so prachtvoll fühlen wie nach der 3:0-Niederlage
Deutschlands gegen Kroatien.«

Marktschreierisches Getue, Verschwörung der Weltkon-
zerne. Eine vorübergehende Plage, urteilte ich geringschät-
zig und meldete mich heimlich für eine Probestunde an, die
drei Straßen weiter angeboten wurde. Es war mir ein drin-

gendes Bedürfnis, einen authentischen Hetzartikel über diesen Schwachsinn zu schreiben. Aber das Schicksal hatte anderes mit mir vor. »Der reuige Sünder ist mehr wert als einer, der nie gesündigt hat«, oder so ähnlich heißt es schließlich. Heute zählt der Verfasser dieser Zeilen zu den fanatischsten Anhängern der Fitneß-Übungen und nimmt sogar regelmäßig an einer schweißtreibenden Teamarbeit teil, die einer Spontaninitiative aus der Nachbarschaft zu verdanken ist. Unsere Gruppe besteht aus sieben mittelalterlichen Herren, und wir treffen uns dreimal in der Woche bei Felix Seelig, der ein mobiles Videogerät zu Hause hat.

Was uns nämlich die Idee des Bodybuilding in unserem Land mit seinem glühendheißen Klima nahegebracht hat, waren ebenjene Videokassetten, die uns den Weg zu körperlichem und hormonellem Gleichgewicht gewiesen haben. Als die neue Therapie noch in den Kinderschuhen stak, gab es nämlich nur medizinische Artikel und illustrierte Fachliteratur. Die Fitneß-Gurus haben jedoch sehr schnell die Überzeugungskraft der visuellen Anleitung erkannt. Auch die Fernsehsender haben rasch geschaltet und senden Tag für Tag junge, braungebrannte Tänzerinnen, die mit strahlendem Lächeln ihre Strandübungen vorführen. Eine wirklich lobenswerte Idee. Zeigt sie doch dem altersmüden Zuschauer, daß er, wie der bronzefarbene Tänzer, zu einem durchtrainierten Körper kommen kann, wenn er nur genügend Energie und Geld in die erlösenden Kassetten investiert.

Wir, die glorreichen Sieben, versäumen also keine einzige Turnstunde, vor allem, seit zwei Kursteilnehmer aus Europa 18 brandneue Fitneß-Kassetten für Fortgeschrittene mitgebracht haben.

Jedes Gruppenmitglied hat seine persönliche Lieblingskassette. Felix bevorzugt zum Beispiel immer noch die Lektionen der Gründermutter Fonda, während Ingenieur Glück sein Herz an die Trainingsmethode von Madame Marlin verloren hat, dem Star des berühmten »Lido« in Paris. Ich hingegen schwanke noch zwischen der Übungskassette der blonden Schönheit Claudia Schiffer und jener der Go-go-Girls Gaby und Judy, die Europas Bildschirme mit ihrer Sendung »Enorm in Form« eroberten. Wobei ich aber auch die Fonda nach wie vor schätze. Ihre langen, wohlgeformten Beine beeindrucken bei den Bodenübungen wie eh und je. Von der Taille aufwärts sind ihr die jungen Konkurrentinnen jedoch haushoch überlegen. Unvergleichlich, wenn Judy ihr hautenges, rotes T-Shirt trägt und ihre Beugeübungen nach vorn demonstriert. Diese Übung heißt im Fachjargon: »Es gibt doch Neues unter der Sonne.« Gabi aber ist der Champion dieser Übungen. Mit einem rhythmischen Schwingen der Hüften hüpft sie auf der Stelle, ein bezauberndes Lächeln auf ihren vollen Lippen. Ihr »Eins-Zwei«, lockt zum Mitmachen. »Bein-hoch, Arm, Seite – drei-vier, tiiiief durchatmen ...«

O ja, wir atmen tief. Rhythmisch versinkt die Gruppe in Felixens kuschlige Sessel, und wenn dann die Marlin vom »Lido« noch ihren Spagat hinlegt, wird das Atmen noch tiefer. Das ist ja das Schöne am Fitneß-Training. Man trainiert zwar gemeinsam, kann aber doch seinem persönlichen Stil frönen. Wenn zum Beispiel Claudia Schiffer in ihrem zartgrünen Outfit ihre unvergleichliche Brücke vorgeführt hat, kann Ingenieur Glück ohne weiteres ein Dakapo verlangen. Dann wird der Film zurückgespult, und wir bewundern diese sportliche Meisterleistung noch einige Male unter dem Motto des Ing. Glück: »Gesundheit geht über alles.«

Jedem Mann seine eigene Fitneß. Und immerhin sieht der betagte Ingenieur seit Beginn unserer Video-Fitneß um mindestens zwei Monate jünger aus. Wenn er auch, wie wir alle, stark an Gewicht zugelegt hat, vermutlich wegen der beachtlichen Mengen an Keksen und Nüssen, die wir während der

Übungen futtern. Unser Hormonhaushalt jedoch ist ausgeglichen wie nie zuvor.

Fitneß-Übungen halten aber auch für den ausgefuchsten Profi noch so manche Überraschung bereit. So habe ich zum Beispiel erst während der zehnten Übungsstunde in der zweiten Reihe hinter Claudia Schiffer die dritte von links entdeckt, ein absolutes Traummädchen in einem umwerfenden Body, die, wie es die Bodybuilding-Gurus versprechen, frisches Blut in wirklich alle Körperteile treibt.

Letzte Woche aber, als wir gerade im schönsten Fitneß-Rausch waren bei heißen Rockrhythmen, zu denen eine uns bislang unbekannte Trainerin im roten Bikini vorturnte, ertönte plötzlich im Dunkeln die zögernde Stimme Gustis.

»Vielleicht versuchen wir's auch einmal ...«

Felix stoppte den Bikini mit der Fernbedienung auf dem Höhepunkt des Brustmuskeltrainings und erstarrte.

»Wie bitte«, fragte Felix nach, »was sollen wir?«

»Ich schlage vor, daß wir mitmachen«, wiederholte Gusti jetzt schon etwas forscher.

»Wo mitmachen?«

»Bei den Übungen.«

Felix knipste das Licht an.

»Um Gottes willen«, sagte er, »was will er?«

Erst nach einer Weile durchschauten wir Gustis Absichten. Er schlug tatsächlich vor, daß wir, die glorreichen Sieben, uns aus unseren Sesseln erheben sollten, um unsere Gliedmaßen zu bewegen. Er flog natürlich sofort aus unserem Kurs.

»Perverse haben hier nichts zu suchen«, stieß Ing. Glück wütend hervor, der seit seiner plötzlichen Scheidung etwas gereizt war.

Nach Gustis Abgang gingen wir zur Tagesordnung über. Vor allem, da wir aus Dänemark ein Dutzend Kassetten erwarteten, auf denen eine neue Körperertüchtigung, das sogenannte »Nudfitneß«, gezeigt wird. Ich persönlich bin kein Freund dieser neuen Mode. Meiner Meinung nach gibt es pädagogisch nichts Wertvolleres als ein königliches Becken und ein Paar formschöne Schenkel, eingehüllt in eine perfekt sitzende schwarze Strumpfhose. Deshalb bleibe ich bei der klassischen Methode. Jede Übertreibung ist ungesund, das sagen auch die Therapeuten.

Die glorreichen Sechs teilen meine Ansicht vorbehaltlos, wie eine Abstimmung zu dem heiklen Thema »Nudfitneß« ergab.

»Wer gegen Ephraim ist, der hebe den Arm«, schlug Felix aus seinem Vorstandssessel vor, und niemand hob den Arm. Seit wir unsere Auswahl an Keksen und Nüssen durch Popcorn erweitert haben, fällt es uns nämlich allen etwas schwer, den Arm zu heben.

Cherchez la femme

Die außerordentliche Bedeutung des Ruhetages hat der Herr im Buch Deuteronomium, im Volksmund fünftes Buch Moses genannt, hervorgehoben: »Du sollst keine Arbeit tun, auch nicht dein Sohn, deine Tochter, dein Knecht, deine Magd, dein Rind, dein Esel, all dein Vieh.« Dieses Verbot gilt offenbar nicht für Ehefrauen. Aber vielleicht sind sie Moses einfach nicht eingefallen.

Nationalsport

Wie jede Hausfrau weiß, muß ein Schnellkochtopf Dampf ablassen, sonst explodiert er. Auch der kleine Mann auf der israelischen Straße würde explodieren, wenn er einen bestimmten Überdruck nicht loswerden könnte. Andere Nationen besorgen das beim Stierkampf, beim Gruppensex oder beim Militärputsch. Wir tratschen.

Verschwiegen wie ein Grab

Als ich unlängst aus dem Haus ging, kam unser Wohnungsnachbar Felix Seelig auf mich zu.

»Schon gehört?« fragte er lauernd. »Haben Sie es schon gehört?«

»Was?« fragte ich zurück. »Solange ich nicht weiß, was es ist, weiß ich nicht, ob ich es schon gehört habe.«

Felix blieb stehen und sah sich nach allen Seiten um.

»Schwören Sie mir, daß Sie es nicht weitersagen.«

»Abgemacht. Also?«

Seine Stimme senkte sich zu einem kaum hörbaren Flüstern: »Der Architekt um die Ecke, der mit dem Chevrolet, wissen Sie, mit wem der seine Freundin erwischt hat?«

»Nein. Mit wem?«

Felix schwieg. In seinen Gesichtszügen spiegelte sich ein heftiger Gewissenskampf.

»Ich habe Angst, es Ihnen zu sagen«, stieß er hervor.

»Warum denn?«

»Weil ich geschworen habe, es niemandem zu sagen, und jetzt stehe ich da und sage es Ihnen. Wenn sich das herumspricht, gehen dreieinhalb Nachbarfamilien zugrunde oder mindestens auseinander. Man kann ja heute niemandem mehr trauen.«

»Das stimmt«, bestätigte ich. »Und das ist sehr schlimm. Wir stehen vor einem schweren Problem, lieber Felix.«

Tatsächlich, der schönste Tratsch über »Sie-wissen-schon-welche« Scheidung, über »Sie-können-sich-denken« warum, über »Sie-werden-es-nicht-glauben« seit wann, all dies verliert jeden Sinn, wenn man nicht seinen Nachbarn schnellstens davon erzählen kann. Zurückgehaltener Tratsch ist geradezu ein Gesundheitsrisiko.

Dennoch verlangt ein Naturgesetz, daß der Tratschinhaber den Tratschabnehmer zu völligem Schweigen verpflichtet, bevor er zu tratschen beginnt. Ein ausgemachter Unsinn. Wozu tratscht man, wenn nicht zum Weitererzählen?

»Also geschworen haben Sie«, wandte ich mich an Felix. »Bei was haben Sie geschworen?«

»Bei allem, was mir heilig ist.«

»Gut. Das ist nicht so schlimm.«

Erfahrungsgemäß soll man niemals auf die eigene Gesundheit noch die eines Familienmitgliedes schwören, es sei denn, man wünscht ihm den Tod. Aber das ist nach dem fünften Gebot sowieso nicht erlaubt. Empfehlenswert sind allgemein gehaltene Floskeln wie »Aber das versteht sich doch von selbst« oder »Nicht einmal meiner Frau« oder »Auf mich können Sie sich verlassen«. Ich selbst bringe gern einen leicht gekränkten Hinweis auf meine oft bewährte Verschwiegenheit vor. Im äußersten Notfall setze ich das Leben meines Onkels Julius ein, er ruhe in Frieden.

»Nun?« sagte Felix Seelig. »Schwören Sie?«

»Nein.«

Ich weiß nicht, was plötzlich in mich gefahren war. Ich hatte einfach keine Lust mehr, das Spiel mitzumachen.

»Wissen Sie, wer in die Affäre verwickelt ist?« lockte Felix Seelig. »Der Chauffeur eines Ministers.«

»Bitte reden Sie nicht weiter.«

»Ein Schwuler.«

»Ich will nichts hören. Ich kenne mich, Felix. Ich bin nicht imstande, den Mund zu halten. Ich werde meiner Schwester und meinem Freund Jossele davon erzählen, wahrscheinlich auch dem alten Wertheimer. Und wenn ich zwei Gläschen

Wodka getrunken habe, kann es passieren, daß ich bei einer Verkehrsampel wildfremde Fußgänger einweihe.«

Felix wand sind in Qualen.

»Dann nennen Sie wenigstens keine Namen.«

»Namen sind die Würze des Tratsches, Felix.«

»Aber der Gatte jener Dame, die in flagranti erwischt wurde, gehört zu Ihrem engsten Bekanntenkreis. Das muß Sie doch interessieren.«

»Wie Sie meinen. Reden Sie, wenn Sie unbedingt wollen. Ich habe mich auf nichts festgelegt, und Sie wissen es.«

»Versprechen Sie mir, eine Woche lang keinen Wodka zu trinken?«

»Ich verspreche Ihnen gar nichts.«

»Warum?« stöhnte Felix. »Warum tun Sie mir das an? Was bringt Sie dazu?«

»Mein Ehrgefühl.«

Felix begann zu schluchzen. Ich klopfte ihm beruhigend auf die Schulter.

»Vielleicht wäre es am besten, wenn Sie die ganze Geschichte aufschreiben und in einem versiegelten Umschlag bei Ihrem Anwalt deponieren.«

»Der Architekt«, schluchzte Felix, »wollte den Chauffeur überfahren ... mit seinem Chevrolet ... weil er wußte, daß die geschiedene Frau des Ministers ... mit der Siamkatze, die eigentlich dem Schwulen gehört ...«

Ich hielt mir beide Ohren zu und wandte mich ab.

»Hören Sie auf! Kein Wort weiter. Ich erzähle alles, was Sie sagen, dem nächsten Journalisten. Man wird jedes Detail recherchieren. Morgen weiß es die ganze Stadt.«

»Sie sind ein Schuft«, brüllte Felix. »Sie tun, als wäre es Ihnen gleichgültig, mit wem die Freundin des Architekten ein Verhältnis hat.«

»Mit Benzion Ziegler«, antwortete ich trocken.

Felix glotzte.

»Wer ... wieso wissen Sie das?«

»Weil ich es Ihnen vor ein paar Wochen selbst erzählt habe, Sie Idiot. Und damals haben Sie mir bei allem, was Ihnen heilig ist, geschworen, daß kein Wort davon jemals über Ihre Lippen kommen würde.«

Es dauerte ungefähr eine Minute, bis Felix sich gefangen hatte.

»Richtig«, murmelte er verlegen. »Ich habe diese Geschichte schon so oft erzählt, daß ich die Quelle vergessen habe.« Plötzlich erhellte ein glückliches Lächeln sein Gesicht. »Aber dann breche ich ja gar kein Versprechen, wenn ich es Ihnen erzähle. Also hören Sie ...«

Arm in Arm setzten wir unseren Weg fort, und Felix sprudelte ungehemmt drauflos.

»Es begann damit, daß Frau Ziegler bei der bewußten Dame anrief und daß eine männliche Stimme antwortete. Frau Ziegler legte auf, ergriff ihre Kamera und ihre Reitpeitsche und nahm sofort ein Taxi ...«

Begierig hörte ich ihm zu. Wir gingen die ganze Geschichte nochmals durch, bis zum Ende. Was in unserer Nachbarschaft los ist, ist wirklich skandalös, das muß ich schon sagen. Ich würde es nicht glauben, wenn ich die skandalöse Geschichte nicht selbst erfunden hätte.

Stegreifkabarett

Wir befinden uns im Zentrum von Tel Aviv und nähern uns einem Straßenverkäufer, der seine garantiert unzerbrechlichen Wunderteller auf einem kleinen Klapptisch verkauft.

»Der garantiert unzerbrechliche Wunderteller garantiert bruchfest splitterfest kratzfest ein wahres Wunder aus Amerika nicht aus gewöhnlichem Plastik nicht aus Spezialplastik nicht aus Superplastik sondern aus Superspezialplastik meine Damen und Herren«, sprudelt aus dem Verkäufer mosaischen Glaubens heraus. »Sie können auf diesen Wunderteller mit der geballten Faust losdreschen. Sie können mit schweren Stiefeln auf ihm herumspringen natürlich nur die Herren die Damen haben ja keine schweren Stiefel nicht wahr die können statt dessen aus nächster Nähe in den Wunderteller hineinschießen aber es hilft nichts der Teller bleibt ein Teller ein Wunderteller aus Amerika ein amerikanisches Tellerwunder. Mutti wird wütend und knallt ihn an die Wand hahaha die Wand zerbricht der Teller bleibt ganz Mutti bricht in ein fröhliches Gelächter aus und küßt Vati auf beide Wangen hahaha alles freut sich alles lacht und jetzt passen Sie auf meine Damen und Herren jetzt nehme ich diesen schweren Hammer kein Holz kein Pappmaché kein doppelter Boden ein schwerer eiserner Hammer und jetzt lasse ich ihn auf den Teller niedersausen und der Wunderteller wird nicht zerbrechen wird nicht zersplittern wird keinen Kratzer zeigen ...«

Und er hebt den Hammer und läßt ihn niedersausen, und der Teller zersplittert in tausend Scherben, allerdings ohne Kratzer. Der Wunderverkäufer glotzt auf den Hammer in seiner Hand und auf die Scherben zu seinen Füßen, dann hält er den Hammer hoch und sprudelt los:

»Ein israelischer Wunderhammer zerbricht alles!«

Alljährliche Glückwunschlawine

Da unsere weisen Vorväter, um Zeit zu sparen, den jiddischen Monat auf 27 Tage gekürzt haben, wird bei uns Neujahr, Rosh-Hashana genannt, jedes Jahr an einem anderen Tag mit unzähligen Glückwünschen gefeiert.

»Der Versand von Rosh-Hashana-Karten hat nochmals um 19 Prozent zugenommen«, gab der Postminister anläßlich seines Rücktritts bekannt, »das kostet immerhin ein sattes Drittel des Bruttosozialproduktes.«

Es gehen Gerüchte um, die Regierung plane die gesetzliche Abschaffung des neuen Jahres. Eine andere Lösung scheint es nicht zu geben.

Erinnerungen an Singapur

Jedes Jahr, wenn ich kurz vor dem Neujahrsfest fragte: »Hat Teddy geschrieben?«, hatte es der berühmte Bürgermeister von Jerusalem bereits getan. Selbst wenn er im Ausland weilte, traf stets pünktlich vor dem Fest seine bescheidene Karte ein, unterschrieben: »Herzlichst Teddy Kollek, Jerusalem.« Diese Beständigkeit rührte mich, und so wurde ich von Jahr zu Jahr persönlicher. Nach fünf Jahren dann schickte ich ihm, wenn ich mich recht erinnere, ein wertvolles Gemälde direkt nach Singapur, wo sich Teddy Kollek zu Neujahr bei einem internationalen Stadtväterkongreß aufhielt. Auf die Karte schrieb ich:

»In Dankbarkeit und Rührung wünscht Ihnen, lieber Kollek, ein glückliches und erfolgreiches neues Jahr Ihr ergebener Schützling, der Kraft und Ermutigung aus dem Zeichen Ihrer ungebrochenen Zuneigung schöpft.«

Danach kam der polnische Zirkus nach Tel Aviv.

Ich liebe diese Art der Volksbelustigung, vor allem weil ich stets Freikarten für die Premiere bekomme. Ich hatte also viel Spaß im Zirkus, vor allem bei der Affennummer, und schilderte meine Begeisterung einem Bekannten, der für die PR des Zirkus verantwortlich war.

»Vielen Dank«, antwortete der Mann, »aus Ihrem Mund

ist das ein großes Kompliment. Ich weiß ja, wie sparsam Sie mit Glückwünschen umgehen.«

Ich hatte keine Ahnung, wovon er sprach.

»Was meinen Sie damit?«

»Nun ja«, entgegnete gequält das PR-Genie, »stur wie ein Esel schicke ich Ihnen jedes Jahr eine Neujahrskarte, und bisher haben Sie mir noch nicht ein Mal geantwortet.«

»Das ist unmöglich«, brauste ich auf, »ich beantworte jede Karte, Herr ... Herr ...«

»Kollek«, sagt der Mann, »Teddy Kollek, Gaulstr. 4, Jerusalem.«

Ich hatte das Gefühl, als bräche das Zirkuszelt über mir zusammen, Teddy Kollek war also der Name dieses verantwortungslosen Kerls, der nicht davor zurückschreckte, sich des Namens eines weltbekannten Bürgermeisters zu bedienen. Während ich ganz langsam in den Erdboden versank, fielen mir die unzähligen, schmalztriefenden Glückwunschkarten wieder ein, die ich dem unerzogenen Funktionär nach Jerusalem geschickt hatte. Die Erinnerung verschlechterte meinen seelischen Zustand erheblich, und die Erinnerung an Singapur strich ich ein für allemal aus meinem Gedächtnis.

Der polnische Zirkus ist auch nicht mehr das, was er einmal war.

Endlich aufgeklärt

Einmal in jener Zeit vor mehr als 50 Jahren in Budapest, als ich mich als Arier verkleiden mußte und im Restaurant von einem Henker in schwarzer Uniform als Jude beschimpft wurde, entgegnete ich: »Sind Sie blind? Bin ich denn nicht blond und stupsnasig?«, aber ich konnte seine Wachsamkeit nicht täuschen.

»Du bist ein Jude«, erklärte mir der Nazi. »Du ißt die Krautwickel mit Zucker.«

Da haben wir es.

Unsere Juristen sollten in die Verfassung aufnehmen, daß ein jeder Jude ist, der Zucker auf seine Krautwickel streut.

Und wenn ja, warum nicht?

Vor einigen Tagen kam Stockler, der Sekretär unseres Kulturklubs, mit einer Bitte zu mir.

»Am nächsten Sonntag veranstalten wir einen Unterhaltungsabend. Wir würden uns freuen, Sie als Vortragenden zu begrüßen. Das Thema lautet: ›Gibt es einen typisch israelischen Humor, und wenn ja, warum nicht?‹«

»Meiner Meinung nach«, sagte ich abweisend, »soll ein Schriftsteller schreiben und nicht reden.«

»Sie haben vollkommen recht. Trotzdem können wir ihnen nicht mehr als 60 Pfund zahlen.«

»Für mich ist das keine Frage des Geldes.«

»Einverstanden. Der Beginn ist um 18 Uhr 30.«

Um 18 Uhr 20 fand ich mich im Klubhaus ein. Ohne zu prahlen, es herrschte ein solcher Andrang, daß die Veranstalter bereits das Gittertor geschlossen hatten, um die Massen abzuwehren. Ich wollte mich durchzwängen und kam auch wirklich bis an das Tor heran, aber dann ging's nicht weiter. Ein eisernes Gittertor ist ein eisernes Gittertor, besonders wenn es von innen versperrt ist.

Es blieb mir nichts anderes übrig, als um das ganze Gebäude herumzugehen, bis zur Hinterfront. Dort gab es, wie ich wußte, noch einen Eingang, eine kleine Glastür.

An der Innenseite dieser Tür hing eine Tafel mit der Ankündigung meines Vortrags. Ein paar optimistische junge

Menschen, der Stolz unseres Landes, standen dort, in der Hoffnung, vielleicht doch noch meinen Vortrag zu erleben.

Ich klopfte an die Tür. Niemand öffnete. Ich klopfte kräftiger. Ein untersetzter Ordner näherte sich von innen, schob die Tafel ein wenig zur Seite und machte das international gebräuchliche Zeichen für »Schert euch zum Teufel!« Ich zeigte auf mich und gab mich als Vortragenden zu erkennen. Die nicht minder ausdrucksvolle Gebärde des Ordners deutete an, daß er durchaus imstande sei, mir alle Knochen im Leib zu brechen. Die optimistischen jungen Menschen ringsum verhöhnten mich, weil ich es mit einem so alten Trick versucht hatte. Ich begann aufs neue zu klopfen, diesmal mit beiden Fäusten. Nach einiger Zeit nahm ich auch noch die Füße zu Hilfe. Tatsächlich öffnete sich die Tür, wenn auch nur einen Spaltbreit, und der Ober-Ordner schlug mir mit einem Besen über den Kopf.

»Ausverkauft!« brüllte er. »Verschwinde!«

»Ich bin der Vortragende«, stieß ich hervor und sprang hurtig zur Seite. »Lassen Sie mich hinein.«

»Nicht einmal der Staatspräsident kommt hier herein!« Der Besenstiel sauste drohend durch die Luft. »Reiz mich nicht, oder ich hol die Polizei.«

Er schlug die Tür zu, versperrte sie und schob mit hämischem Nachdruck den Riegel vor.

Von drinnen klang gedämpftes Klatschen. Die Ungeduld des Publikums wuchs. Ich mußte handeln.

Von der gegenüberliegenden Apotheke rief ich den Kulturklub an.

»Ausverkauft«, sagte eine mürrische Stimme.

»Bitte holen Sie Herrn Stockler.«

»Unmöglich. Er ist drinnen beim Vortrag.«

Klick.

Als ich zu meiner Tür zurückkehrte, hatten sich die jungen optimistischen Menschen bereits aus dem Staub gemacht. Nur ein einziger stand noch da. Er trug eine große Ziehharmonika und war, wie sich herausstellte, das »Gemischte künstlerische Programm« des Abends. Auch er war zu spät gekommen.

Rasch freundeten wir uns an und tauschten Ideen aus, wie wir die Wachsamkeit der Ordner umgehen könnten. Es fiel uns nichts Brauchbares ein. Mendel, so der Name des Gemischten Programms, begann auf seiner Ziehharmonika eine mitreißende Marschmelodie zu spielen, konnte sich aber gegen die lauten Pfiffe des ungeduldigen Publikums im Saal nicht mehr durchsetzen.

Etwas mußte geschehen. Ich ging wieder in die Apotheke und bat um irgend etwas, womit man auf Glas schreiben konnte.

»Sind Sie der Vortragende von drüben?« fragte der Apotheker. »Die Vortragenden nehmen gewöhnlich Lippenstift.«

Ich kaufte einen Lippenstift der bewährten Marke »Feurige Küsse«, ließ mich vom Gemischten Programm hochheben und schrieb in leuchtenden Lettern auf das Glas: ICH BIN DER VORTRAGENDE.

Der Ober-Ordner und sein vierschrötiger Assistent sahen mich und griffen nach ihren Besenstielen, aber bevor sie die Tür öffnen konnten, brachten wir uns in Sicherheit.

»Du Trottel«, keuchte das Gemischte Programm. »Du hast nicht in Spiegelschrift geschrieben.«

Als wir an einem Postamt vorbeisausten, durchzuckte mich ein grandioser Einfall. Ich stürzte hinein und fragte den Schalterbeamten, wie lange die Beförderung eines Telegramms dauerte.

»Keine Ahnung«, antwortete er.

Ich ließ mich davon nicht abhalten und schrieb auf das Formular: STEHE DRAUSSEN VOR EINGANG STOP HINEINLASSET MICH RASCHEST STOP DER VORTRAGENDE.

Wir eilten zum Klubhaus zurück, diesmal zum Haupteingang, aber der Telegrammbote kam nicht. Die israelischen Postverhältnisse lagen damals noch sehr im argen.

Drinnen im Saal war unterdessen ein wahres Pandämonium losgebrochen. Man hatte den Eindruck, daß das Haus jeden Augenblick in die Luft gehen würde.

»Wir müssen das Tor rammen«, sagte Mendel heiser.

In einer Ecke des Vorhofs lehnte eine pensionierte Wagendeichsel. Wir nahmen sie unter die Arme, gingen ein paar Schritte rückwärts, um genügend Anlauf zu haben, und warfen uns mit aller Kraft gegen die Festung. Beim zweiten Versuch splitterte das Tor.

Der Nahkampf war kurz und heftig. Mendel brach unter der Pranke des Ober-Ordners zusammen. Ich entging dem Stuhl, den man gegen mich schleuderte, durch eine geschickte Körperdrehung und rannte im Zickzack, um den Kugeln zu entgehen, in Richtung Vortragssaal. Der Ober-Ordner ließ den leblosen Körper des Gemischten Programms liegen und sprang mich von hinten an. Mein Mantel blieb in seinen Händen. Ich selbst taumelte auf das Podium zu, blutverschmiert, aber aufrecht.

Stockler war sichtlich erleichtert, mich zu sehen, und fragte, warum ich so spät käme. Ich sagte es ihm.

»Ja, ja«, bestätigte Stockler. »So was passiert schon mal. Vielleicht sind unsere Ordner ein wenig übereifrig. Aber glauben Sie mir, es ginge sonst noch viel schlimmer zu. Voriges Jahr ist der bekannte Lyriker Melamed-Becker beinahe erstickt, als er versuchte, sich durch die Ventilation in den Saal zu zwängen.«

Dann stellte mich Stockler dem Publikum vor, das mich mit frenetischem Applaus empfing. Seitlich vom Podium stand der Ober-Ordner mit seinem Assistenten. Beide klatschten wie besessen.

»Meine Damen und Herren«, begann ich. »Es gibt ganz entschieden einen typisch israelischen Humor.«

Neue Besen kehren gut

Während der zwei Jahrtausende ihres Exils wurden die Juden durch fremde Herrscher, fremde Staatsgewalten und fremde Obrigkeiten unterdrückt. Kein Wunder, daß sie jetzt, in ihrem eigenen Staat, das Bedürfnis haben, ab und zu selbst Obrigkeit zu spielen, soweit die Obrigkeit das zuläßt.

Das Ärgerliche daran ist, daß Vermögen und politische Macht in Israel ausschließlich in jüdischen Händen sind.

Die grüne Welle

Vor einigen Tagen fuhr ich gutgelaunt irgendwo in Tel Aviv Aufzug. Josef, der betagte Liftboy, bewachte die Knöpfe und las in hingebungsvoller Pflichterfüllung die Morgenzeitung. Zwischen der vierten und fünften Etage blickte Josef vorwurfsvoll auf.

»Haben Sie das gelesen? ›Gibon GmbH‹, diese miese Strumpffabrik, hat in diesem Jahr für 25 Millionen Dollar Waren ins Ausland exportiert. Ich sage Ihnen, mein Herr, da ist etwas nicht in Ordnung.«

Josef war ganz grün vor Neid, daß es dieser letztklassigen Sockenfirma gelungen war, so viele letztklassige Strumpfhosen rund um den Globus an den Mann zu bringen, während er, Josef, ohne jegliche Exportaussichten an seinen Aufzugknöpfen klebte.

Josefs heftige Reaktion überrascht jedoch nur jenen, der nicht weiß, wie es in unserem mediterranen Land zugeht. Bei uns beneidet der Installateur Stucks den Bürgermeister, der Bürgermeister die Ansagerin im Fernsehen und die Ansagerin im Fernsehen Stucks, den Installateur. Unser Neid verläuft kreuz und quer, diagonal, spiral- und schneckenförmig.

Schon seit der Erschaffung der Welt, spätestens aber seit Adam und Eva, sind wir grün vor Neid. Nehmen Sie doch zum Beispiel Kain. Als dieser aufgeweckte Knabe feststellte, daß die Beziehungen seines Bruders nach oben viel besser waren als seine eigenen, machte er kurzerhand seinem Bruder auf dem nächsten Acker den Garaus. Das war zwar nicht sehr menschenfreundlich, doch zumindest ein herzhafter Auftakt zur jüdischen Neidtradition.

Sogar unser Gott im Himmel trägt im Alten Testament den offiziellen Titel »Der neidische Herr«. Es ist daher kein Zufall, daß sich das erste und das zweite Gebot mit dieser Thematik beschäftigen.

Nicht selten bitten unsere Neider in diesem Sinne den Schöpfer inständig um eine persönliche Intervention. Dann beklagt sich der Allmächtige bei den Erzengeln:

»Morgen sind zwei Theaterpremieren in Tel Aviv. Das wird wieder ein Tag ...«

Die Elite der Nation

Wen wundert es, wenn in einer echten Demokratie wie der unseren das Verhältnis der Öffentlichkeit zu den Regierungsmannen von Mißtrauen geprägt ist.

Es ist wirklich schwer, jemanden zu bewundern, dessen Berufsausbildung sich auf zwanzigtausend Siestastunden bei Sitzungen, Versammlungen und Parteitagen beschränkt und dessen besondere Fähigkeiten das Schlafen mit offenen Augen und das Gähnen mit geschlossenem Mund sind, und natürlich regelmäßige Reisen in angenehmere Klimazonen.

Untergang der Zombies

Herr Außenminister, Sie wollten daran erinnert werden, daß morgen seine Exzellenz, der israelische Außenminister, in unserem Land eintrifft.«

»Zombia wird ihn mit allen gebührenden Ehren empfangen. Hat unser Blasorchester schon die Noten der israelischen Hymne erhalten?«

»Leider nicht. Aber ein israelischer Exportkaufmann hat sich bereit erklärt, unseren Musikern die Hymne so lange vorzupfeifen, bis sie sie blasen können.«

»Wir werden auch noch das Ausrollen des roten Teppichs proben müssen. Reicht er bis zum Flugzeug?«

»Wenn es neben dem Flughafengebäude stehenbleibt, ja.«

»Wir werden siebzehn Kanonenschüsse brauchen.«

»Selbstverständlich, Exzellenz. Wir haben uns schon die Kanone von Nigeria ausgeborgt.«

»Gut, dann wollen wir also die Details des Empfangs festlegen. Der Außenminister wird mit seiner Begleitung die Ehrengarde unseres Fallschirmjägers abschreiten, anschließend begeben sich die Herren in den VIP-Raum. Wie groß ist die Begleitung des israelischen Außenministers?«

»Vierzig Personen, Exzellenz.«

»Also, dann wird im VIP-Raum ein Begrüßungsumtrunk ... wie viele haben Sie gesagt?«

»Vierzig Begleiter, Exzellenz. Diese wiederum werden von weiteren dreißig Begleitern begleitet.«

»Warum so viele?«

»Damit sich das Charterflugzeug amortisiert.«

»Was soll das? Wollen diese Leute Zombia erobern?«

»Soviel ich weiß nicht, Exzellenz. Aber sie reisen gern, die Israelis.«

»Wenn ich mich recht entsinne, bestand die Begleitung der Queen Elizabeth aus zehn oder zwölf Leuten.«

»Kein Wunder, Exzellenz, in Großbritannien gibt es nur drei Parteien.«

»Könnten wir nicht lieber die Queen wieder einladen?«

»Sicher, aber nicht für morgen. Soviel ich weiß, wurden die Israelis schon geimpft.«

»Alle siebzig?«

»Einundsiebzig. Mit dem Außenminister.«

»Wie sollen wir die in die Stadt transportieren?«

»Ich habe bereits alle zombischen Kraftfahrzeuge konfiszieren lassen.«

»Das wird nicht genügen. Sogar wenn alle unsere Regierungsmitglieder ihre Dienstwagen zur Verfügung stellen und sich auf Fahrrädern in die Stadt begeben, werden wir mit unseren Autos nicht auskommen.«

»Man könnte die Gäste vielleicht in zwei oder drei Schichten befördern.«

»Gut, aber wo werden wir sie unterbringen?«

»Dieses Problem ist noch nicht konsequent durchdacht worden. Ich fürchte, daß wir das Wohnviertel der Stadt beschlagnahmen müssen.«

»Und was machen wir mit den Bewohnern?«

»Die könnten wir in den Urwald transportieren, bis alles vorbei ist.«

»Also dann wäre das wenigstens gelöst. Jetzt fragt sich nur noch, wo wir das Festbankett veranstalten.«

»Natürlich im größten Saal der Hauptstadt, im Kino.«

»Sagen Sie, essen diese Leute viel?«

»Alles deutet darauf hin, daß sie sich eines gesunden, mediterranen Appetits erfreuen, Exzellenz.«

»Entsetzlich.«

»Ich habe gehört, daß die Regierung von Ghanovia nach dem letzten israelischen Staatsbesuch bei der UNO um Nahrungsmittelhilfe ansuchen mußte, um eine Hungersnot zu vermeiden.«

»Wenn ich das früher gewußt hätte. Sagen Sie mir, wer begleitet eigentlich den Außenminister?«

»Hier ist die Liste, Exzellenz.«

»Lassen Sie mich nachsehen. Also zwei Generaldirektoren, vier Nebendirektoren, drei stellvertretende Nebendirektoren, erster Sekretär, zweiter Sekretär, dritter Sekretär, vierter, fünfter, sechster, siebenter. Siebzehn Photographen, dreiundzwanzig Journalisten, ein Zauberer, achter Sekretär, zwei Ärzte. Wieso zwei Ärzte?«

»Wenn einer von ihnen krank wird, behandelt ihn der andere, Exzellenz.«

»Aha. Vier Landwirtschaftsexperten, zwei Steuerberater und zehn Experten für staatliche Sparförderungsmaßnahmen. Ja, das ist bekannt, auf dem Gebiet des Sparens sollen sie führend sein.«

»Dann hätten wir noch fünf Gewerkschaftsfunktionäre sowie drei Versicherungsagenten, acht Feuerwehrleute und Birnbaum.«

»Wer ist Birnbaum?«

»Birnbaum ist versehentlich mitgefahren. Er wollte eigentlich nach New York reisen, wurde jedoch auf dem Flughafen von der Begleitung des israelischen Außenministers in das Charterflugzeug gespült.«

»Du meine Güte!«

»Was ist passiert?«

»Eben ist mir die Ehrentribüne eingefallen ...«

»Daran habe ich auch schon gedacht, Exzellenz. Die Ehrentribüne wird ringsherum mit Eisenträgern verstärkt und erhält ein neues Betonfundament. Und dem Gästebuch habe ich drei weitere Bände hinzugefügt.

»Jetzt fragt sich nur noch eines: Wo sollen wir die Verleihung der Ehrendoktorwürde an den Außenminister vornehmen?«

»Im Fußballstadion.«

»Sehr gut. Ist sonst irgend etwas vorgesehen?«

»Jawohl, Exzellenz. Die israelische Delegation beabsichtigt, die jüdische Gemeinde von Zombia zu besuchen.«

»Interessant. Wie viele Mitglieder zählt diese Gemeinde?«

»Drei Familien, Exzellenz. Allerdings sind zwei dieser Familien, nachdem sie von der Ankunft der israelischen Delegation gehört haben, spurlos verschwunden.«

»Und die dritte?«

»Steht unter Hausarrest.«

»Sehr gut. Jetzt bleibt nur noch zu hoffen, daß sich unsere Wirtschaft innerhalb der nächsten Jahre von den Folgen dieses Staatsbesuches erholt.«

»Man darf die Hoffnung nie aufgeben.«

»Ist die Begrüßungsansprache des Präsidenten schon schriftlich fixiert?«

»Jawohl, Exzellenz. Er kann sie zum Teil schon auswendig.«

»Was wird er sagen?«

»Der Präsident wird unser aller Gefühle mit folgenden Worten zum Ausdruck bringen: ›Ich begrüße im Namen aller mir untertanen Zombies die Männer, Frauen und Kinder des Volkes Israel. Mit Stolz darf ich darauf hinweisen, daß noch zu keinem Zeitpunkt der Menschheitsgeschichte so viele für so kurze Zeit so wenige besucht haben. Schalom und raschen Rückflug.«

Status quo

Auch der Staat Israel ist seit seiner Gründung ein fester Bestandteil seiner Gewerkschaften.

Drama im Kindergarten

Hier ist endlich der genaue Sachverhalt der dramatischen Ereignisse, die sich kürzlich auf dem Ben-Gurion-Flughafen zugetragen haben und auch in der Presse eine kurze Erwähnung fanden.

Es war 9 Uhr morgens, als der Kapitän des Jumbos, Hans-Joachim Hierspricht, die Wartungscrew vorsorglich darauf hinwies, daß der Countdown für den Abflug nach New York liefe.

»Beeilt euch Jungs«, sagte er zu ihnen, »die Passagiere warten schon ziemlich lange.«

Die Arbeiter wurden blaß, ließen die Luft aus den Reifen und wandten sich an Ginzburg.

»Ginz«, sagten sie zum Gewerkschaftssekretär, »der Hansi Hierspricht hat unterstellt, das Schicksal der Passagiere wäre uns scheißegal. Das geht gegen unsere Ehre.«

Auch Ginzburg wurde blaß und berief unverzüglich den Betriebsrat ein. Die Dienstleistungen am Flughafen wurden auf das Notwendigste beschränkt.

»Genossen«, teilte Ginzburg dem Betriebsrat mit, »Kapitän Hierspricht hat etwas an unserer Wartungscrew auszusetzen. Jeder weiß doch, daß für uns das Wohl der Passagiere an allererster Stelle steht. Sie werden mir recht geben, daß dies ein eklatanter Fall von Rufmord ist.«

Es erfolgte eine Abstimmung, und der Betriebsrat bestätigte den Eindruck des Sekretärs mit neun zu acht Stimmen. Der Abflug wurde auf unbestimmte Zeit verschoben. Die 310 Passagiere warteten bereits seit eineinhalb Stunden in der Abflughalle.

Um 10 Uhr 30 erklärte ihnen eine Stewardeß, daß die Nackenstützen im Flugzeug noch ausgewechselt werden müßten, man aber gleich abfliegen würde. Um 11 Uhr 30 kam zufällig der Vorsitzende der Flugbegleitergewerkschaft vorbei und regte eine Verhandlung zwischen den Beteiligten an. Ginzburg blieb fest.

»Der Betriebsrat läßt nicht mit sich spaßen«, erklärte er, »der Jumbo fliegt nicht ab, bis sich Hierspricht öffentlich entschuldigt hat.«

Hiersprichts Entschuldigung, schlug er vor, sollte vor dem gesamten Flughafenpersonal, einigen Regierungsmitgliedern sowie Vertretern der Lufthansa, der Swissair und der El-Al erfolgen, die zu diesem Zweck mit Sonderbussen von München und Zürich herbeizuschaffen seien. Weiterhin forderte er, daß der UNO ein ausführlicher Bericht über den einmaligen Vorfall vorgelegt wird.

Kapitän Hierspricht wies die Forderungen hohnlachend zurück.

»Entschuldigen?« fragte er. »Wofür? Die sind wohl nicht ganz dicht.«

»Hansi«, warnte Ginzburg, »keine Entschuldigung, kein Flug.«

»Dann eben nicht, Ginz!«

Der Kapitän zog sich zu einem kleinen Nickerchen ins Cockpit zurück, und die Wartungsmannschaft spielte eine Runde Volleyball. Die 310 Passagiere lümmelten in ihren Sitzen herum und warteten auf Getränkeboys, während die Tatkräftigen eine Stellungnahme der Flughafendirektion erzwangen.

Gegen 14 Uhr 15 bat der Generaldirektor der Fluglinie um eine Aussprache. Ginzburg forderte, der schuldige Kapitän müsse folgendermaßen Abbitte leisten: »Es tut mir sehr, sehr leid.« Hierspricht stimmte der Entschuldigung zu, wehrte sich aber nachdrücklich gegen das zweite »sehr«. »Alles hat seine Grenzen«, sagte er. Um 15 Uhr 30 ging die Wartungscrew ins Kino. »Entweder man nimmt zur Kenntnis, daß uns nichts mehr am Herzen liegt als das Wohl der Passagiere, oder ihr könnt den Flug vergessen«, sagte Ginz. Um 16 Uhr starb die erste Passagierin, eine ältere kanadische Heiratsvermittlerin, und einige Touristen zertrümmerten die Einrichtung der Abflughalle. Die Fluggäste, die umbuchen wollten, wurden von den Trägern daran gehindert, die sich aus Solidarität weigerten, die Koffer aus dem bestreikten Jumbo zu holen. Die Verluste der Fluggesellschaft wurden mittlerweile auf 30 Millionen geschätzt. Die Krankenwagen, die das Ehepaar abtransportieren sollten, das sich die Pulsadern aufgeschnitten hatte, kamen nicht, da sich auch die Krankenhäuser im Solidaritätssitzstreik befanden. Um 17 Uhr schlug der Verkehrsminister einen Kompromiß vor: Hansi sollte erklären, es täte ihm »wirklich leid«, mit der Betonung auf »wirklich«.

»Wir sind doch nicht im Kindergarten«, reagierte Hierspricht. Bei dieser Gelegenheit erinnerte er an die Gehaltszulagen der Piloten und die bevorstehenden Beförderungen.

Um 19 Uhr 30 hatten sich die meisten Passagiere am Boden zur Ruhe gelegt, so daß man über sie hinwegsteigen mußte. Ein belgischer Wissenschaftler stürzte sich auf Ginzburg, um ihn zu erwürgen, wurde aber von dessen Bodyguards brutal zusammengeschlagen. Einige Passagiere hatten sich zusammengetan und waren in die Imbißhalle eingebrochen. Die Polizei erhielt Verstärkung vom Grenzschutz. Um Mitternacht wurde die Besatzung erneut abgelöst, der Navigator hatte eine beachtliche Summe beim Pokern gewonnen. Auf Anweisung Ginzburgs wurde der Jumbo zerlegt, und man nahm aus Sicherheitsgründen Einzelteile mit nach Hause. Die Verluste beliefen sich auf 1,8 Milliarden. Das Arbeitsministerium bat um eine Stellungnahme des Regierungsjustitiars.

»Aus rechtlichen Gründen kommt eine Schließung des Flughafens und die Eröffnung eines anderen durchaus in Frage«, teilte der Justitiar mit. »Die Alternative wäre, daß die Passagiere auf den Flug verzichten und sich im Lande niederlassen.«

Um 6 Uhr morgens kam die Stunde der starken Hand. Der Staatspräsident schaltete sich ein und bot an, persönlich im Namen der Regierung und ihrer Ministerien, eine Entschuldigung auszusprechen. Ginzburg antwortete höflich, aber entschlossen.

»Immer mit der Ruhe, mein Freund«, sagte er dem Präsidenten, »der Hansi Hierspricht hat uns schlecht gemacht, also muß er persönlich zugeben, daß uns das Wohl der Passagiere am Herzen liegt.«

Der Präsident bekam einen Weinkrampf. Der Gewerkschaftsboß berief eine Pressekonferenz ein und stellte die ultimative Forderung nach dem 15. Monatsgehalt. Die hungrigen Passagiere versuchten, sich wenigstens an dem Lagerfeuer zu wärmen, für das sie die Einrichtung angezündet hatten. Ein dicker Kaufmann aus Neuseeland war am Morgen spurlos verschwunden. Er hatte sich auf dem Klo aufgehängt.

»Wegen ein paar ausgeflippter Passagiere werden wir doch nicht unseren Prinzipien untreu«, war die Reaktion Ginzburgs.

Um 9 Uhr morgens trat die dritte Schicht zum Pokern an. Die Passagiere schlossen Blutsbrüderschaft und gründeten den IBzEsF, den »Internationalen Bund zum Erschlagen streikenden Flugpersonals«. Um 11 Uhr 30 beugte sich Hierspricht dem starken gesellschaftlichen Druck und war bereit, zweimal »Es tut mir leid« zu murmeln, wobei er sich jedoch weiterhin standhaft weigerte, »wirklich« hinzuzufügen. Der Vorstand der Fluglinie bat um Einsetzung eines Konkursverwalters.

Die Verluste belaufen sich auf 2,3 Milliarden Dollar. Resümee: drei Todesopfer und 102 Verletzte.

Eine umgehende Erhöhung der Einkommensteuer ist zu erwarten.

Steuer macht klug

Jedes Volk bekämpft die Steuerbehörde nach seinem Nationalcharakter. Die Italiener hören ganz einfach zu arbeiten auf und lassen sich am Meeresstrand bräunen. Die Amerikaner spenden und stiften und lassen sich dafür als Philanthropen feiern. Die Deutschen übersiedeln nach Monaco. Die Engländer berauben Postzüge, ohne die Beute zu versteuern. Der Israeli denunziert sich selbst als Steuerbetrüger, um die dafür ausgesetzte hohe Belohnung zu bekommen.

Die Lokomotivenaffäre

Der Skandal flog auf, als der Bürgermeister im Kostenbericht des Abteilungsleiters für das Reinigungswesen, Dr. Bar-Bizua, unter den kleineren Ausgaben folgende entdeckte: »Fahrtkosten – 120 Pfund, neue Sessel – 850 Pfund, Dampflokomotive – 103 000 Pfund, Uhrreparatur – 20 Pfund.« Der Bürgermeister zeichnete den Kostenbericht ab, hatte aber nach etwa zwei Wochen ein unangenehmes Kribbeln im Bauch. Er rief Dr. Bar-Bizua zu sich und fragte ihn, wofür das Reinigungswesen eine Dampflokomotive benötige.

»Eine gutfunktionierende Dampflokomotive«, erwiderte Dr. Bar-Bizua, »kann nie schaden.«

»Ich würde diese Dampflokomotive gern einmal sehen«, beharrte der Bürgermeister.

»Ihre politischen Absichten sind widerwärtig und nur allzu durchsichtig«, empörte sich Dr. Bar-Bizua.

Der Bürgermeister war nämlich Mitglied der Arbeiterpartei, während Dr. Bar-Bizua zu den Anhängern der Nationalpartei gehörte. Somit war sonnenklar, daß der Bürgermeister dem Leiter des Reinigungswesens eine Dampflokomotivenaffäre anhängen wollte, um ihn politisch zu erledigen.

Dr. Bar-Bizua bat seine Partei umgehend um Unterstützung gegen diese billigen Verleumdungsversuche.

Ärgerlich war nur, daß die Dampflokomotive in dem ganzen Durcheinander verlorengegangen war und die der Arbeiterpartei nahestehende Presse sowohl Dr. Bar-Bizua als auch der Dampflokomotive durchsichtige politische Motive vorwarf. Das peinliche Gemetzel wurde durch das staatliche Prüfungsamt vorübergehend mit einer öffentlichen Anfrage beendet.

»Was, Herr Dr. Bar-Bizua, hat es mit der Dampflokomotive auf sich?«

»Ich will es kurz machen«, antwortete Dr. Bar-Bizua, »um ihre Zeit nicht über Gebühr zu beanspruchen. Tatsache ist, daß der Bürgermeister meinen Posten mit einem Mitglied der Vereinigungspartei besetzen will.«

In dieser Pattsituation bewies der Bürgermeister politischen Anstand. Er trat der Nationalpartei bei, um Licht in die Sache zu bringen.

»Jetzt sind wir Parteifreunde«, sagte er. »Wo bitte ist die Dampflokomotive?«

Da lief Dr. Bar-Bizua zur Arbeiterpartei über und erwiderte:

»Ich bin nicht bereit, mich meiner politischen Überzeugung zu opfern!«

Zu guter Letzt ordnete der Bürgermeister als Kompromiß eine Strafverschärfung für städtische Verkehrssünder zwischen 8 und 13 Uhr an. Irgendwer muß schließlich bestraft werden.

Integrität

Zum Status eines westlichen Politikers gehört ein Schweizer Nummernkonto auf den Namen seiner Großtante mütterlicherseits.

Israelische Regierungsmitglieder hingegen rühren keinerlei Schmiergelder an.

Ihre Selbstbeherrschung endet erst bei literarischen Preisen.

Preiswürdigkeit

Die Jury für den »Jerusalem-Preis für Belletristik« war in arger Bedrängnis. Stunden stürmischer Diskussionen waren ergebnislos vergangen, und noch immer war nicht entschieden, wer mit dem Literaturpreis für das herausragendste literarische Werk des vergangenen Jahres ausgezeichnet werden sollte. Unzählige Vorschläge wurden gemacht und wieder verworfen.

»Der Ministerpräsident?«

»Erhielt erst letztes Jahr den Israel-Preis für hervorragende journalistische Leistungen.«

»Der stellvertretende Ministerpräsident?«

»Bereits zweimal für das Tagebuch des sozialistischen Parteitages in Hongkong preisgekrönt.«

»Der Unterrichtsminister?«

»Erst dieses Jahr ist er mit dem ›Großen Roman-Preis‹ ausgezeichnet worden.«

»Der Außenminister?«

»Vier Tschernichowsky-Lyrik-Preise für seine Reden vor der UNO.«

Diese hoffnungsvollen Kandidaten kommen also leider

nicht in Frage. Einige Male fiel auch der Name eines hohen Finanzbeamten, als plötzlich ein Jury-Mitglied aufgeregt ums Wort bat.

»Ich habe eine Idee. Warum verleihen wir in diesem Jahr den Preis nicht einem Schriftsteller?«

Ratlose Stille.

»Wem sollen wir den Preis verleihen?« war die fassungslose Frage.

»Einem Schriftsteller! Einem Schriftsteller, der Bücher schreibt, Stücke und ähnliches.«

»Wieso denn das?«

Nach und nach stellte sich heraus, was der Antragsteller vorschlug. Es handelte sich um die Schnapsidee, den Literaturpreis einer Person zu verleihen, die sich ihren Lebensunterhalt mit dem Schreiben verdiente.

»Eine revolutionäre Idee«, meinte dann doch jemand, »und nicht ganz unoriginell.«

»Das wird zwar einen Riesenskandal geben, aber was soll's«, sagte ein anderer, der allgemein bekannt war für seine Zivilcourage. »Verleihen wir den Preis doch einem jungen Schriftsteller.«

Der Vorsitzende protestierte heftig.

»Das kommt gar nicht in Frage! Ich kann dem Finanzminister doch nicht mehr unter die Augen treten, wenn er den Preis dieses Jahr nicht endlich bekommt.«

»Er hat doch schon dreimal den ›Staatspreis der Akademie der Schönen Künste‹ erhalten.«

»Aber dieses Jahr hat er schließlich einen neuen Haushaltsplan verfaßt.«

Dem Vorschlag, den Finanzminister statt dessen mit dem »Jaffa-Preis für Darstellende Kunst« zu trösten, schlossen sich nicht alle an. Dagegen hätte jedoch der Sekretär des Verkehrsamts längst den Ehrendoktor des Weizmann-Instituts verdient, wurde eingeworfen. Und bei der Verleihung könnte auch der Postminister geehrt werden. Der Justizminister soll die Auszeichnung der Gemeinde Tel Aviv-Jaffa für die originellste Theateridee erhalten und der Minister für Wohnungsbau den Gewerkschaftspreis für Kammermusik. Letzterer war zwar bereits dem Ministerpräsidenten versprochen worden, aber den könnte man doch mit einem Professorentitel für Geisteswissenschaften, Astronomie und etwas Physik entschädigen. In diesem Fall würde der Staatspreis für Humor und Satire an den Gesundheitsminister gehen.

Am Ende siegte wieder einmal der gesunde Menschenverstand, und ein Kompromiß wurde beschlossen: Der »Jerusalem-Preis für Belletristik« wird der gesamten Staatsregierung Israels verliehen, den neu geschaffenen Zusatzpreis zweiter Klasse würden sich der Literaturpreisträger E. Kishon und der Vizeverkehrsminister teilen.

Bobby Großmann ist kein Ingenieur

Können Sie bitte mir sagen, wo die Zerkowitz-Straße ist?«

»Zerkowitz ... Sehen Sie die breite Querstraße dort unten? Also die Zerkowitz-Straße ist die erste Abzweigung links.«

»Nicht die zweite?«

»Warum soll es die zweite sein?«

»Ich dachte, es wäre die zweite.«

»Wenn es die zweite wäre, hätte ich Ihnen gesagt, daß es die zweite ist. Aber es ist die erste.«

»Wieso wissen Sie das? Wohnen Sie vielleicht in dieser Straße?«

»Ein Freund von mir wohnt dort.«

»Bobby Großmann?«

»Nein. Ein Ingenieur.«

»Wer sagt Ihnen, daß Bobby Großmann kein Ingenieur ist?«

»Entschuldigen Sie, ich kenne Herrn Großmann gar nicht.«

»Natürlich kennen Sie ihn nicht. Die erste Straße nach links ist nämlich der Birnbaum-Boulevard.«

»Ja, das stimmt. Aber welche ist dann die Zerkowitz-Straße?«

»Zerkowitz ... Warten Sie. Sie gehen geradeaus, und dann ist es die dritte Querstraße rechts.«

»Danke vielmals, Schalom.«

»Schalom.«

Machtübernahme

Eines heißen Sommertages bekam mein Schwiegervater Bernhard, ein alter Zionist, der erst kurz zuvor nach Israel gekommen war, ein Empfehlungsschreiben an die städtische Wohnungsbaugenossenschaft mit der Bitte, ihm eine Wohnung zu beschaffen und ihm womöglich nicht mehr zu berechnen als den üblichen Mietpreis.

Auf Wunsch meines Schwiegervaters ging ich selbst auf das Amt. Man schickte mich auf Zimmer 314, zu einem Herrn Cheschwan.

Zimmer 314 war leer. Im Nebenzimmer erfuhr ich, daß Herr Cheschwan gerade eine Besprechung mit Herrn Stern hätte, aber jeden Augenblick zurückkommen müßte. Ich sollte solange Platz nehmen. Ich nahm Platz. Ich saß eine Weile. Ich ging eine Weile auf und ab. Ich nahm abermals Platz. Dann öffnete sich die Tür. Ein Mann steckte den Kopf herein und fragte: »Wo ist Cheschwan?«

»Er ist in einer Besprechung mit Stern«, sagte ich. »Nehmen Sie Platz.«

Der Mann schien es eilig zu haben, denn er verschwand wortlos. Wenige Minuten später erschien ein anderer Mann, offensichtlich ein Beamter, und sah sich nervös im Zimmer um.

»Seien Sie nicht nervös«, beruhigte ich ihn. »Cheschwan ist in einer Besprechung mit Stern, aber er muß jeden Augenblick zurückkommen. Nehmen Sie Platz.«

»Keine Zeit. Wenn Cheschwan zurückkommt, bestellen Sie ihm bitte, daß Mayer ihn zu einer dringenden Besprechung erwartet. Er soll sofort kommen.«

»In Ordnung«, sagte ich.

Eine knappe Viertelstunde war vergangen, als wieder ein Beamter hereinkam und fragte: »Wo ist Kirschner?«

»Er war gerade hier«, antwortete ich. »Wenn Cheschwan von Stern zurückkommt, schicke ich ihn sofort hinüber. Nehmen Sie Platz.«

»Danke. Wissen Sie zufällig, ob er schon etwas wegen des Wohnbauprojektes Ramat Aron unternommen hat?«

»Das ist sehr wahrscheinlich«, sagte ich.

»Dann nehme ich die Mappe gleich mit. Wenn er nach Feintuch fragt, sagen Sie ihm, daß ich eine Besprechung mit Mayer habe.«

Einige Sekunden später stand Kirschner atemlos vor mir: »Wo ist die Mappe Ramat Aron? Der Alte wird tobsüchtig, wenn sie nicht sofort auftaucht.«

»Um Himmels willen«, rief ich. »Vor einer Minute hat Feintuch die Mappe zum Alten mitgenommen.«

»Und wo ist Cheschwan?«

»Er konferiert noch immer mit Stern. Ich warte hier auf ihn.«

»Gut«, meinte Kirschner. »Wenn das so ist, dann legen Sie doch bitte den Goldberg-Plan in die Givath-Seren-Mappe!«

»Mit Vergnügen«, sagte ich, übernahm die Papiere, suchte in den Regalen die Mappe Givath Seren heraus und legte
den Goldberg-Plan hinein. Kaum war das erledigt, als Feintuch ins Zimmer stürzte.

»Was machen Sie denn hier?« stieß ich unbeherrscht hervor, denn jetzt verlor ich langsam die Geduld. »Warum sind
Sie noch nicht in der Besprechung? Wo doch der Alte ohnehin so schlecht gelaunt ist.«

»Ich bin ja schon unterwegs. Ich wollte mir nur den Goldberg-Plan abholen.«

»Wozu brauchen Sie gerade jetzt den Goldberg-Plan, Feintuch? Ich habe ihn eben erst in die Givath-Seren-Mappe gelegt. Soll ich ihn vielleicht wieder hervorkramen? Das ist
doch unglaublich. Alle nutzen mich aus. Und ich Idiot lasse
mich ausnutzen.«

Feintuch war sichtlich verwirrt.

»Ich wollte den Goldberg-Plan ja nur für Mayer haben«,
stotterte er entschuldigend. »Was halten Sie übrigens von
dem Plan?«

»Nicht schlecht. Aber ich wüßte gern, was der Alte dazu
sagt.«

Feintuch nahm den Plan an sich, um ihn an Mayer weiter-
zugeben. Bevor er ging, sagte er mir noch, daß der Alte es
sehr gerne sähe, wenn ich die Liste der Mieter des Wohn-
hauprojektes durchginge und für Stern einen Bericht darüber schriebe.

Ich machte mich sofort an die Arbeit.

Während ich die Liste noch überprüfte, erschien Feintuch:
Ich möchte sofort zu Mayer kommen. »Als ob ich vier Paar
Hände hätte, wie?« bemerkte ich, raffte die Akten zusammen
und ging zum Alten. Mayer wollte meine Meinung über die
architektonischen Qualitäten des Projektes Ramat Aron hören. Ich erklärte ihm, daß die Häuser zu nahe beieinan-
derstünden und die Fenster zu klein wären. Kirschner stam-

melte: »Immer dasselbe«, sagte er. »Um so schlimmer«, gab ich scharf zurück. Und das sei nur ein weiterer Beweis dafür, daß es so nicht weitergehen könne.

Der Alte gab mir hundertprozentig recht, versetzte Kirschner in eine andere Abteilung – der wird mich jetzt mit seinem Haß verfolgen, dachte ich – und erteilte mir den Auftrag, das Ramat-Aron-Projekt zu übernehmen. Ich schickte sofort nach Feintuch und verlangte einen genauen Bericht innerhalb vierundzwanzig Stunden. Dann bestellte ich einen Wagen, fuhr nach Ramat Aron hinaus, führte ein ausführliches Gespräch mit dem Architekten, prüfte die Pläne und nahm ein paar kleine Verbesserungen vor. Dann fuhr ich ins Büro zurück.

Dort erwartete man mich bereits aufgeregt. Kirschner, der mir meinen meteorhaften Aufstieg neidete, hatte gegen mich intrigiert. Er wurde leichenblaß, als Feintuch auf mich zukam und mir mitteilte, daß Stern persönlich mich zu einer dringenden Besprechung erwarte.

Ich gab Stern einen detaillierten, vertraulichen Bericht über den Stand des Projektes und sparte nicht mit kritischen Bemerkungen über das langsame Arbeitstempo.

»Aber Sie müssen einsehen, Stern«, sagte ich abschließend, »daß ich ohne die entsprechende Autorität keine Verantwortung übernehmen kann.«

Stern sah das ein, berief sofort eine außerordentliche Sitzung und gab bekannt, daß er mich zu seinem Vertreter ernannt hätte. Mayer machte ein paar schäbige Bemerkungen über meine relativ kurze Dienstzeit, aber Stern war an diese Intrigen gegen mich bereits gewöhnt, drückte mir zum Abschied demonstrativ die Hand und sprach mir, für alle hörbar, sein Vertrauen aus.

Als ich in mein Büro kam, um noch rasch einmal die Akten Givath Seren durchzusehen, begegnete ich einem neuen Mann. Mayer stellte ihn mir vor. Es war Herr Cheschwan, den ich sofort mit einer wichtigen Aufgabe betraute.

»Ich bin gewiß kein Pedant«, sagte ich ihm, »aber ich verlange pünktliche und gewissenhafte Arbeit. Besonderen Wert lege ich darauf, daß meine Leute während der Bürostunden, also während das Publikum Zutritt zu den Amtsräumen hat, an keinen Besprechungen teilnimmt. Es könnten sonst die merkwürdigsten Situationen entstehen.«

Nachdem ich meinem Schwiegervater einen kompletten Wohnblock in Ramat Aron zugewiesen und mir einen kleinen Vorschuß auf mein Gehalt angewiesen hatte, machte ich Feierabend. Seit diesem Tag arbeite ich im Zentralbüro der Wohnbaugenossenschaft. Sprechstunden täglich von 11 bis 13 Uhr, Zimmer 314. Wenn Sie mich in meinem Zimmer nicht antreffen, dann bin ich gerade in einer Besprechung. Nehmen Sie Platz.

Trotzdemia,
mon amour

Das nationale Ideal

Unsere Lieblingsbeschäftigung ist, an der Strandpromenade im Kaffeehaus zu sitzen, Mokka zu trinken und nicht über unsere katastrophale Wirtschaftslage zu diskutieren.

Sünde zahlt sich nicht aus

Jetzt, da die geheimnisvollen Morde im Supermarkt endlich aufgeklärt sind und der Mörder für alle Zeiten hinter Schloß und Riegel sitzt, muß die brillante Detektivarbeit gelobt werden, die schon nach knapp zwei Jahren zur Verhaftung des Verbrechers führte.

Die Fakten sind bekannt. Der Täter betrat an jenem schicksalhaften Tag den Supermarkt und suchte nach Hustenbonbons. Als er keine fand, zog er eine Maschinenpistole hervor und erledigte dreizehn Kunden und eine Kassiererin. Dann drehte er sich um und ging davon. Die Kriminalpolizei setzte sofort ein Sonderkommando ein. Es war – wie einige Spezialisten später zugaben – so ziemlich die schwierigste Aufgabe, mit der sie je betraut wurden.

Lange Zeit schien es, als ob der Killer kein einziges Indiz hinterlassen hätte. Doch dann, im letzten Moment, kurz bevor man den Fall zu den Akten legen wollte, tauchte das Beweisstück auf, das die Polizei auf die Spur brachte.

Einer der erfahrensten Beamten fand ein langes, weißes Haar auf einer Dose veredelten Zwetschgenkompotts im untersten Fach eines Regals, und hier setzte eine logische Kette von Schlußfolgerungen an.

Das weiße Haar, so folgerte man messerscharf, deutete auf eine ältere Person hin. Aus seiner Länge war zu schließen, daß der ehemalige Besitzer in finanziellen Nöten sein mußte, da er nicht in der Lage war, regelmäßig zum Friseur zu gehen. Daß dieses Haar ausgerechnet auf einer Dose Zwetschgenkompott klebte, wies weiter darauf hin, daß der Verbrecher unter Verstopfung leiden müsse. Darüber hinaus konnte man annehmen, daß jemand, der sich aus einem Regal ganz unten bedient, klein und kurzsichtig ist. So wurde das Netz immer enger gezogen. Aus dem vorhandenen Beweismaterial entwarfen erfahrene Fachleute eine Phantomzeichnung des Killers: einen älteren, kleinwüchsigen, kurzsichtigen und schäbig gekleideten Mann mit strumpfbedecktem Gesicht, dessen verkrampfter Ausdruck von einem trägen Stuhlgang herrührte.

Das Bild des Täters wurde zunächst in der Presse veröffentlicht und kurz danach im Fernsehen gezeigt. Die Bevölkerung wurde gebeten, die Polizei bei der Verbrecherjagd zu unterstützen. Innerhalb weniger Tage meldeten sich bei den Behörden 327 Anrufer, die den Verdächtigen erkannt hatten. 321 davon behaupteten, es handle sich um den Bürgermeister von Jerusalem. Dieser hatte jedoch für die fragliche Zeit ein hieb- und stichfestes Alibi. Daher konzentrierte man sich auf die übrigen sechs Verdächtigen.

Sie wurden im Hof des Polizei-Hauptquartiers in eine Reihe gestellt, und etliche Stammkunden des Supermarktes wurden aufgefordert, den Mörder zu identifizieren. Im Anschluß daran wurden drei Stammkunden festgenommen, welche ihrerseits von den Verdächtigen identifiziert wurden.

Am nächsten Tag konnte der spektakuläre Fall endgültig aufgeklärt werden.

Auf dem Polizeirevier erschien nämlich eine blutjunge Bardame, die gegen die versprochene Belohnung ihren Freund, den Supermarkt-Killer, anzeigte. Es handelte sich um einen dünnen, hochgeschossenen, kurzgeschorenen jungen Mann, der sich geweigert hatte, ihr ein Paar Ohrringe zu schenken.

Ringelspiel der Augenzeugen

ORT DER HANDLUNG: Jede Bushaltestelle

ZEIT: Jederzeit

PERSONEN: Jedermann

DR. PARTZUF *(bricht die bereits geschlossene Tür auf und drängt sich in den zur Abfahrt bereiten Bus)*: In Ordnung. Fahren wir.

FAHRER *(stellt den Motor ab)*: Sie dort! Steigen Sie aus.

DR. PARTZUF: Warum?

FAHRER: Ich bin kein Auskunftsbüro. Sagen Sie von mir aus »Idiot«, aber steigen Sie aus.

DR. PARTZUF: Ich denke nicht daran. Hier ist Platz genug. Die Herrschaften brauchen nur ein wenig zusammen-zurücken *(er drängt mit voller Wucht gegen die geballte Menge)*.

NERVÖSER HERR: Was gibt's denn? Was denkt sich der Fahrer eigentlich? Ein Fahrgast mehr oder weniger spielt doch keine Rolle.

ÄLTERE DAME: Ganz richtig. Noch dazu ein so magerer Mensch. Der nimmt keinen Platz weg. Fahren wir endlich.

FAHRER: Solange der Mann noch im Wagen ist, wird nicht gefahren. Ich habe Zeit.

DR. PARTZUF: Idiot *(will aussteigen)*.

ZWICKER (*packt ihn am Ärmel*): Warten Sie, warten Sie. Langsam. Nur nicht nervös werden. Und Sie, Fahrer, hören Sie mit den Witzen auf und lassen Sie diesen armen Kerl mitfahren. Aus so etwas macht man keine Prestigefrage. Geben Sie Gas und fahren Sie los.

FAHRER: Ich weiß nicht, mit wem Sie reden. Ich habe Zeit.

NERVÖSER HERR: Unverschämtheit!

MANFRED TOSCANINI: Durch solche Fahrer entstehen Wirtschaftskrisen. Es ist ein Skandal.

ÄLTERE DAME: Pfui!

EIN IRAKI: Allah wird ihn bestrafen.

DR. PARTZUF: Ich möchte aussteigen.

ZWICKER: Immer mit der Ruhe, alter Freund. Das ist jetzt nicht mehr Ihre Privatangelegenheit. Es betrifft uns alle. Seien Sie kein Feigling. Hauen Sie dem Fahrer eine herunter.

DR. PARTZUF: Ich möchte aussteigen.

VIELE STIMMEN: Nichts da ... Hiergeblieben ... Bestehen Sie auf Ihrem guten Recht, Mann ... Sie sind Steuerzahler ... Wir dürfen uns nicht tyrannisieren lassen ... heute dir, morgen mir ...

NERVÖSER HERR (*beugt sich zum Fenster hinaus, was streng verboten ist*): Polizei, Polizei!

FAHRER (*sortiert mit nervenzermürbender Ruhe sein Kleingeld*).

POLIZIST (*zwängt sich mühsam in den Wagen*): Alles nach hinten, bitte! Was geht hier vor?

NERVÖSER HERR: Der unverschämte Kerl von einem Fahrer hat diesen Herrn hier einen Idioten geschimpft und wollte ihn vom Trittbrett stoßen. Natürlich mußte sich der Herr zur Wehr setzen und hat ihn geboxt. Daraufhin hat der Fahrer zurückgeschlagen.

POLIZIST: Wenn das so ist, nehme ich den Fahrer sofort mit (*zieht sein Notizbuch heraus*). Ich brauche zwei Zeugen für die Gerichtsverhandlung. Ihr Name?

NERVÖSER HERR: Ich Tourist. Nicht sprechen gut. Amerikaner. Nje ponjemaj po ruski.

POLIZIST: Vielleicht Sie?

ÄLTERE DAME: Das stellen Sie sich so vor. Und wer wird für den kleinen Herschl kochen? Sie? No also. Außerdem hab' ich nichts gesehen. Ich hab' meine Brille zu Haus vergessen.

POLIZIST: Sie heißen?

IRAKI: Allah Akbar.

POLIZIST *(blickt zornig um sich)*: Jetzt ist es genug. Wenn sich keine Zeugen melden, kann ich gegen den Fahrer nicht einschreiten. He, Sie dort! Kommen Sie sofort her! Wie heißen Sie?

MANFRED TOSCANINI: Dr. Lloyd Sauermilch, interne Krankheiten, Sadam-Hussein-Boulevard 101, zweimal läuten *(er verzieht sich ans andere Ende des Busses, während der Polizist Notizen macht)*.

POLIZIST: Jetzt brauche ich noch einen Zeugen.

(Lange nervöse Stille)

NERVÖSER HERR: Also, ich weiß gar nicht, was man gegen diesen Fahrer überhaupt aussagen sollte. Ist es vielleicht seine Schuld, wenn ein undisziplinierter Fahrgast sich weigert, einen zum Bersten überfüllten Bus zu verlassen?

ÄLTERE DAME: Ganz meine Meinung. Der arme Busfahrer arbeitet unter den schwierigsten Bedingungen, und dann kommt so ein Schwarzhändler daher …

MANFRED TOSCANINI *(aus dem Hintergrund)*: Gegen arbeitende Menschen darf man nichts sagen. Die Zeiten sind vorbei.

DR. PARTZUF: Ja … nein … gewiß … ich wollte ja auch gar nicht …

ZWICKER: Schweigen Sie! Vor ein paar Minuten haben Sie noch das Maul aufgerissen, und jetzt wissen Sie plötzlich von nichts. Ein Skandal! Steigen Sie nächstes Mal gefälligst aus, wenn der Fahrer Sie höflich darum ersucht.

MANFRED TOSCANINI: Warum halten wir uns so lang mit dem Kerl auf? Wir brauchen ihn nur hinauszuwerfen und können weiterfahren.

VIELE STIMMEN: Jawohl ... Sehr richtig ... Wachtmeister, werfen Sie diesen fetten Gauner hinaus ... Der Fahrer hat vollkommen recht ... Allah ist groß ... Fahren wir endlich los ...

DR. PARTZUF: Aber bitte, ich wollte ja ...

POLIZIST *(wirft ihn hinaus)*: Sie werden den Verkehr nicht mehr aufhalten. Stehen Sie sofort von der Straße auf. Ihren Ausweis, bitte.

FAHRER *(läßt den Motor an)*: Vielen Dank, liebe Zeugen. Das habt ihr gut gemacht.

Nahkampf

Der älteste aller menschlichen Kriegszustände ist der Klassenkampf. Sklaven wollen sich von ihren Herren befreien und die Herren sich von ihren Frauen. Monarchen bekämpfen die Kirche, Mieter die Untermieter, das Naphtalin die Motten. Aber keiner dieser Lebenskämpfe wird mit so viel Vehemenz ausgefochten wie der zwischen zwei Menschen, die beide im strömenden Regen auf ein Taxi warten.

Doppelt hält besser

Der Wolkenbruch erwischte mich mitten im Stadtzentrum. Natürlich hatte ich keinen Regenschirm. Glücklicherweise erblickte ich ein herumstreunendes Taxi. Ich brüllte aus Leibeskräften, riß die Tür auf, machte einen Hechtsprung ins Innere des Wagens und befahl dem Fahrer: »Fahren Sie los, egal wohin.«

Dann erst fiel mein Blick auf den knochigen Unbekannten am anderen Ende der Sitzbank, der gleichzeitig mit mir von der gegenüberliegenden Seite hereingehechtet war. Wir starrten einander an, bis die Spannung zwischen uns unerträglich wurde.

»Tut mir leid«, sagte der Taxifahrer, »ich darf nur einen Fahrgast befördern.«

»Oje«, stöhnte ich. »Warum?«

»Vorschrift«, erklärte der Taxler uns vorschriftsmäßig. »Während einer Fahrt kein zweiter Fahrgast. Also keine Verbrüderung, bitte.«

Es war einer jener historischen Augenblicke, in denen sich die unterdrückten Massen gegen die allmächtige Bürokratie zusammenrotten.

»Was heißt hier Verbrüderung, wir gehören zusammen«, sagte ich dem Fahrer und drehte mich zu meinem knochigen Mitfahrer: »Hast du eine Ahnung, Walter, warum Lefkovitz am Sonntag nicht gekommen ist? Schlomo war fuchsteufelswild, und man kann es ihm nicht einmal übelnehmen.«

»Schlomo ist doch ein Trottel«, kapierte der Knochige blitzschnell. »Er hat genau gewußt, daß Lefkovitz eine leichte Kolik hatte. Übrigens, findest du nicht auch, daß der arme Schlomo sich in letzter Zeit vollkommen verändert hat?«

Der Fahrer drehte sich um und durchbohrte uns mit seinem Blick. In seinen Gesichtszügen spiegelte sich tiefes Mißtrauen. Daher fühlte ich mich verpflichtet, dem Knochigen all meine Vorbehalte gegen den unverschämten Schlomo und seine Machenschaften zu eröffnen. Der Taxifahrer gab sich geschlagen und fuhr los. Während der Fahrt besprach ich mit Walter eingehend die obskuren Familienverhältnisse von Dr. Grünberger, unter besonderer Berücksichtigung der Seitensprünge seiner zweiten Frau. Als unser Taxifahrer in einer Gesprächspause leicht bremste, ergriff uns Panik, und wir erweiterten unseren Themenkreis auf die drei siamesischen Katzen dieses liederlichen Weibes.

Als wir endlich aus dem Taxi stiegen, der Knochige und ich, waren wir so gut befreundet, daß wir in der nächsten Bierstube zwei weitere Stunden Lefkovitz' Nierensteine, Schlomos trübe Geschäfte und Grünbergers ärgerlichen Lottogewinn besprachen.

Dann hörte es zu regnen auf.

Wir fuhren mit einem Taxi heimwärts.

Unterwegs machten wir noch einen Höflichkeitsbesuch in der nächsten Irrenanstalt, Walter und ich, und fühlten uns ganz wie zu Hause.

Heimweh

Schon einige Abende lang hatte die beste Ehefrau von allen den Eindruck, daß sich jemand in unserer Wohnung versteckt. Wir dachten zuerst an den Steuerprüfer und wollten ihn nicht provozieren, aber schließlich gingen uns die Geräusche im Vorzimmer so auf die Nerven, daß ich beschloß, etwas zu unternehmen. Ich ging ins Vorzimmer, und da saß ein Mann mit Brille in unserem Lehnstuhl und schlief. Als ich ihn geweckt hatte, stand er auf und stellte sich vor.

»Mein Name ist Blitz.«

»Sehr erfreut.«

Vor mir stand einer unserer prominentesten Taschendiebe, der erst vor zwei Wochen zu 15 Monaten Kerker verurteilt worden war. Wir plauderten ein wenig, und ich erfuhr, daß Blitz mit dem Ergebnis der jüngsten Wahlen nicht einverstanden war. Er hätte einen Sieg der Liberalen bevorzugt, hauptsächlich wegen der vorgesehenen Änderungen im Strafvollzug.

Nach einiger Zeit hielt ich es nicht länger aus.

»Entschuldigen Sie«, sagte ich. »Wie sind Sie eigentlich aus dem Gefängnis herausgekommen?«

Mein Gast lehnte sich zurück, sichtlich überwältigt von jüngsten Erinnerungen.

»Wir hatten das von langer Hand vorbereitet, Farkas und ich. Ich hielt mit Farkas von Anfang an Kontakt durch einen speziell ausgearbeiteten Klopfzeichencode, bis sich die Wärter beschwerten, daß unser ewiges Klopfen sie verrückt mache. Unser Antrag auf Telefon wurde jedoch abgelehnt. ›Die Gefangenen‹, sagten sie, ›dürfen nicht miteinander telefonieren.‹ Sie sind sehr streng in israelischen Gefängnissen.«

»Sie werden dafür büßen.«

»Hoffentlich. Aber es hat uns doch sehr verbittert. Wir arbeiteten also einen detaillierten Fluchtplan aus, Farkas und ich. Als erstes wollten wir einen Tunnel zum Gefängnisfriseur graben und uns dort rasieren, dann weiter zur Kanalisationsanlage und in die Kleiderkammer, um uns Anzüge zu besorgen. Von dort in die Küche zu einem kleinen Imbiß, dann ins Büro des Direktors, um uns die nötigen Papiere zu verschaffen. Dann wollten wir uns an einem Strick zum Gefängniskino hinunterlassen und noch einmal einen guten Film sehen. Die eigentliche Flucht war erst nach Vorstellungsschluß geplant.«

»Beeindruckend.«

»Warten Sie. Das Ganze war nicht so einfach, wie es klingt. Wir mußten ja einen genauen Plan des Gefängnisgebäudes anlegen. Dazu brauchten wir Schreibmaterial. Aber das wurde uns von der Gefängnisverwaltung nicht bewilligt. Die mißtrauischen Kerle denken an alles. So blieb uns nichts übrig, als den Lageplan mit unseren Taschenmessern in die Wand des Baderaums zu ritzen.«

»Wie lästig.«

»Eben. Andauernd fehlte uns irgend etwas. Besonders schwierig war die Beschaffung eines Spatens. Kleine nützliche Geräte wie Zangen, Schraubenzieher und elektrische Drillbohrer kann man sich im Gefängnis verhältnismäßig mühelos besorgen. Aber ein Spaten erregt Aufsehen. Deshalb beschlossen wir, ihn in Eigenproduktion herzustellen, und wollten in die Gefängnistischlerei eindringen. Die Tür war versperrt und verriegelt. Wir hätten vor Verzweiflung am liebsten geweint.«

»Kann ich mir vorstellen. Immer wieder diese unvorhergesehenen Schwierigkeiten.«

»Richtig. Das kommt von der strengen Hausordnung in den heutigen Gefängnissen. So mußten wir das Schloß durchsägen. Und dazu brauchten wir unbedingt eine Säge. Zum Glück erinnerte ich mich, daß es in Jaffa einen Eisenhändler gab, der solche Sachen führt. Ich bat um Ausgang und kaufte eine Säge.«

»Woher hatten Sie das Geld?«

»Das war tatsächlich ein Problem. Wir hatten keines, und als wir die Gefängniskasse aufbrachen, fanden wir nur ein paar lächerliche Münzen. Aber ich bekam die Säge auf Kredit.«

»Wie schön, daß ein einfacher Eisenhändler so viel Verständnis für seine Mitmenschen hat.«

»Er wird es nicht zu bereuen haben. Jedenfalls hatten wir jetzt alles, was wir brauchten. Sämtliche Details waren besprochen, die Uhren aufeinander abgestimmt. Pünktlich um 17 Uhr, nach Arbeitsschluß, stiegen wir in den Tunnel ein. Mit dem Rasieren auf der ersten Station klappte es, nur die Rasiercreme war schlecht, und Farkas schnitt sich in die Oberlippe. In der Kleideraufbewahrung suchten wir uns wie geplant zwei unauffällige dunkle Anzüge und gestreifte Krawatten aus. Eine Enttäuschung war die Küche. Wir fanden nichts zum Essen, weil der Koch am Vortag geflüchtet war. Was tun? Mit leerem Magen ausbrechen? Unmöglich. Farkas schlich zum Erfrischungskiosk an der nächsten Straßenecke und kam mit ein paar belegten Broten zurück, so daß wir uns stärken konnten. Dann brachen wir ins Büro des Gefängnisdirektors ein.«

»Wie?«

»Verhältnismäßig einfach. Wir drückten die Klinke nieder. Nachdem wir die nötigen Dokumente hatten, machten wir uns über die vergitterten Fenster her. Drei Stunden lang arbeiteten wir wie verrückt. Von Zeit zu Zeit rief man uns von irgendwo zu, wir sollten dieses entsetzliche Kreischen abstellen, aber wir antworteten nicht. Als wir fertig waren, ließen wir uns mit dem Seil aus Bettüchern vom Fensterbrett hinunter ... und dann geschah es ...«

»Was geschah?«

»Ach, Sie werden es nicht glauben ...«

»Was, um Himmels willen?«

»Wir hatten uns in der Richtung geirrt. Ursprünglich wollten wir ja zum Kino. Jetzt befanden wir uns plötzlich auf einer dunklen, völlig verlassenen Straße. Weit und breit keine Menschenseele. Ringsum Totenstille. Können Sie sich das vorstellen? Im Kino läuft ›Das Schweigen der Lämmer‹ und wir stehen draußen und sehen nichts. Wir trommelten mit den Fäusten ans Gefängnistor. ›Aufmachen!‹ brüllten wir. ›Aufmachen!‹ Nichts rührte sich. Alle saßen beim Film. Wir versuchten das Tor aufzubrechen, aber unsere Schlosser verstehen ihr Handwerk. Wir mußten unseren Weg im nächtlichen Dunkel suchen ...«

Er schwieg erschöpft. Der Kopf sank ihm auf die Brust.

»Und was weiter?« fragte ich.

»Ich weiß es nicht. Es führt kein Weg zurück.«

Gewohnheitstiere

Wir werden oft gefragt, wie wir es aushalten, so fröhlich in einem Land zu leben, in dem man bei jeder Gelegenheit über einen Terroristen stolpert. Nun, man gewöhnt sich eben an alles, auch daran, daß man sich an alles gewöhnt.

Heldenepos

Eines Vormittags im Mai besuchte das Ehepaar Geiger die Ausstellung moderner Skulpturen im Museum von Jerusalem. Frau Geiger entdeckte schon beim Eingang ein interessantes Objekt. Es war ein kleines, in eine schwarze Plastikhülle verpacktes Paket, mit einem Klebestreifen an der Wand befestigt und mit einer weißen, etwa zehn Meter langen Schnur versehen, von deren Ende her sich ein Flämmchen auf das Paket zubewegte.

Frau Geiger sagte zu Herrn Geiger: »Was wird diesen modernen Künstlern als nächstes einfallen?«

Ihr kunstverständiger Gatte antwortete: »Alles besser als ein kitschiger Sonnenuntergang.«

Dann sah er im Ausstellungskatalog nach, suchte vergeblich nach dem Objekt und beschloß, sich bei der Museumsleitung zu beschweren, weil sie drei Pfund für ein paar wertlose Seiten verlangte, in denen man nichts fand.

Da niemand da war, um seine Beschwerde entgegenzunehmen, schickte Geiger seinen siebenjährigen Sohn Arie, jemanden zu holen. Der Junge weigerte sich und wurde geohrfeigt.

»Hol mir sofort einen Museumsdiener«, schrie ihn der Vater an.

Arie entfernte sich schluchzend und fragte unterwegs einen Besucher, wo die Museumsdiener wären.

»Die trinken wahrscheinlich Tee unten im Kiosk«, lautete die Auskunft.

Immer noch unter Tränen machte sich Arie auf den Weg zum Kiosk und erkundigte sich beim Kellner nach dem Örtchen fürs Pipi. Dort sah ein Polizist das schluchzende Kind und führte es zu den Eltern in die Ausstellungsräume zurück. Bei dieser Gelegenheit durchschnitt er die Zündschnur, deren Flämmchen jetzt bereits 20 Zentimeter vor dem Paket angelangt war.

Die Geigers waren über Nacht zu Helden der Nation geworden, besonders der kleine Arie, der noch rechtzeitig Hilfe geholt hatte.

»Wir verdienen keinen Dank«, erklärte Herr Geiger auf der Pressekonferenz. »Wir haben unsere Pflicht getan, nichts weiter. Jeder andere Bürger hätte ebenso gehandelt.«

Ein Gruppenbild mit der Familie Geiger, dem Polizisten und dem Kellner zierte die Titelseite sämtlicher Tageszeitungen.

»Das Kind zitterte und konnte kaum sprechen«, berichtete der Kellner. »Es war mir klar, daß ich sofort handeln mußte.«

Inzwischen suchte man nach dem Unbekannten, der Klein Arie zum rettenden Kiosk geschickt hatte. Die Presse nahm sich der Sache an, und schon am nächsten Tag hatte man in dem Klavierstimmer Schmuel Kaganski den Richtigen gefunden.

»Ich war nicht ganz sicher, ob der Kiosk die Rettung wäre. Aber ich sagte mir, daß unbedingt etwas geschehen muß. Also schickte ich das Kind, ohne zu zögern ...«

Aries Mutter stand noch unter Schock. »Lieber Gott«, seufzte sie während des Festbanketts, das die Stadtverwaltung zu Ehren der Familie Geiger gab. »Wie gut, daß mein Bruder mich gerade an diesem Vormittag ins Museum geschickt hat.«

Frau Geigers Bruder, von Beruf Elektriker, gab zu, selbst noch nie in einem Museum gewesen zu sein.

»Was hat mich wohl dazu gebracht, meine Schwester und meinen Schwager hinzuschicken?« gab er im Interview zu bedenken. »Mein Instinkt, meine Vaterlandsliebe? Vielleicht lag es auch nur daran, daß ich von einem befreundeten Sportjournalisten überraschend zwei Eintrittskarten geschenkt bekommen hatte.«

Der Spender, der Sportjournalist Jankel Horowitz, wehrte die Dankesbezeugungen ab.

»Der einzelne ist in einem solchen Fall nicht wichtig. Hauptsache, daß ich das Museum gerettet habe.«

Seit Erscheinen des Fotos, das ihn zusammen mit seiner Mutter und dem Bürgermeister zeigt, erfreut sich Jankel Horowitz größter Popularität. Seine Mutter erhielt vom Bürgermeister ein Ehrendiplom dafür, daß sie einem solchen Sohn das Leben geschenkt hatte. Vater Horowitz, der ja einen gewissen Anteil an dieser Schenkung hat, segnete die Demonstranten vom Balkon seines Wohnhauses.

»Allein aus diesem Grund«, sagte er mit bewegter Stimme, »allein um der Geburt meines Sohnes willen hat es sich gelohnt, daß ich vor vierzig Jahren geheiratet habe.«

Das fehlende Glied in der Kette ist der Rabbiner, der damals die Trauung vornahm. Die Nachforschungen sind im Gange.

Auf Wache mit Polyester

Alle Männer in unserem Häuserblock haben sich bereits freiwillig gemeldet«, lautete das Rundschreiben von Dr. Wechsler. »Was ist mit Ihnen?«

Erst kam die Mahnung.

Dann kam die beste Ehefrau von allen.

»Was werden die Nachbarn sagen? Du mußt dich zum freiwilligen Zivilschutz melden.«

Ich rief Wechsler an.

»Hallo«, sagte ich. »Wegen dieser Sache ...«

»Sie sind heute um drei Uhr dran«, antwortete Wechsler. »Um drei Uhr nachts. Oder um drei Uhr früh. Ganz wie Sie wollen. Um drei.«

Meine Vereidigung verlief feierlich. Als ich im Hauptquartier ankam, es war im Werkzeugschuppen unserer Volksschule untergebracht, lag auf dem Tisch ein beinahe neues Notizbuch sowie zwei Flinten aus der Zeit der Französischen Revolution. Daneben, zusammengekauert vor sich hin dösend, ein Zivilschützer, der soeben seine Wache beendet hatte. Er übergab mir das Kommando und murmelte schlaftrunken: »Immer um den Häuserblock herumgehen. Und wenn du fertig bist, laß alles auf dem Tisch liegen, gute Nacht.«

Dann stieß er zwei undeutliche Flüche aus, den einen gegen die Araber, den anderen gegen unsere Regierung, und döste weiter.

Das Problem war, daß unsere Dienstzeiten viel zu lange dauerten, nämlich vier volle Stunden. Und das taten sie deshalb, weil sich außer mir noch niemand freiwillig gemeldet hatte. Ich fragte nach Wechsler und erfuhr, daß er schlief. In seinem Bett. Er hätte das Intervall von 3 bis 7 übernehmen sollen, aber er schlief. Und so war ich dran, gemeinsam mit Isachar. Kamerad Halbschlaf übergab mir die Flinte.

Kurz darauf erschien Isachar. Ich warf noch rasch einen Blick in das Logbuch. Die letzte Eintragung lautete: »Stellte um 01.35 einen Verdächtigen. Er behauptete, auf Nummer 14 zu wohnen. Wurde nachgeprüft. Wohnt auf Nummer 14. Das ist alles, glaube ich. Schluß.«

Wir begannen unsere Wache. Isachar hatte seine Französische Revolution geschultert, ich trug die meine in der Hand. Sie besaß einen kräftig ausladenden Kolben, und wer damit eins über den Kopf bekam, war nicht zu beneiden.

»Gehen wir ein wenig«, schlug Isachar vor. »Es regnet nicht.«

Wir fielen in Marschtritt, um militärischer zu wirken. Die Patronen in meiner Tasche zogen meine Hosen hinab und ließen meine Moral steigen. Achtung, wir kommen, links-rechts, links-rechts, schlaft ruhig, Nachbarn, wir schützen euch.

Das einzige, was meine patriotische Hochstimmung ein wenig trübte, war die trostlose Eintönigkeit. Wie lange kann man denn als erwachsener Mensch um einen Häuserblock herummarschieren, herum und wieder herum?

»Dauert's noch lange?« fragte ich nach einer Stunde meinen Kameraden. Er sah auf seine Uhr.

»Noch drei Stunden und vierundfünfzig Minuten.«

Wir waren also erst sechs Minuten auf Wache. Merkwürdig. Ich hatte den Eindruck, die Zeit wäre längst um. So kann man sich täuschen.

Isachar berichtete mir, daß er um sechs Uhr aufstehen müsse. Eine dringende Arbeit in Haifa. Er arbeitet in der chemischen Isolierungsbranche. Das heißt, er stopft Mauerlöcher, damit's nicht hineinregnet.

»Es gibt jetzt eine Menge neuer Präparate«, belehrte er mich. »Wir verwenden keinen Kitt mehr, sondern eine großartige neue Flüssigkeit. Polygum. Auf Polyesterbasis. Wirklich hervorragend. Klebt nicht an der Kelle und trocknet in zwei Tagen. Wenn's nicht regnet.«

Ich hing an seinen Lippen und warf von Zeit zu Zeit eine fachmännische Frage ein, zum Beispiel über die Widerstandskraft von Polybumsti oder wie das hieß. Man kann ja nicht stundenlang wortlos mit einem Menschen herummarschieren.

»Es stimmt, die Belgier haben ein Isolationsmaterial auf den Markt gebracht, das keine Luftblasen macht«, gestand Isachar. »Aber das taugt meiner Meinung nach nur für undichte Grundmauern, die keiner direkten Feuchtigkeit ausgesetzt sind. Wenn's um große, luftige Räumlichkeiten geht, käme es für mich nicht in Frage. Nicht für mich!«

Es war ihm anzusehen, daß man ihm ein Vermögen bieten könnte, und er würde dieses belgische Zeug nicht anrühren. Er ist ein Fachmann, er muß auf seinen Ruf bedacht sein, er ist ein Fels in der Isolierbrandung. Glücklich der Mann, den Isachar isoliert.

Mit der Zeit wurde ich doch ein wenig nervös. Ich interessiere mich sehr für alles Chemische, aber nicht die ganze Nacht. Vorsichtig sah ich auf die Uhr: 40 Minuten vergangen. Also noch 3 Stunden und 20 Minuten gründlicher Isolierung.

»Dubček«, ich versuchte dem Gespräch eine scharfe Wendung zu geben, »Dubček wollte protestieren, als die Russen damals in die Tschechoslowakei einmarschierten ...«

Mir schwebte ein Themawechsel zum Politisch-Historischen vor. Allmählich hoffte ich bis zum Zaren zu gelangen. Die Tschechoslowakei schien mir ein guter Ausgangspunkt zu sein.

Isachar ging bereitwillig darauf ein.

»Ganz in der Nähe von hier wohnt ein tschechisches Ehepaar. Vorige Woche habe ich ihnen das Dach repariert. Mit einem Spezial-Silikonmantel auf Polyesterbasis.«

Verzweifelt hielt ich nach irgend etwas Ausschau, was für Zivilschutz geeignet wäre, aber die Gegend war niederschmetternd friedlich. Isachar fuhr fort, mir von seinen glorreichen Isolationsmanövern zu erzählen. Es gab im weiten Umkreis nichts, was er nicht zugestopft hätte, ausgenommen seinen Mund. Ich versuchte es nochmals mit dem Dubček-Gambit, aber nach zwei Zugwechseln waren wir wieder auf der Polyesterbasis. Meine Uhr zeigte 4.15, und die Sonne wollte nicht aufgehen. Schon um mich wachzuhalten, stellte ich immer weitere Fragen, und Isachar erteilte mir immer weitere Auskünfte.

»Einmal«, so berichtete er um 5.20 Uhr, »hat mir Schechter eine Gallone Plastikzement verkauft. Auf halbem Weg nach Haifa schaute ich nach, und was mußte ich sehen? Das Zeug war hart wie Granit. So etwas kann mir mit amerikanischem Polyester nicht passieren. Aber wie willst du feststellen, ob die Flüssigkeit, die du kaufst, aus Amerika kommt? In einem neutralen Behälter. Wie willst du das feststellen?«

Ich wollte gar nichts feststellen, schon längst nicht mehr. Wenn zwei Eheleute eines Tages entdecken, daß sie nicht zueinander passen, lassen sie sich scheiden. Auch alte Geschäftspartner gehen gelegentlich auseinander. Nur ein Zivilschützer wie ich bleibt hoffnungslos einzementiert. Und es fehlten noch anderthalb Stunden.

»Halt!«

Ich stellte eine verdächtige Katze und verjagte sie. Dann lehnte ich mich erschöpft an die Hausmauer.

Ich muß stehend eingeschlafen sein. Isachar klopfte mir auf die Schulter, um mich zum Weitermarschieren aufzufordern. Aber er schwieg. Offenbar hatte ich meine fällige Gegenfrage versäumt.

»Und was«, fragte ich, »wenn das Zeug nicht rechtzeitig trocknet?«

Es war einer der größten Fehler meines Lebens. Isachar brauchte für die Beantwortung meiner Frage bis 6.15 Uhr. Ich betete zu Gott, er möge uns ein paar Terroristen über den Weg schicken, damit ich endlich etwas anderes zu tun bekäme, als dieses entsetzliche Isoliergewäsch über mich ergehen zu lassen.

»Und was das beste ist«, fuhr Isachar erbarmungslos fort, »als Schechter mir das nächste Mal so einen Kanister andrehen wollte ... «

An dieser Stelle geschah es. Nach den Berichten von Augenzeugen begann ich wild in die Luft zu schießen und brüllte jedem, der sich mir näherte, unverständliche Befehle zu wie: »Polyester in Deckung!«, »Zement – Feuer!« und dergleichen mehr. Man konnte mich nur mit Mühe beruhigen.

Übrigens erfuhr ich, daß ich nicht das erste Zivilschutzopfer war. Schon vor mir hatte ein Zivilschützer, nach vierstündigem Wachdienst mit einem Installateur, durch Gewehrsalven größeren Sachschaden an den Fensterscheiben der umliegenden Häuser verursacht.

Um sieben Uhr früh deponierten wir unsere Ausrüstung im Hauptquartier. Isachar entkam nach Hause und wollte, wie Wechsler mir ein paar Tage später erzählte, nie wieder mit mir zusammen Wache schieben. Ich hätte ihn, so sagte er, mit meinen Fragen zu Tode gelangweilt.

Indirekter Nachschub

Bei seinem Besuch in Moskau nach dem verlorenen Sechstagekrieg überreichte der ägyptische Präsident Abdul Gamel Nasser, wie aus sicherer Quelle verlautet, seinem Gastgeber, dem Sowjetischen Generalstabschef, eine umfangreiche Wunschliste, auf der alle von Ägypten wieder benötigten Flugzeuge, Tanks, Kanonen und so weiter genau verzeichnet waren. Der russische General las die Liste aufmerksam durch. Dann fragte er: »Und was brauchen die Israelis sonst noch?«

Die Schultheiß-Methode

Es sah nicht gut aus. Das entführte Flugzeug war vor wenigen Minuten gelandet, die Terroristen hatten ihre Forderungen gefunkt und abschließend bekanntgegeben, daß sie im Nichterfüllungsfall die Maschine in die Luft jagen würden. Im Kontrollturm des Flughafens Lydda beriet der Krisenstab.

»Es gibt nur einen Ausweg, man muß die Bande ermüden bis an die Grenzen eines Nervenzusammenbruchs.«

»Sehr schön. Aber wie?«

»Darauf gibt es nur eine Antwort: Schultheiß!«

Zehn Minuten später, im Wagen des Generalstabschefs und mit Blaulichteskorte, erschien Jeckezkel Schultheiß, der Star unseres bürokratischen Establishments. Er kam direkt aus dem Krankenhaus, wo er mit den Bäckern über eine zweiprozentige Tariferhöhung verhandelt hatte, und zwar ununterbrochen seit drei Tagen und drei Nächten. Im Lauf der Verhandlungen waren nach und nach sämtliche Bäcker unter schweren Erschöpfungssymptomen ins Krankenhaus eingeliefert worden, nur Schultheiß hatte nichts von seiner Frische eingebüßt.

Jetzt wurde er vom Verteidigungsminister persönlich instruiert.

»Wenn wir die Passagiere nicht anders freibekommen, tauschen wir sie gegen inhaftierte Terroristen aus. Sie, Schultheiß, haben für Ihr Gespräch mit den Entführern freie Hand. Wenden Sie die üblichen Methoden an. Behandeln Sie die Kerle so, als ob es israelische Steuerzahler wären.«

»Okay«, sagte Schultheiß, bestellte einen Tee mit Zitrone und bat um die Telefonistin aus seinem Büro.

Nachdem Ilana sich eingerichtet hatte, wurde die Funkverbindung mit dem Flugzeug aufgenommen.

Aus dem Cockpit erklang eine tiefe Männerstimme.

»Tod den Juden. Hier spricht die Organisation Schwarzer September. Befolgen Sie meine Anordnungen.«

»Einen Augenblick«, unterbrach Schultheiß. »Man versteht schlecht. Wer ist schwarz, die Organisation oder der September?«

»Halten Sie den Mund!«

»Verzeihung, aber wer sind Sie eigentlich?«

»Was heißt das, wer ich bin?«

»Woher soll ich wissen, daß Sie wirklich ein Terrorist sind? Sie könnten ja auch ein Fluggast sein.«

»Würde ich dann mit Ihnen sprechen?«

»Vielleicht hält man Ihnen einen Revolver an die Schläfe.«

»Na und?«

»Das würde die Situation grundlegend ändern. Es ginge dann nicht um eine direkte Verhandlung, sondern um eine Vermittlung.«

»Was für ein Unterschied wäre das, zum Teufel?«

»Ein gewaltiger, mein Herr. Im Falle einer Vermittlung müßte ich eine andere Behörde einschalten. Ich will gerne mit Ihnen kooperieren, aber ich muß mich nach meinen Vorschriften richten. Wie ist Ihr Name, bitte?«

»Hauptmann Dschamel Rafat.«

»Mit einem ›K‹ in der Mitte?«

Man hörte ein heiseres Röcheln. Dann meldete sich der Kapitän des Flugzeugs.

»Er ist der Anführer der Gruppe, Sie können mir glauben.«

»Ich akzeptiere Sie als provisorischen Zeugen. Ihre Paßnummer?«

»75103/97381.«

»Wann und wo ausgestellt?«

An dieser Stelle riß Hauptmann Rafat das Gespräch wieder an sich.

»Wenn die Verhandlungen nicht in zwanzig Sekunden beginnen, jagen wir das Flugzeug in die Luft!«

»Zwanzig Sekunden von wann an?«

»Was meinen Sie?«

»Ich meine, wann beginnen die zwanzig Sekunden?«

»Sie beginnen jetzt, sofort, in diesem Augenblick.«

»Wie spät haben Sie?«

»11.29 Uhr, verdammt noch mal!«

»Auf meiner Uhr ist es erst 11.22 Uhr, ich lasse nachsehen. In solchen Situationen kann jede Sekunde eine Rolle spielen. Bitte warten Sie.«

»Hallo«, brüllte Hauptmann Rafat, aber die Verbindung war bereits unterbrochen und blieb es für drei Minuten. Dann kam Hauptmann Rafat wieder zum Kontrollturm durch. Was er hörte, war die Stimme Ilanas.

»Wer hat Ihnen erzählt, daß ich mit Chaim ausgegangen bin? Dudik lügt. Sie kennen doch Dudik, oder? Hauptmann Rafat? Endlich. Man sucht Sie schon. Bitte sprechen.«

Und Hauptmann Rafat sprach.

»Wir verlangen die sofortige Entlassung von 390 palästinensischen Freiheitskämpfern, die sich bei Ihnen in Haft befinden. Ich diktiere die Namen.«

»Bitte nicht über das Telefon«, sagte Schultheiß. »Außerdem liegen 390 Enthaftungen weit über der zulässigen Quote. Wir haben gar keine Transportmittel für so viele Personen. Ich dachte an sechs oder sieben, höchstens acht.«

»390.«

»Neun. Einer von ihnen stottert.«

»Ich handle nicht.«

»Also gut, zehn. Sechs bei Inkrafttreten unseres Abkommens, drei am 31. Oktober und vier am ...«

»Jetzt sofort und alle!«

»Alle zehn?«

»300.«

»Elf, ohne Empfangsbestätigung.«

»250. Das ist mein letztes Wort!«

»Zwölf. Es kostet mich selbst mehr.«

Die Verbindung zwischen Cockpit und Kontrollturm wurde aufs neue unterbrochen. Nach ihrer Wiederherstellung drangen rätselhafte Satzfetzen an Hauptmann Rafats Ohren: »Galiläa-Import-Export ... Schechter, Gurewitsch ... alle weggegangen ... niemand mehr hier ...« Dann schaltete sich die erregte Stimme des Flugzeugkapitäns in das Gespräch ein.

»Achtung, Kontrollturm. Die Entführer treffen Vorbereitungen zur Zündung der Sprengkörper. Sie stellen Ihnen ein Ultimatum von dreißig Minuten. Und sie meinen es ernst. Achtung, Kontrollturm. Haben Sie verstanden? Ein Ultimatum. Dreißig Minuten.«

»Verstanden«, sagte Schultheiß. »Aber ich brauche es schriftlich. Sagen Sie den Leuten, Sie sollen auf Sabena-Briefpapier ungefähr folgendes schreiben: ›Wir, die unterzeichneten Terroristen, wohnhaft dort und dort, erklären hiermit, daß wir die auf dem Flughafen Lydda stehende Maschine der Sabena mittels chemischer Substanzen‹ und so weiter und so weiter. In dreifacher Ausfertigung. Hebräisch, arabisch und flämisch. Paßfotos erwünscht.«

Der Flugkapitän antwortete nicht. An seiner Stelle meldete sich Rafat und verlangte nach einem Rettungswagen des Roten Kreuzes.

»Das heißt bei uns Roter Davidstern«, belehrte ihn Schultheiß.

Rafat überhörte ihn.

»Der Wagen soll mit einer weißen Flagge an das Flugzeug heranfahren«, schloß er keuchend.

»Welche Größe?«

»Was welche Größe?«

»Wie groß soll die Flagge sein?«

»Das ist mir scheißegal, Sie Trottel. Eine kleine weiße Flagge.«

»Wir haben zwei Flaggen, eine zu 78 mal 45 und eine zu 75 mal 30, aber die ist in der Wäsche. Sollte Ihnen die andere zu groß sein, dann kann ich aus Haifa eine kleinere bestellen.«

Der Kehle des Terroristenanführers entrang sich ein dumpfes Stöhnen.

»Kommen Sie ohne Flagge.«

»Ich oder der Rettungswagen? Bitte entscheiden Sie sich. Sonst weiß ich ja nicht, was ich ins Protokoll schreiben soll. Hallo? Hallo?«

Auf der anderen Seite trat Funkstille ein. Dann gaben die Entführer bekannt, daß sie ihre Geiseln im Tausch gegen 25 inhaftierte Palästinenser freilassen würden, unter der Bedingung, daß sie nicht länger mit Schultheiß verhandeln müßten.

Schultheiß schlug eine gemischte Kommission vor, bestehend aus einem akkreditierten Terroristen des Gazastreifens, einem parteilosen Justizbeamten und Dr. Bar-Bizua vom Verkehrsministerium.

Hauptmann Rafat fragte, ob man ihm einen Arzt schicken könnte. Seine Stimme klang hohl.

Auch sein Stellvertreter, der jetzt das Mikrofon übernahm, ließ deutliche Anzeichen von Nervenzerrüttung erkennen. Das Entführungskommando, erklärte er, sei bereit, in ein anderes Land abzufliegen, sobald die Maschine aufgetankt hätte.

»Ich verbinde mit unserem Treibstoffdepot«, sagte Ilana und ließ die Anwesenden den nun folgenden Dialog mithören.

Ziva (die Telefonistin des Depots): »Bedaure, unser Abteilungsleiter ist weggegangen.«

Rafat: »Wann kommt er zurück?«

Ziva: »Keine Ahnung. Wahrscheinlich sitzt er beim Essen.«

Rafat: »Öffnen Sie das Depot, oder es geschieht ein Unglück.«

Ziva: »Die Schlüssel sind bei Mottke.«

Rafat: »Ich zähle bis drei. Dann lassen meine Leute das Flugzeug explodieren. Eins – zwei«

Schechter: »Hallo, hier Schechter, Galiäa-Import-Export. Womit kann ich dienen?«

Rafat (mit ersterbender Stimme): »Hier Schwarz ... ich meine der Schwarze Oktober ... Wir wollen weg von hier ... weg ... weg ...«

An dieser Stelle übernahm Schultheiß noch einmal das Gespräch.

»Hauptmann Rafat? Es ist alles in Ordnung. Der Tankwagen wird sofort vorfahren.«

Er nickte dem Verteidigungsminister zu. Der Verteidigungsminister nickte dem Leiter des Einsatzkommandos zu. Den Rest kennt man aus den Zeitungsberichten, die im Wirbel der Ereignisse eine Kleinigkeit übergangen haben. Sie hätten noch folgendes hinzufügen müssen:

»Nach erfolgreicher Beendigung seiner Mission auf dem Flughafen begab sich Jeckezkel Schultheiß in das Krankenhaus zurück, wo er seine Verhandlungen mit den Bäckern fortsetzte.«

Wetten daß ...

Gestern fuhr ich mit dem Aufzug zur 11. Etage unseres stolzen Wolkenkratzers, des Schalom-Turms, und ging eine höchst riskante Wette ein, indem ich den Knopf drückte, meine Augen schloß und die Etagen zählte.

Die Wette ging um nicht mehr und nicht weniger als das Schicksal unseres Landes: »Wenn ich bis zur 11. Etage richtig zähle, werden wir endlich Frieden mit unseren arabischen Nachbarn haben.«

Ich zählte mit äußerster Konzentration, und wirklich, als ich die Augen öffnete, hielt der Aufzug in der 11. Etage. Es stimmte auch umgekehrt, als der Aufzug in der 11. Etage hielt, öffnete ich die Augen. Es war ein vollkommen ausgewogenes, ganz und gar überzeugendes Resultat, ein Sieg auf der ganzen Linie.

Künftige Generationen, so hoffe ich, werden schätzen, was ich für sie getan habe.

Ein gutgetimter Bruch

Die folgende Geschichte begann an einem Morgen gegen Ende September, nicht lange vor Ausbruch des Jom-Kippur-Kriegs. Ihr Held ist Ing. Glick. Er verließ an jenem Morgen sein Haus in tiefen Gedanken über die herrschende Zementknappheit, denn Ing. Glick ist im Bauwesen tätig. Unaufmerksam, wie er war, fiel er in den Graben, der vor seinem Haus ausgehoben worden war, um später einmal in einen Abflußkanal umgewandelt zu werden.

Ing. Glick brach sich das linke Bein an zwei Stellen oberhalb des Knöchels. Man brachte ihn ins Krankenhaus, wo er bestens gepflegt und in der zweiten Oktoberhälfte entlassen wurde. Er trug einen Gipsverband über dem linken Bein und ging auf Krücken, aber er ging.

Während seines Krankenhausaufenthaltes hatte sich im Nahen Osten einiges abgespielt. Kaum hatte Ing. Glick im Fond seines Taxis Platz genommen, als der Fahrer ihn auch schon teilnahmsvoll fragte:

»Wo ist es passiert? Oben oder unten?«

»Zwei Stellen oberhalb des Knöchels.«

»Das meine ich nicht. Ich meine, oben auf den Golan-Höhen oder unten am Suez?«

Schon wollte Ing. Glick antworten, daß er in der Hajarden-Straße in Tel Aviv verwundet worden sei, da siegte seine Abneigung gegen intime Gespräche mit Fremden, und er antwortete: »Sprechen wir nicht darüber. Was soll's?«

Der Fahrer schwieg respektvoll. Erst als sie in der Hajarden-Straße angekommen waren, erlaubte er sich die Bemerkung: »Kerle wie Sie sind die Stütze der Nation.«

Für die Fahrt nahm er keinen Pfennig, sondern half seinem Fahrgast bis zum Haustor.

Damit begann das Gips-Festival des Ing. Glick.

Wenn er in einen Laden humpelte, wurde er sofort bedient, die Kellner im Restaurant lasen ihm seine Wünsche von den Augen ab, die Angestellten öffentlicher Dienste umsorgten ihn mit der Hilfsbereitschaft einer Privatkrankenschwester. Jedermann hatte das Bedürfnis, den Dank der Nation, oder wenigstens einen kleinen Teil davon, an ihn abzustatten. Jedermann empfand es als persönliche Beleidigung, wenn er für irgend etwas bezahlen wollte.

Nach einiger Zeit hatte sich Ing. Glick an diesen Zustand gewöhnt. Schwierigkeiten entstanden nur noch dann, wenn die Rede darauf kam, wo er sich seine Verletzung geholt hatte. Glick, der Lügen haßte, reagierte auf detaillierte Fragen nach der syrischen oder ägyptischen Herkunft seiner Wunde in der Regel mit einem müden Lächeln, das ungefähr besagte: »Es gibt Dinge, die ein echter Mann lieber vergißt« oder: »Wozu lange darüber reden.«

Ende November tauschte er die Krücken gegen einen Stock, aber der weiße Gipsverband leuchtete in alter Pracht vom Knöchel und verschaffte ihm beim Philharmonischen Konzert einen selbst für ihn überraschenden Empfang. Ing. Glick war erst knapp vor Beginn eingetroffen und humpelte den Mittelgang entlang, als das Publikum plötzlich wie ein Mann aufstand und ihm eine donnernde Ovation bereitete. Nach Schluß des Konzerts fand er sich von Autobesitzern umringt, die um die Ehre stritten, ihn nach Hause zu bringen. Nachdem der Gewinner ihn im Wagen verstaut hatte, streckte Glick sein Gipsbein aus und entdeckte auf dem Verband eine Aufschrift, die sein Sitznachbar in der Dunkelheit hingekritzelt haben mußte: »Das Volk steht tief in Ihrer Schuld. Wir danken Ihnen.«

Allmählich begann die Erinnerung an den wirklichen Verlauf der Dinge in Glicks Gedächtnis zu verblassen. Als ein populärer Schlagersänger, der ihn in einer Hotelhalle sitzen sah, gratis drei Lieder für ihn sang, unterdrückte Glick nur mit Mühe ein Schluchzen.

»Es war die Mühe wert ... ich täte es wieder ...«

Auch für Eier, die in jener Zeit schwer zu bekommen waren, sorgte der Gipsverband. Jeden Montag übergab ihm eine freundliche alte Dame an der Haustür einen Korb voll frischer Eier, flüsterte unter Tränen: »Gott segne Sie, junger Mann!« und huschte davon. Nur einmal blieb sie etwas länger stehen, nahm all ihren Mut zusammen und fragte: »Wo wurden Sie verwundet, mein lieber Junge?«

Und Ing. Glick antwortete: »Am Kanal.«

Glick überlegt, den Gipsverband auch nach der endgültigen Heilung noch ein paar Monate zu tragen. Am liebsten behielte er ihn für alle Ewigkeit. Oder gar bis zum Abschluß eines Friedensvertrags.

Wie unfair, David

Der kleine David tötete den riesigen Goliath und erhielt dafür anhaltenden Beifall, da zu Zeiten der Bibel noch keine politischen Kommentatoren in den Medien beschäftigt waren, um seine infame Tat zu analysieren. Angesichts der internationalen Berichterstattung der letzten Jahrzehnte, die das winzige Israel zu einer imperialistischen Großmacht umfunktionierte, machte ich mich freiwillig zum Sprecher des heutigen Salonantisemitismus, um Davids und Goliaths bekannte Geschichte professionell zu fälschen.

Gerechtigkeit für den kleinen Mann

Die Ereignisse sind zur Genüge bekannt. Nach längeren Manövern auf beiden Seiten hatten die Philister in Sichtweite der israelischen Armee, nahe der Stadt Sochon, Stellung bezogen. Auf dem Höhepunkt der Krise begab sich der philistinische Oberstabswachtmeister Goliath in das Niemandsland zwischen den beiden Lagern, wo er, wir zitieren einen absolut zuverlässigen Bericht, »seine Stimme erhob«, um schwerere Kämpfe und unnötiges Blutvergießen zu verhindern. Ein als Hirte getarnter Angehöriger des Geheimdienstes namens David, ein bekannter Großwildjäger, reagierte darauf mit einem Überraschungsangriff gegen Oberstabswachtmeister Goliath, den er brutal zu Fall brachte und abschlachtete.

Soweit die Tatsachen.

Rein militärisch betrachtet, kann der israelischen Aktion eine gewisse Qualität nicht abgesprochen werden. Angesichts der moralischen Botschaft der Zehn Gebote fühlen wir uns jedoch verpflichtet, das Vorgehen Davids und seiner Auftraggeber gründlich zu analysieren, um eine Geschichtsfälschung zu verhindern. Dabei leiten uns keine Haßgefühle gegen das Volk Israel. Im Gegenteil. Wir möchten dem zweifelhaften Ruf dieses ewig rastlosen Stammes eine neue, schwere Belastung ersparen.

Wir sind durchaus nicht der Meinung, daß ein soldatischer Kampf eine völlige Gleichheit in der beidseitigen Bewaffnung voraussetzt. Aber Fairneß verlangt zumindest annähernd gleiche Voraussetzungen. Leider gab es die in der Auseinandersetzung zwischen David und Goliath nicht. Vielmehr lagen von Anfang an alle Vorteile bei David.

Das zeigte sich bereits bei der Ausrüstung. Oberstabswachtmeister Goliath »hatte einen ehernen Helm auf seinem Haupte und einen schuppichten Panzer an, und das Gewicht seines Panzers war 5000 Schekel Erzes, und hatte eherne Beinharnische an seinen Schenkeln und einen ehernen Schild auf seinen Schultern«. Das heißt, daß er etwa 60 bis 70 Kilo zu schleppen hatte. Demgegenüber war David, wie man weiß, lediglich mit einer Hirtentasche und einer Schleuder bewaffnet, was ihm den unschätzbaren Vorteil optimaler Beweglichkeit sicherte. Hinzu kam, daß der philistinische Freiheitskämpfer »sechs Ellen und eine Handbreit hoch« war, was eine geradezu riesenhafte Körpergröße von fast vier Metern bedeutete. Das benachteiligte ihn dem kleinen, gelenkigen Israeli gegenüber noch mehr. Bedenkt man schließlich den taktischen Effekt des Überraschungsangriffs, der sich gleichfalls zuungunsten Goliaths auswirkte, so darf man ruhig behaupten, daß der ungleiche Kampf im voraus entschieden war.

Die Frage, wer den Kampf gewonnen hat, wird die Experten noch lange beschäftigen. Nachforschungen haben ergeben, daß während der 40 Tage, die dem Ausbruch der Feindseligkeiten vorangingen, keinerlei Truppenbewegungen stattfanden und daß sich zum Schluß sogar Anzeichen einer Entspannung bemerkbar machten, die eine Lösung auf diplomatischem Weg in Aussicht stellten. Warum diese Möglichkeit scheiterte, läßt sich ohne besondere Mühe der schon mehrfach zitierten Quelle entnehmen. Goliath »trat hervor und ging einher«, während David, der gleichen Quelle zufolge, »eilete und lief vom Zeuge gegen den Philister«. Damit dürften die letzten Zweifel beseitigt sein, wer der Aggressor war.

Indessen soll auch die menschliche Seite des Vorfalls nicht zu kurz kommen. Das Wort hat der jüdische Schildträger Goliaths, der sich im Militärkrankenhaus nur langsam von den Folgen seines Schocks erholt.

»Oberstabswachtmeister Goliath griff niemals als erster an«, sagte der junge Kriegsversehrte, wobei er mühsam Haltung annahm. »Er war ein grundgütiger Mensch, voll Lebensfreude und Humor. Manche Leute hielten ihn auf Grund seiner äußeren Erscheinung für einen bärbeißigen Krieger, aber die rauhe Schale verbarg einen weichen Kern. Er liebte Musik, versuchte sich an der Harfe und stimmte am Lagerfeuer gern ein kleines Liedchen an, wie etwa: ›Ich hab' nicht Vater noch Mutter hier, ihr guten Leute, habt Mitleid mit mir.‹ Der Oberstabswachtmeister war nämlich als Waise aufgewachsen und hatte schon damals unter seinen ungewöhnlichen Körpermaßen zu leiden. Nichts lag ihm ferner als Raufhändel, nichts haßte er so sehr wie den Krieg. Sicherlich wollte er diesem Hebräerjüngling einen Kompromiß vorschlagen, der für beide Teile annehmbar gewesen wäre. Und seine abfälligen Bemerkungen über den Gott der Hebräer waren wirklich nicht böse gemeint. Das sagt man so, ohne sich viel dabei zu denken. Mein guter Kamerad dachte nur an sein Heim und seine Familie. Er wollte in Ruhe seinen Acker bestellen, nichts weiter. Ich werde es nie verwinden, daß er seinen Lieben auf so hinterhältige Weise entrissen wurde.«

Zu diesem Bild des biederen, friedfertigen Landbewohners läßt sich wohl kaum ein größerer Gegensatz denken als die wendige Figur seines listigen, mit allen städtischen Wässern gewaschenen Gegners, dessen berechnende Wesensart sich schon darin zeigt, daß er bereits lange vor dem Kampf wissen wollte, welcher Lohn denjenigen erwartete, »der diesen Philister erschlägt und wendet die Schande von Israel«. Erst nachdem er sich zahlreicher materieller Vergünstigungen aus der kgl. Saulschen Privatschatulle versichert hatte, war er bereit, in den Kampf zu ziehen, bei dem er sich, was nicht einmal von israelischer Seite geleugnet wird, einer unkonventionellen Waffengattung außerhalb aller internationalen Abkommen bediente. Daß er diese Waffen, eine Art steinerner Geschosse, planmäßig und zielbewußt aus den besetzten Wasserläufen gewonnen hatte, also schon seit geraumer Zeit heimliche Kriegsvorbereitungen betrieb, bestätigt die von neutralen Beobachtern aufgestellte Aggressionsthese. Wenn man seine provokativen Bemerkungen vor Beginn des Kampfes genauer auf ihren Inhalt prüft, erwartete er im Notfall sogar Hilfe von oben. Man weiß, was das bedeutet.

Der Kampf selbst hat, wie wir schon sagten, der jüdischen Geschichte kein Ruhmesblatt hinzugefügt. Nach übereinstimmenden Augenzeugenberichten muß die Kampfweise Davids barbarisch genannt werden. Keiner, der dabei war, wird je vergessen, wie dieser entfesselte Hysteriker auf seinen unbeweglichen Gegner losging und unbarmherzig auf den bereits Geschwächten einschlug, während seine vorsichtig im Hintergrund agierenden Judenhorden ein ohrenbetäubendes Triumphgeheul anstimmten.

Einfach widerlich.

Oberstabswachtmeister Goliath gehört für alle Zeiten zu den tragischen Heldengestalten der Kriegsgeschichte. In sei-

ner rührenden Naivität hatte er geglaubt, daß das Ende der
jüdischen Besatzung gekommen wäre.

Er fiel für die Freiheit der Philister, er fiel im Kampf gegen
einen übermächtigen Gegner, dem er sich arglos gestellt hatte. Seiner unglücklichen Witwe wendet sich die allgemeine
Anteilnahme zu. Zum Abschluß geben wir ein Gespräch
wieder, das wir mit Frau Franziska Goliath im Kreise ihrer
14 Kinder führen durften.

»Ich habe keinen Mann, und meine Kinder haben keinen
Vater mehr«, sagte sie schlicht. »Das Leben wird schwer für
uns sein. Was wir besaßen, ist uns von der plündernden Sol-
dateska Israels geraubt worden. Nein, ich will nicht weinen.
Aber wenn diese armen Waisenkinder mich immer wieder
fragen: ›Wo ist Pappi Goliath? Kommt er bald zurück? Hat
er schon alle Juden erschlagen?‹, dann bricht mir das Herz.
Und die Welt schaut zu, ohne etwas zu tun ...«

Wir senken ergriffen das Haupt vor dieser Frau und Mutter, die einem unverschuldeten Schicksal tapfer die Stirn bietet.

Das Rad der Geschichte ist über das kleine Volk der Philister hinweggerollt. David hat gesiegt. Es war ein Sieg der ro-
hen Kraft über den Geist des Friedens. Goliath, das wird kein
wahrheitsliebender Mensch noch länger bezweifeln, wurde
das Opfer einer schamlosen jüdischen Aggression.

Wir sind nicht mehr allein

Jedes Land hat den Verbündeten, der ihm gebührt. Denn
man braucht, wie in einer Ehe, einen Partner fürs Leben. Sau-
di-Arabien zum Beispiel hat die USA, Zypern ist der Partner
Libyens, Rußland marschiert mit Syrien und die Gerechtigkeit mit uns.

Nicht immer war unsere Lage so rosig wie heute. Lange Zeit waren wir allein, völlig isoliert in der internationalen Arena, bis wir endlich draufkamen, daß die Gerechtigkeit auf unserer Seite steht. Dieses Schlüsselerlebnis hatten wir an einem jener Tage, als unsere Delegation an einer Sondersitzung der UNO-Vollversammlung teilnahm. Plötzlich erkannten unsere Abgeordneten, daß die Gerechtigkeit auf unserer Seite stand. Überrascht stellten sie ihr die Frage:

»Warum tust du das, Gerechtigkeit?«

Und die Gerechtigkeit antwortete schlicht, aber nicht ohne einen gewissen Stolz:

»Ich habe mich eben für euch entschieden.«

Es ist ein wunderbares Gefühl. Endlich sind wir nicht mehr allein. Wenn uns, Gott behüte, irgend etwas geschehen, etwas Unvorhergesehenes passieren sollte, können wir uns jederzeit auf die Gerechtigkeit verlassen. Sie ist zwar nur eine mittelgroße Macht, nicht zu vergleichen mit den Weltmächten, aber das ist entschieden besser als nichts. Für Anträge, die von der Gerechtigkeit eingebracht werden, stimmen in der UNO meist folgende Staaten: Honduras.

Nein, wir haben keine Angst mehr. Die Gerechtigkeit verfügt hoffentlich über eine gewaltige Kriegsflotte, ihre Armee ist vorzüglich ausgebildet und mit den modernsten Waffen gerüstet. Sollten wir von unseren 21 Nachbarstaaten angegriffen werden, dann werden wir »Gerechtigkeit! Gerechtigkeit!« rufen, und sie wird uns gleich mit Düsenjägern und zielsicheren Raketen zu Hilfe eilen.

Auch wenn jede Generation aufs neue versucht, uns ins Meer zu werfen, wir sind trotz allem noch auf dem Trockenen. Jeder Feind Israels hat im Verlauf der Geschichte das Zeitliche gesegnet. Manch einer erst in hohem Alter, 120 Jahre und auch darüber, aber dann ist er doch noch gestorben. Und warum? Weil die Gerechtigkeit letzten Endes immer den Sieg davon trägt. Das ist nun einmal so. Und wenn nicht jetzt, dann in 38 Jahren. Und wenn nicht in 38 Jahren, dann in 380 Jahren. Die Gerechtigkeit, das lehrt die Erfahrung, siegt.

Ja, der kleine jüdische Staat ist endlich nicht mehr allein. Was für ein gutes Gefühl.

Bitte nicht drängeln

Aufmerksame unter uns werden sich bestimmt noch an das Inserat erinnern, das wir anläßlich der Gründung des Staates Israel in den Zeitungen veröffentlichten:

»Ein kleines, einsames und regelmäßig schikaniertes Volk sucht zwecks Existenzsicherung einen bemittelten Partner. Zuschriften erbeten an das Außenministerium Jerusalem.«

Bis Redaktionsschluß hat sich gemeldet: Friedrich Holzer Kleiderhandlung, Frankfurt am Main.

Yigal ist vernagelt

Unlängst saß ich im Park auf einer Bank, auf der ein alter Herr in die Lektüre einer jiddischen Zeitung vertieft war. Neben ihm las ein ungefähr zehn Jahre alter Junge in einem blutrünstigen Comic-Heft. Plötzlich fragte der Junge den alten Herrn:

»Großpapa, was ist Inquisition?«

Großpapa faltete die Zeitung zusammen und holte genießerisch aus.

»Vor Hunderten von Jahren, mein kleiner Yigal, im finsteren Mittelalter, hatten unsere Vorväter ein sehr schweres Leben. Man sperrte sie in Gettos, die von hohen Mauern umgeben waren, und jeder Christ konnte sie treten und anspucken und nach Herzenslust erniedrigen. Ja, ja. So war das damals. Die Steuereintreiber der Fürsten und Bischöfe raubten ihnen das letzte Geld, wenn es ihnen nicht schon die lieben Nachbarn geraubt hatten. Unsere Waisen wurden lebendig verbrannt, unsere Männer wurden zu den niedrigsten Diensten gezwungen, unsere Frauen wurden ...«

»Schon gut«, unterbrach ihn Yigal. »Das genügt. Ich habe dich gefragt, Großpapa, was Inquisition bedeutet.«

»So warte doch. Ich bin gleich so weit. Die Inquisition war ein fürchterliches, grausames Verfahren zur Einschüchterung all derer, die an den Dogmen der Kirche zweifelten. Natürlich waren die Opfer fast immer Juden.«

»Warum ›natürlich‹?«

»Wirst du mich endlich in Ruhe weiterreden lassen?« ärgerte sich der alte Herr. »Hör doch zu. In den Folterkammern der Inquisition wurden die Opfer von Mönchen in roten Kapuzen entsetzlich gequält. Man zwickte sie mit glühenden Zangen, hängte sie verkehrt herum auf, zog unseren Märtyrern bei lebendigem Leib ...«

»Genug«, unterbrach Yigal aufs neue. »Den Rest bis zur Revolution kannst du überspringen.«

»Bis zu welcher Revolution?«

»Na, der Aufstand der Juden gegen die Mönche.«

»Laß deine dummen Reden, Yigal. Unsere Vorfahren waren fromme, gottesfürchtige Juden, die sich gegen den Willen des Ewigen nicht auflehnten.«

»Was heißt das? Willst du etwa sagen, daß Gott diese Dinge, daß er die Inquisition wollte?«

»Schäm dich, Yigal. Spricht man so von Gott? Unsere Vorfahren waren große Helden, die nicht einmal auf dem Scheiterhaufen von ihrem Glauben abließen. Ihre Überzeugung war unerschütterlich, und ihre innere Stärke war gewaltig.«

»Fein. Und dann sind sie schließlich doch auf die Mönche losgegangen?«

»Schweig, du mißratenes Kind. Deine einzige Entschuldigung ist, daß du nicht weißt, wovon du sprichst. Unsere Vorfahren glaubten so fest an Gottes Gerechtigkeit, daß selbst ihre Folterknechte von bleichem Schrecken erfaßt wurden und aus Angst immer mehr und mehr unschuldige Opfer töteten.«

»Ist das ein Witz, Opa?«

»Ruhe. Willst du das Andenken unserer Märtyrer entweihen? Wenn sie der Inquisition nicht so heldenhaft Widerstand geleistet hätten, wärest du heute kein Jude.«

»Das ist nicht wahr«, empörte sich Yigal. »Ich wäre auf jeden Fall ein Jude, weil ich in Israel geboren bin.«

»Ein Heide bist du, sonst nichts. Weil du keine Ehrfurcht vor dem Heldenmut unserer Vorfahren hast.«

»Quatsch«, rief Yigal und sprang auf. »Willst du mir einreden, daß es Gottes Wille wäre, wenn mich die Mönche verbrennen? Sei nicht bös, Großpapa, aber das ist ein Unsinn. Und deine Vorfahren müssen fürchterliche Waschlappen gewesen sein.«

Damit wandte Yigal sich ab und ließ uns sitzen.

»Was sagst du da, was?« zürnte der alte Herr hinter ihm her. Dann wandte er sich kopfschüttelnd an mich: »Waschlappen! Ist Ihnen eine solche Unverschämtheit jemals untergekommen? Und für diese Brut haben wir unseren Staat gebaut. Sind sie nicht fürchterlich? Sagen Sie selbst, sind sie nicht fürchterlich?« Er schüttelte nochmals den Kopf, seufzte tief auf und sagte leise: »Gott segne sie.«

Trotzdemia, mon amour

Der typische Bewohner des Landes Trotzdemia zeichnet sich dadurch aus, daß er am Freitag um 15.30 Uhr noch zum Paketpostamt geht und zu unserem Treffen zu spät kommt. Das heißt, er kommt nicht zu spät, sondern gar nicht. Man findet ihn, wenn überhaupt, zu Hause. Unseren Vorwurf wischt er einfach hinweg: »Mein Lieber, wir waren für Dienstag verabredet.« Protest ist sinnlos. Wir hatten ohnedies Donnerstag vereinbart.

Wo immer er auftaucht, greift der Trotzdemianer sofort alles an, um festzustellen, ob es echt ist. Sieht er ein Sandwich, so beißt er hinein, sieht er irgendwo eine Taste, schaut er sich vorsichtig um und drückt sie. Gibt es dann einen Kurzschluß, beschimpft er das E-Werk. Er steckt seine Nase in fremde Taschen, fremde Schubladen, fremde Schachpartien. Wenn nichts da ist, wo er sie hineinstecken kann, bohrt er in ihr.

Nicht weniger charakteristisch ist die Flasche nach dem Sündenfall. Wenn ich irgendwo auf der Welt in einem Kino oder Konzertsaal das unangenehme Geräusch einer herumrollenden Flasche höre, kann ich mit Sicherheit gleich einem Landsmann die Hand schütteln.

Ein weiteres Kennzeichen sind die Schlüssel, die der Trotzdemianer bei sich trägt. Es sind mindestens 21. Von 12 hat er keine Ahnung, zu welchem Schloß sie gehören. Wenn er nach Hause kommt und aufsperren will, muß er 8 Schlüssel ausprobieren, bevor er den richtigen hat. Dieser quälenden Prozedur entgeht er dadurch, daß er alle 21 verliert und erzählt, er sei auf der Straße überfallen worden.

Ein Beamter der trotzdemianischen Regierung begab sich vor kurzem mit wichtigen Geheimdokumenten des Sicherheitsdienstes nach Istanbul. Dort angekommen, öffnete er seinen Diplomatenkoffer und stellte fest, daß er den Schminkkoffer seiner Gattin Selma geb. Friedmann mitgenommen hatte. Daraufhin behauptete er, man hätte ihn offensichtlich mit dem Transport von Kosmetikartikeln beauftragt. Er wurde entlassen und ist seither in der Gegenspionage tätig.

Ein besonders auffälliges Merkmal des Trotzdemianers ist seine Abneigung gegen jede Art von Gebrauchsanweisungen. Eine Liste mit der Aufschrift »Oben« stellt er grundsätzlich so hin, daß das »Oben« nach unten zeigt. Pakete mit der roten Aufschrift »Vorsicht, zerbrechlich« wirft er in die Luft, steckt die Finger in die Ohren und tritt zur Seite. Die Anweisung »Kalt und trocken aufbewahren« veranlaßt ihn, das jeweilige Produkt auf dem Boiler seines Badezimmers zu deponieren, was glücklicherweise keine Folgen hat, da der Boiler nicht heizt. Er ruft den Installateur an, der ist aber auf dem Paketpostamt. Daraufhin übermalt er den Boiler. Er übermalt leidenschaftlich gerne. Wenn etwas schmutzig ist, übermalt er es. Wenn es rostig ist, malt er ein zweites Mal drüber. Für Reparaturen, für die ein Schweißgerät erforderlich ist, verwendet er Klebstoff. Schrauben ersetzt er durch Heftpflaster. Es hält.

Der Trotzdemianer ißt laut, spricht laut, geht laut und beklagt sich über den Lärm. Manchmal allerdings zeigt sich seine gute Kinderstube. In einem Restaurant schmatzt er erst dann darauf los, wenn der Pianist zu spielen beginnt. Aber wenn sein Radio zu Hause wie ein Teekessel pfeift, wartet er ein Jahr, bevor er den Elektriker holt. Dieser rät ihm, den Apparat links ein wenig anzuheben. Er hebt ihn an, und da der Lärm tatsächlich aufhört, legt er eine leere Streichholzschachtel unter die linke Seite. Wenn der Lärm wieder beginnt, wechselt er die Streichholzschachtel oder versetzt dem Kasten einen leichten Schlag.

Beim CD-Player macht er es genauso und mit dem gleichen Erfolg. Seine Stereoanlage hat 16 Lautsprecher, wovon 3 einwandfrei funktionieren. Bei größeren Apparaten arbeitet er mit Fußtritten. Die Zentralheizung funktioniert überhaupt erst nach einem Tritt in den Thermostat. Jeden Morgen geht er in den Keller, um zu treten. Schließlich bricht er sich den großen Zeh. Daraufhin ruft er seinen Kassenarzt an, der aber nicht kommen kann, weil er um 15.30 Uhr ein Paket aufgeben muß. Daraufhin kauft der Trotzdemianer sechs kleine Petroleumöfen heimischer Produktion, von denen zwei wunderbare Wärme geben.

Heimische Produkte zeichnen sich überdies durch ihre Vielfalt aus. Im Brot sind Nüsse oder Reißnägel. In der Milch noch nicht ausgeschlüpfte Schmetterlinge. Im Mineralwasser Wasser. Im Koffer doppelter Boden.

Wenn ein trotzdemianischer Wasserhahn nicht tropft, so liegt das daran, daß das Wasser abgesperrt ist. Auch der elektrische Strom wird einmal am Tag abgestellt, denn die Turbinen des Elektrizitätswerks müssen übermalt werden.

Der echte Trotzdemianer benützt zum Eindrehen von Schrauben seine Nagelfeile und zum Putzen seiner Nägel einen stumpfen Bleistift. Wichtige Telefonnummern notiert er auf einer Papierserviette, die er verliert. Bei extremer Nervosität ruft er den Notdienst an, weil ihn das Besetztzeichen beruhigt. Wenn nicht besetzt ist, weiß er, daß er eine falsche Nummer erwischt hat und legt auf.

Der Trotzdemianer ist stolz und freiheitsliebend. Er reist viel, bestellt in vegetarischen Gasthäusern mit Vorliebe Beefsteak, in Sushi-Bars Wienerschnitzel, natürlich nur vom Kalbfleisch. Zwischen zwei Reisen kauft er Dutzende von Lotterielosen. Er legt größten Wert auf Hygiene. Zum Einpacken von Käse verwendet er kein beliebiges Zeitungspapier, sondern Hochglanzmagazine. Auch in der Oper benimmt er sich sehr wohlerzogen und wirft die Orangenschalen nicht auf die Bühne, sondern unter den Sitz.

Seine trotzdemianische Sprache ist reich an Überraschungen und sprachlichen Vieldeutigkeiten. So sollte ein Uneingeweihter wissen, daß er zum Beispiel bei der Ankündigung »Wird gleich erledigt« gar nicht erst zu warten braucht und bei der Beschwichtigung: »Nun machen Sie sich mal keine Sorgen« das Schlimmste befürchten sollte. Ein gutes Zeichen ist hingegen, wenn er gar keine Antwort bekommt. Dann gibt es noch eine gewisse Hoffnung.

Der Trotzdemianer gewinnt Kriege, wenn ihn die Amerikaner nicht daran hindern. Er lenkt seinen Panzer verschlafen in die falsche Richtung, nimmt den feindlichen Generalstab versehentlich gefangen und kehrt immer noch verschlafen als Sieger zurück. Außer für militärische Fragen interessiert er sich nur für die Bar-Mizwa seines Sohnes Nimrod und für Fußball. Er betreibt auch selbst Sport, obwohl er eigentlich am liebsten den ganzen Tag in einem Liegestuhl auf dem Balkon faulenzen würde. Wenn der Liegestuhl nicht kaputt wäre. Er hat ihn zwar schon ein paar Mal mit Klebestreifen repariert, aber die Beine halten nicht. Man wird sie übermalen müssen.

Der Trotzdemianer ist letztes Endes ein netter Kerl. Er hat seinen eigenen mediterranen Lebensstil entwickelt, an den man sich erst gewöhnen muß. Er hat vielleicht nicht die feinste Lebensart, aber für einen Humoristen ist er ungemein ergiebig.

Ich jedenfalls habe ihn gern.

Das war also Israel aus der Nähe. Wie schon erwähnt, sieht es aus der Ferne viel vorteilhafter aus. Und der Israeli, gewissermaßen von Natur aus schizophren, hat die sonderbare Fähigkeit entwickelt, sein Land gleichzeitig aus der Nähe und aus der Ferne zu betrachten.

Von wo aus auch immer er es betrachtet, es ist das einzige Land, das ihm gehört, das einzige Land auf Erden, in dem ein Jude kein Jude mehr ist.

Es ist das Land, das ihm seine Menschenwürde wiedergegeben hat, und die ist für seine »Sabres« etwas so Selbstverständliches, daß sie gar nicht mehr verstehen, worüber er sich so aufregt.

Es ist das Land seiner Väter, es ist seine historische, seine gegenwärtige und seine zukünftige Heimat. Er liebt es mit all seinen Fehlern, aber er möchte auch die Vorzüge lieben dürfen, auch die einmaligen Leistungen, die er vollbracht hat.

Er möchte stolz darauf sein, ein Israeli zu sein, ein Mensch wie alle anderen auch.

Schalom.

Inhalt

Hürdenlauf der Propheten 171

240 Seiten · ISBN 3-7844-2792-8

Ephraim Kishon

Wer's glaubt, wird selig

Vor seinem Humor ist keiner sicher

Jetzt trifft es die Politiker! Und was könnte für einen Leser von heute aktueller sein als die Frage: Wer regiert uns eigentlich? In Deutschland, Amerika, ja auf der ganzen Welt ähneln sich Typen und Zustände. Kishon hat es herausgefunden und gibt uns einen wunderbaren Anlass, sich allen Ärger von der Seele zu lachen.

Langen Müller